本书是已结题的国家社科基金一般项目《环境规制影响绿色创新的机理与政策研究》（项目编号：18BJY078）重要成果，也是目前主持的国家自然科学基金面上项目《空间异质性视域下环境规制对绿色创新的影响效应与调控路径研究》（项目编号：42071161）、《空间网络视域下城市更新对生态韧性的影响机理及调控路径研究》（项目编号：42371192）阶段性成果。

环境规制
影响绿色创新的
机理与政策研究

彭文斌 ◎ 著

中国财经出版传媒集团

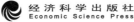

经济科学出版社
Economic Science Press

·北 京·

图书在版编目（CIP）数据

环境规制影响绿色创新的机理与政策研究/彭文斌
著 . -- 北京：经济科学出版社，2023. 10
ISBN 978 - 7 - 5218 - 5323 - 0

Ⅰ. ①环…　Ⅱ. ①彭…　Ⅲ. ①环境规划 - 影响 - 企业
经济 - 绿色经济 - 研究 - 中国　Ⅳ. ①F279. 23

中国国家版本馆 CIP 数据核字（2023）第 203709 号

责任编辑：孙丽丽　戴婷婷
责任校对：郑淑艳
责任印制：范　艳

环境规制影响绿色创新的机理与政策研究
彭文斌　著
经济科学出版社出版、发行　新华书店经销
社址：北京市海淀区阜成路甲 28 号　邮编：100142
总编部电话：010 - 88191217　发行部电话：010 - 88191522
网址：www. esp. com. cn
电子邮箱：esp@ esp. com. cn
天猫网店：经济科学出版社旗舰店
网址：http://jjkxcbs. tmall. com
北京季蜂印刷有限公司印装
710×1000　16 开　12.5 印张　220000 字
2023 年 10 月第 1 版　2023 年 10 月第 1 次印刷
ISBN 978 - 7 - 5218 - 5323 - 0　定价：48.00 元
（图书出现印装问题，本社负责调换。电话：010 - 88191545）
（版权所有　侵权必究　打击盗版　举报热线：010 - 88191661
QQ：2242791300　营销中心电话：010 - 88191537
电子邮箱：dbts@ esp. com. cn）

序　言

　　党的二十大报告指出："必须牢固树立和践行绿水青山就是金山银山的理念，站在人与自然和谐共生的高度谋划发展。"绿色创新作为引领绿色发展的第一动力，可以发展并推广以节约资源、提高能效、防控污染为特征的绿色技术，在促进生产力提升的同时加速产业结构绿色化和能源结构清洁化，从而达到经济增长与环境保护并行不悖的目标。而作为环境经济学与宏观经济学最紧密结合的领域之一，环境规制能够通过实施环境保护标准、排放限制和惩罚措施，促使全社会采取更环保的行为，减少环境污染和资源浪费，是推动绿色创新的必由之路。我在《碳达峰、碳中和与中国增长模式的转型》中提到，平衡经济发展和碳达峰、碳中和需要从污染物协同、生产要素协同、地区协同、系统协同和市场协同五个方面入手。我国作为世界上最大的发展中国家，空间差异明显，因此解决绿色创新中地区之间的环境规制协调问题，是我国"双碳"目标实现和绿色创新能力整体提升的关键所在，但目前学界从环境规制协调视角来研究绿色创新的成果还不多见。彭文斌教授倾力撰写的《环境规制影响绿色创新的机理与政策研究》一书，正是该方面的佳作。

　　该书立足于发展新阶段和贯彻新理念，以绿色发展思想为指导，以新经济地理学理论、新古典经济学理论等多学科的基础理论为基石，综合运用空间经济学、计量经济学、环境经济学、制度经济学等交叉学科方法，系统探索了环境规制与绿色创新的内在联系，揭示了环境规制对绿色创新的影响因素；特别是在时空异质性理论视角下，深入探讨了环境规制对绿色创新的影响路径和动力机制。全书对"波特假说"等相关经济学理论进行了验证与拓展，开阔了经济学内部理论对生态环境问题进行探讨的视野与思路，丰富了环境规制与绿色创新相关问题的前沿领域。

该著作不仅展现了学术的特色和创新，还具备一定的应用价值。中国的绿色发展是经济、社会、环境协同的并联式发展。与西方工业化先污染、后治理的串联式发展模式不同，中国式现代化强调边发展边保护、将环保纳入发展进行全过程管理的并联式发展模式。在未来五年绿色发展的行动领域，二十大报告提出了与并联模式相一致的协同推进策略，即协同推进降碳、减污、扩绿、增长。正是基于这一背景，该书提出了基于环境规制的政府、企业、市场"三位一体"绿色创新协调政策，为因地制宜优化环境规制，发挥先进地区引领作用，促进各地区均衡发展，发挥政府、企业和市场的协同作用，推动绿色创新提供了政策建议。

全书充分体现了彭文斌教授严谨的治学态度和开拓创新的钻研精神。尽管某些方法和数据还有待进一步完善和检验，该书仍不失为研究环境规制与绿色创新的高品质著作，对实现绿色发展具有重要参考价值和借鉴作用，相信读者能够从中受益。

教授，博士生导师

北京大学城市与环境学院院长

教育部长江学者，国家杰出青年基金获得者

教育部地理科学类教学指导委员会主任

目　　录

第一章　导论 ……………………………………………………… 1

第一节　选题背景与研究意义 ……………………………… 1

第二节　国内外研究现状述评 ……………………………… 5

第三节　研究思路与结构安排 ……………………………… 20

第四节　研究方法与创新之处 ……………………………… 23

第二章　环境规制与绿色创新的现状分析 ………………… 25

第一节　环境规制的演变趋势 ……………………………… 25

第二节　绿色创新的演变趋势 ……………………………… 33

第三节　环境规制与绿色创新的相关性分析 …………… 39

第四节　本章小结 …………………………………………… 42

第三章　环境规制影响绿色创新的机理研究 ……………… 44

第一节　环境规制对绿色创新的影响因素 ……………… 44

第二节　环境规制对绿色创新的影响路径 ……………… 46

第三节　环境规制对绿色创新的动力机制 ……………… 51

第四节　本章小结 …………………………………………… 64

第四章　环境规制影响绿色创新的实证研究 ……………… 67

第一节　空间计量模型构建 ………………………………… 67

第二节　变量选择、数据说明与模型构建 ………………………… 75

第三节　环境规制影响绿色创新的实证检验 …………………… 81

第四节　环境规制对绿色创新的空间异质性影响检验 ………… 89

第五节　本章小结 …………………………………………………… 91

第五章　基于 CGE 模型的环境规制影响绿色创新
　　　　政策模拟 ………………………………………………… 94

第一节　CGE 模型适应性 ………………………………………… 94

第二节　CGE 模型构建 …………………………………………… 96

第三节　政策模拟结果 …………………………………………… 105

第四节　本章小结 ………………………………………………… 117

第六章　结论与政策建议 ………………………………………… 120

第一节　结论 ……………………………………………………… 120

第二节　政策建议 ………………………………………………… 125

附录 ………………………………………………………………… 129

参考文献 …………………………………………………………… 178

第一章

导　论

第一节　选题背景与研究意义

一、选题背景

近半个世纪以来，中国经济社会发展取得举世瞩目的历史性成就，与此同时，也付出了巨大的资源与环境代价，资源约束趋紧、环境污染严重、生态系统退化的形势愈加严峻。能源短缺、资源紧缩与生态污染问题成为中国经济粗放型高速增长的严重代价，转变粗放型的经济增长方式，实现节能减排的绿色低碳经济与可持续发展，成为中国经济发展的必然结果和必经之路。"十四五"规划指出"绿水青山就是金山银山"，要实现高质量发展，就必须走可持续发展战略，构建生态文明体系，推动经济社会发展全面绿色转型。中共中央、国务院指出：到2025年实现持续性改良与发展，如生态环境改善，主要污染物排放总量下降。环境挑战重塑了世界发展形态，人类社会面临严峻挑战，面对这样的形势，我国推动工业绿色转型、加快转变经济发展方式已迫在眉睫。其中，走绿色创新之路是实现转型的必然选择和关键所在。绿色创新为我国带来了一个走向人与自然和谐相处的独特机会，同时还能提供经济增长、成本节约和生产力繁荣的空间。随着绿色消费者的激增，许多企业也开始逐渐向绿色创新转型，为创造可持续发展的未来作出贡献。

　　绿色创新是解决生态环境污染的根本手段。党的十九大报告提出"绿色、创新、协调"的发展理念，强调了创新驱动和绿色发展的重要性，提出加快构建生态文明体系，促进经济社会发展全面绿色转型，加快推动绿色低碳发展。绿色创新是指将环境破坏降至最低并确保以最有效的方式使用自然资源的所有形式的创新。这种行为可以提高企业的竞争力、经济和环境绩效，减少能源使用、废物回收、污染控制。而资源可持续性和绿色产品设计是企业进行绿色创新需要考虑的重要因素。绿色创新有别于传统意义上的普通创新，因为它具备普通创新不具备的一些特点。首先，减少了对环境的负面影响，将创新目标定为产品、程序、服务或系统；其次，满足了客户的期望，同时在市场上也保持住自身竞争力；再次，考虑并创新了整个产品生命周期，用以开发绿色产品；最后，绿色创新通常能够取得经济或环境因素的支持。根据实施形式和可能的后果，Ramus（2022）将绿色创新分为了通过产品的回收和再利用来降低公司环境影响的绿色创新、通过减少有害成分的使用来解决公司环境问题的绿色创新以及通过提升资源、能源利用率来开发环保产品并使用有效工艺的绿色创新三类。

　　绿色创新不仅是严格的法律或市场压力带来的结果，而且外部环境压力（政治压力和市场压力）和内部环境驱动力（创新资源和创新能力）也会使组织和企业有可能选择绿色创新战略，从而改变高级管理层的环境意识（Cao etc.，2019），很多企业因为实施环境管理政策为自身提供了大量机会。第一，绿色创新可以帮助企业减少浪费、降低成本和提升效率，从而提高自身经济和社会绩效，进一步吸引新客户。根据尼尔森全球企业可持续发展报告，66%的受访者愿意为可持续发展产品支付更多费用。哈里斯互动调查公司也开展过类似的问卷调查研究，研究结果显示77%的美国成年人愿意购买绿色产品/服务。第二，企业在制造过程中实施绿色创新，可以尽量减少生产时间和空置成本，帮助企业提高市场地位，使其在竞争中占据优势。例如，Patagonia作为世界上最知名的运动服品牌之一，为实现可持续发展建造了维修中心来降低碳足迹。此外，该公司在2016年从"黑色星期五"的销售额中向环保组织捐款1000万美元用于旧衣回收，这些行为极大地促进了Patagonia的商誉提升。因此，绿色创新是实现环境可持续增长的关键因素，它可以带来一个更清洁、更和谐的世界。在新时代背景下，绿色创新是实现绿色发展和推进生态文明建设的重要手段，但进行绿色创新活动通常会导致企业提高生产成本，由于绿色创新过程的长期性、动态性、棘手性以及风险性，管理者考虑到企业效益一般不会主动改变原有生产方式，进行生产环节的绿色转型，加大环保方面的投资和创新力度，因此在这个过程中必须要加入政府、环保部门对生态环境进行严格的管制。一般而言，高强度环境规制必然会对绿色创新产生积极的影响，而环境规制强度对提高环境绩效和竞争力的作用至关重要，适当的环境规制可以促进企业在技术及管理实践上进行创新尝试，从而带动企业绿色创新转型。而我国作为世界上最大的发展中国家，空间差异明显，解决绿色创新中的政策协调问题，是我国绿色创新能力整体提升的关键所在。

环境规制是环境经济学与宏观经济学最紧密的结合，是实现可持续发展过程中的必由之路。环境规制对企业创新的影响不仅仅是经济学上重要的学术议题，同时也是政府和企业必须面对的现实问题。因此，厘清环境规制与企业创新行为的关系是目前经济研究的关键。环境规制对宏观经济的积极影响主要体现在企业的创新行为上，如果一个国家采取比其竞争对手更严格的环境监管政策，那么创新的增加将使该国成为新兴环境技术的净出口国，这将对经济表现产生影响（Porter，1991）。一方面，随着经济开放程度的增加，技术获取的难度也随之增长。同时，将监管成本传递给消费者的难度增加，会导致企业面对更强的环境监管，此时企业创新的需求将一同增加（Lovely etc.，2011）。另一方面，在可持续发展的要求下，环境监管的力度将继续加大。限制污染技术的使用或强制使用更清洁的技术会导致企业产生较高的隐性排放成本，从而迫使企业进行创新（Perman et al.，2011）。因此，环境规制对制造业企业产生的影响不可避免，环境规制对创新的影响在宏观经济发展过程中不可忽视。然而，从实践或理论的角度来看，许多与环境监管和企业创新相关的问题很难解释。事实上，政府环境监管是迫使企业采取环境保护行动的重要途径（Henriques et al.，1999）。在环境规制实施多年后的今天，中国和美国作为最大的两个温室气体排放国在减少碳排放方面仍然没有取得令人满意的结果（Welfens et al.，2016）。如果环境监管对企业绿色创新如此重要，这一悖论的出现显然不合常理。为解决可持续发展的问题，科学探讨环境规制与企业绿色创新的关系尤为重要。

近年来，政府为约束企业行为，从供给、生产等多个方面出台了一系列的法律法规，对改善环境具有些许成效，然而仍存在很多问题与矛盾亟待解决。总的来说，我国环境规制强度有待提高。具体来看，污染物排放标准偏低，执法与监管力度较弱，引导企业进行绿色投资的力度还有待加强。企业在环境规制的压力下增加绿色投资会提高生产成本，部分企业为了实现利益最大化，会选择"钻政策的空子"来规避这些管制，这会导致环境规制失效，绿色投资不足的问题仍没有得到解决。另外，政府与环保部门对环境污染的管控更多地受环境规制监督和执行的影响，中央政府作为环境规制的制定者，而地方政府扮演政策执行者的角色，在政策实施过程当中存在自由裁量的空间。地方政府可能会通过加大招商引资的行为实现经济繁荣，没有严格遵守中央颁布的环境规制政策，最终导致环境状况恶化的悲剧。因此，从我国实际情况出发，厘清环境规制和绿色创新的关系，从而实现环境规制引导绿色创新，进一步优化环境规制来推动绿色发展，是当前面临的重大挑战。

为此，本书针对一直以来密切关注的如何处理环境规制与绿色创新的关系问题，在时间和空间分异性的基础上厘清环境规制与绿色创新的关系，分析环境规制与绿色创新的时空演变趋势，运用波特假说探析环境规制对绿色创新的影响路径，构建契约理论模型、动态演化博弈模型分别剖析正式环境规制、非正式环境规制影响绿色创新的动力机制，并对其进行实证检验，进而设计时空异质性视角下基于环境规制的政府、企业、市场"三位一体"的绿色创新协调政策，以期为环境规制、绿色创新的理论研究做出新贡献，为制定科学合理的绿色创新政策提供新参考，也为推进我国生态文明建设提供新思路。

二、研究意义

（一）理论意义

首先，综合运用空间经济学、计量经济学、环境经济学、制度经济学等交叉学科方法，研究全国各地级及以上城市正式、非正式环境规制和绿色创新的时间、空间演变特征和趋势，分别构建契约理论模型、动态演化博弈模型，研究正式、非正式环境规制激发企业绿色创新所发挥的作用，拓展了环境规制与绿色创新相关问题的前沿领域，丰富了多学科、多方向的经济学综合研究的理论研究，为验证"波特假说"成立时的常规路径和不成立时的非常规路径提供经济模型依据。其次，在正式、非正式环境规制与绿色创新现状特征分析基础上，构建变系数空间计量模型、地理加权模型，使用MLE方法实证检验正式、非正式环境规制影响绿色创新的机理。最后，理论机理分析、数理模型构建以及正确计量方法的灵活操作与应用，拓展了经济学内部理论对生态环境问题进行探讨的渠道与思路，丰富了跨学科工具在经济问题上的研究内涵，加深了学科领域之间的联系，对多领域、多层面和多角度的理论穿插、学科交叉进行了实践探索，对"波特假说"等相关经济学理论进行了验证与拓展。

（二）现实意义

首先，研究中国城市正式、非正式环境规制与绿色创新有助于我国调整供给侧结构性改革，供给侧结构性改革在未来将成为实现要素最优配置、调整经济产业结构以及提升经济增长质量的重要外部实现机制。基于供给质量提高，用改革的办法推进要素结构调整，矫正要素配置扭曲，提高全要素生产率。其次，"波特假说"理论提出的"成本效应"对应着供给侧结构性改革中的"降成本"的内容，企业在生产过程中涵盖了大部分的隐形成本，隐形成本主要包括了非必要、低效率和不完全资源利用，当环境规制强度位于合理区间时，不仅能够使得生产型企业有效降低污染物的排放数量，还能够刺激企业进行绿色技术投入。这也为提升产品质量，减少污染排放和治理生态环境污染，实现绿色可持续、清洁生产和清洁能源产业的发展提供了技术支撑。最后，"波特假说"从理论层面首先为我国进行供给侧结构性改革提供了"环境规制"这一利器。此外，环境规制对绿色创新的影响机理并不局限于单一维度，研究环境规制影响绿色创新的机理与政策能够对我国绿色低碳循环发展经济体系的建立起到政策导向作用。

第二节 国内外研究现状述评

一、空间异质性研究现状

异质性即不均匀性和复杂性，包括空间异质性和时间异质性。这两种异质性分析，注重要素的时空分布规律，以及形成这种规律的主要原因。空间异质性（Spatial Heterogeneity，SH）是空间经济学领域重要的理论问题，反映经济变量在空间分布上的随机性及其复杂性，表现为社会经济发展的缀块性和梯度，其中缀块性则体现在城市内部经济、社会、生态等元素的空间分布与配置的差异性（涂建军等，2019）。

空间异质性是指地理空间上的差异，主要是指由于发达与落后地区、中心和外围地区等结构差异，从而导致经济社会活动存在显著差异。按目前的文献研究来看，处理空间异质性最常见的方法是地理加权回归模型（Geographical Weighted Regression，GWR）。空间计量经济学的研究最开始来源于20世纪70年代的欧洲，并将其作为一门单独的领域进行确定。Anselin（1988）认为空间计量经济学定义是处理由区域科学模型统计分析中的空间所引起的特殊性的技术总称。对于空间特征，着重讨论怎样应用变异函数将空间异质性分解成各定量组分，确定空间异质性程度，探测空间异质性变化的尺度。对于空间比较，则是怎样对同一变量和不同变量用变异函数比较空间异质性时的统计检验，并采用标准化变异函数比较同一地点上的不同变量的空间异质性。国内外学者对空间异质性研究涉及内涵分析（Fingleton et al.，2006）、生态景观（李栋科等，2014；肖筑伟等，2021；李志龙等，2021）、城市房价（Paredes，2011；鞠方等，2018）、土地资源与利用（张俊峰等，2014；周丽霞等，2021；宗会明等，2021）、产业经济学（仇方道等，2017；仝德等，2021；李勃昕等，2021；肖凡等，2022）等领域，研究多采用空间扩展模型、半方差函数、地理探测器、地理加权回归模型等空间计量手段。对于空间异质性的探讨最早源于Anselin（1988），他认为空间异质性就是某个空间区位上的事物或现象有异于其他区位上的事物或现象的状态。Chatterjee和Eliashber（1990）使用微观建模方法开发了一个创新扩散过程的模型，该模型明确考虑了个体层面的采纳决定因素，并考虑了这些决定因素的异质性。Strang和Tuma（1993）将时空异质性纳入事件历史框架，使模型可以从事件历史数据中通过个体的采用时间来估计。Young（2009）将异质性纳入三大类模型：传染、社会影响和社会学习。Leite和Teixeira（2012）遵循技术变革进化模型的传统，提出了一个具有异质主体的计算模型，这个模型强调了在管理网络时具有异质性的代理之间的社会互动。Brunsdon等（1999）在区域经济与经济地理的研究中加入空间异质性因素，指出发达地区和核心地区、落后地区和边缘地区等都不是均质的，空间异质性特征主要表现为经济行为关系的不稳定。随着地理信息技术的发展，学者们对空间异质性的研究也日渐丰富。GWR 由于其用于识别空间非平稳性的局部变系数模型得到广泛应用，GWR 模型能够克服地理空间单元间的异质性，打破常系数模型的局限性，在不同地区的研究范围内得出差异化的结论，其理论意义以及差异化的政策价值较为显著，并且具有明显的"因地制宜"的效果（吕光桦等，2011；邵新霞等，2021；邹建琴等，2021），进而被广泛应用于不同行业领域的研究中（王爱等，2017；马勇等，2017；Diniz - Filho et al.，2016；向书坚等，2016；王泽宇等，2021；宋飚，2021；方晨晨等，2021；唐文彬，2021）。如 Hanink 等（2012）选择中国县级住宅数据作为研究样本，运用地理加权模型论证了区位和价格之间存在较显著的空间异质性。Mayers 等（2012）利用地理加权回归模型，解析了烟草密度和人口之间的关系，有效地揭示了空间分异的情况，为政府的政策制定提供指导方案。在人口、社区、生态系统和景观的研究中，空间异质性非常重要（Shaver，2005）。空间异质性被定义为点模式分布的空间变化，或表面模式定性或定量值的变化（Dutilleul et al.，1993）。这可能是由栖息地因素（Tscharntke et al.，2002）及其时间变化（Leyequien et al.，2007）、个体特征（Tilman et al.，1997）和发展过程（Rosindell et al.，2008）造成的。栖息地因素包括资源密度和异质性，这可能导致在不合适的基质中形成一系列大小不同、隔离程度不同的合适斑块（Tscharntke et al.，2002）。当栖息地支离破碎时，个体的分散行为在很大程度上解释了相应斑块中种群密度的变化（Coombs et al.，2007）。相关研究还有 Poudyal 等（2012）、Lesage 等（2001）。但 GWR 模型只能对截面数据进行回归，Wu 等（2014）在 GWR 模型中将时间效应纳入考虑范围内，在时间和空间两个维度上分析参数变异情况，进而弥补原有模型的缺陷。时空地理加权回归因为能够有效识别非平稳性，在理论上得到了较好的发展，现实中也被广泛地应用（Fotheringham et al.，2015；Guo et al.，2017；Chu et al.，2015；Liu et al.，2017；Bai et al.，2016；吴小影等，2021；杨文涛等，2021）。

二、环境规制研究现状

环境规制是指政府为调整制造商的生产经营活动，以实现环境和经济的可持续发展而提出的排放许可证制度、行政处罚和排放税。环境规制是保护资源、控制污染的最有效途径，我国要想如期实现节能减排目标，构建合理的环境规制政策体系尤为重要。Huang 等（2014）发现环境规制对区域减排具有重要影响。Hampf 等（2014）对 144 台发电机组的样本使用非参数方法，分析了在现有美国燃煤发电厂实施环保局新提议的二氧化碳（CO_2）法规的经济影响，通过最佳实验结果发现，即使实施了 0.88 吨二氧化碳每毫瓦时的强度标准，目前的利润也可以维持。Huang 等（2016）指出，环境监管对节能减排的效率具有倒"U"型影响。Zhang 等（2017）指出，环境规制有助于实现减少碳排放的目标。然而，也有一些学者发现环境监管并没有为污染预防提供任何回报，于是产生了"绿色悖论"。Werf 等（2013）认为，气候政策通常只会减少某些地理区域的石油需求。Grafton 等（2014）使用了 1981～2011 年期间的能源数据，发现美国的生物燃料补贴为美国化石燃料生产商提供了一种不正当的激励，促使其提高开采率，从而产生了微弱的绿色悖论。Allaire 等（2016）探讨了乙醇补贴增加温室气体排放的问题，认为生物柴油补贴的影响不明确。Sterner 等（2015）考虑了影响环境监管政策和产品绿色悖论实施的几个因素，包括潜在的国家空间碳泄漏。Shao 等（2016）研究发现，"绿色悖论"效应可以解释可再生能源的引入，强化了研发效率的促进作用。目前许多研究已经证实了环境规制在能源和环境领域的积极作用，如促进绿色效率（Galloway et al.，2016；Curtis et al.，2019；Wang et al.，2019；Su et al.，2020）；节能（Liu et al.，2018；刘金科等，2022）；减少碳排放（Wang et al.，2020；Zhao et al.，2020），减少 SO_2 排放（Pang et al.，2019），减少雾霾污染（Zhou et al.，2019）。同时，一些学者认为环境规制将提高污染防治和生产成本，因为它要求企业减少污染物排放，实现清洁生产。因此，环境规制不利于提升企业的生产能力和竞争力。但波特认为适当的环境规制有利于企业开展创新活动，能够降低企业的投入生产成本。换言之，环境规制能通过创新活动提高企业的生产效率。从而提高盈利能力，以抵消环境治理成本的增加。环境规制对促进经济绿色转型的积极作用主要通过两个渠道实现：绿色技术创新和产业结构升级。首先，从绿色技术创新的角度来看，它有助于减少化石能源的污染排放，增加清洁能源的使用。尽管绿色技术创新将增加企业的研发支出，但它也有助于提高企业的生产率，并有效控制生产过程中废水、废气和固体废物的排放。

通过严格的环境政策促进企业技术创新，可以在保证企业生产的前提下有效减少环境污染（Ouyang et al.，2020）。其次，从产业结构来看，污染密集型产业往往消耗过多的资源，产生大量的环境污染物。如果不实施外部强制性环境政策，企业在生产过程中便不会考虑环境污染（Greenstone et al.，2014），这意味着环境成本常常被忽略。因此，企业的运营成本与社会总成本之间的偏差将导致污染密集型行业的生产过剩。通过实施环境规制，企业将被要求考虑在生产过程中造成环境污染的外部成本，从而迫使污染密集型企业减少生产。此外，严格的环境规制还可以促进新兴环保产业的蓬勃发展，带动产业结构转型。由于经济发展水平的制约，环境规制对绿色技术创新和产业结构升级的影响在不同地区可能表现出异质性。

综上所述，国内外学者对环境规制的相关研究已经颇为丰富，主要包括三种观点，分别为环境规制的促进效果、环境规制的抑制效果以及环境规制的不确定性。首先是环境规制的促进效果，Berman 和 Bui（2001）在研究美国石油冶炼行业的基础上，发现环境规制强度越高的区域，其石油冶炼行业生产率也越高，即环境规制越严格生产率越高。Mi 等（2018）通过 GLS模型、固定效应模型和 GMM 模型验证了多维度的渠道效应，结果显示环境规制对中国区域发展具有正向影响。余伟等（2017）在两阶段分析方法下，检验环境规制是否对企业研发投入具有促进作用，研究发现我国遵守严格的环境保护政策对工业企业的创新研发具有正向作用。安孟等（2021）研究发现环境规制显著提升了中国经济增长质量，在克服内生性并考虑环境规制指标、时间和地区的差异性后，再次支持环境规制强度提升了经济增长质量的结论，且环境规制强度对高污染地区经济增长质量的作用大于低污染地区。鉴于决策机制存在"空心化"的问题，政府在制定和执行环境规制政策时不能加大污染型企业的环境治理负担，Jessop（2003）检验了"混合治理式"的环境治理模式有可提升之处，然而 Newig 和 Fritsch（2008）发现在环境规制政策执行过程当中，公众、非政府组织等主体在一定程度上发挥着辅助功能，有利于减缓"混合治理模式"带来的反作用。董直庆和王辉（2021）采用市场型环境规制政策，发现碳排放交易政策可破除经济与环境的"两难困境"问题，对地区经济增长率具有促进效果，同时利用减少碳排放的方式提升地区全要素生产率以及绿色全要素生产率，实现经济高质量增长。其次是环境规制的抑制效果，制造业生产投入高、能耗高、排污高，其生产成本高于其他行业，因此其生产效果表现也不佳，环境规制对制造业产出的影响也表现得不明显；Levinsohn 等（2003）也采用美国造纸业数据验证了环境规制的抑制效应效果；但也有部分学者研究表明不支持这种观点，Walker（2011）认为严格的环境规制对就业率具有负向作用，会加速生产成本的增加，同时生产成本上升的压力使企业提高了解聘员工的概率，从而导致非自愿失业。最后是环境规制的不确定性，Yan 等（2021）研究了劳动密集型企业和资本密集型企业，结果显示，就经济促进效果而言，对于劳动密集型企业，环境规制更多体现在技术进步方面，而资本密集型企业，更大程度上体现在健康的人力资本投资方面。童健等（2016）发现要素投入结构的差异影响着行业应对环境规制行为的不同，并且在东、中、西三个地区，环境规制对工业行业转型升级的影响均呈现"J"型变化特点。Jiang 等（2021）通过比较正式、非正式环境规制对创新过程的内生影响，发现不同类型的环境规制对创新绩效的作用不同。Sen（2015）基于公司治理、产权结构和委托代理的研究角度，发现不同行业的异质性对环境规制的影响效应不同，但是在环境规制作用下不能很好反映差异化机制体现出研究视角存在的不足之处。采用双重差分方法评估国家加强地区环境管制对该地区经济发展质量的影响，郭春雨和潘采伟（2021）研究发现对于发展程度不同的城市的影响存在异质性，环境规制对大中规模城市的经济产生正向影响，而对小规模城市的经济发展产生负向效应。

三、绿色创新研究现状

绿色创新的概念首次提出是在 Fussler 和 James（1996）的著作《驱动绿色创新》当中，其中对绿色创新的定义为绿色技术投入带来的新工艺和新产品，认为其不仅能满足消费者和企业对环境质量的高要求，还可以显著降低环境污染。Kemp 等（1998）对绿色创新的定义为是企业为了降低排污水平，实现环境规制目标，企业的利益相关者会基于企业可持续发展计划，制定一系列推动产品成果转型、管理体系升级和技术改革的措施。如今，绿色创新发挥了关键作用，因为它引导对自然资源的适当利用，以改善人类福祉。此外，企业在产品和生产过程中的创造和融合可以促进可持续发展。绿色创新的概念是基于其他同义词或相关概念（即环境创新、生态创新、生态效率）发展而来的，这些概念在文献研究中经常被模糊使用。如 Kemp 和

Pearson（2007）对生态创新展开研究，认为生态创新是涉及构建、吸收、开发一种产品、服务、流程或组织方法的行为，能够为企业带来新奇感，并将环境风险、污染和其他负面影响降至最低。此外，Kemp 等（2001）指出环境创新包括一系列旨在降低或杜绝环境损害的技术、系统、产品的创新过程。最后，Dresner（2008）认为创造可持续创新一词是为了定义"保护与发展的结合，以确保对地球的改造确实确保所有人的生存和福祉"。人类活动的环境影响已成为公众、决策者和组织日益关注的全球性问题，许多企业一直在实施补救措施，以减轻自身运营对环境的破坏，以达到法律或政府规范的要求（Chen，2008）。然而，环境问题并非只能通过执行政府政策来进行解决。因此，企业应该自发地努力从源头解决环境问题带来的系列影响。与任何寻求平衡以确保长期生存的复杂系统一样，企业必须有效应对双重动态监管。一方面，要实现一定程度的效率和市场份额，保障生存发展，这要求企业不断优化利用它们的资源和能力，而这些资源和能力总是有限的，此时企业需要进行竞争性调整，另一方面，企业要与它们开展活动的社会实现一定程度的一致性，此时则需要开展合法性调整。绿色创新已成为企业的一个战略问题，企业旨在实现环境改善和盈利，同时积极应对日益增长的环境压力和需求。传统上，投资于环保行为被视为一种极端且不必要的投资。然而，目前严格的环境政策，加上普遍存在的保护主义，已经改变了竞争战略、公司政策和模式（Porter et al.，1995）。如今，"绿色"标签成为发展持续创新的动力，这可能会导致企业发现新的市场机会并建立客户资本（Leal et al.，2016）。绿色创新随之成为当今一个热门话题，其相关性涉及学术界、企业管理实践甚至整个社会。利益相关者越来越多地要求企业采取措施协调生产和环境可持续性之间的平衡，其根本原因在于地球上的许多资源是不可再生的，而这些资源又对公司的生产活动至关重要，因此有必要通过实施相关策略进行合理利用。在环境管理的背景下，绿色创新的定义在过去十年中由初始概念不断发生演变而完善，如 Walley 和 Whitehead（1994）在研究中首先指出——"绿色是持续创新、新市场机会和财富创造的催化剂"，波特和范德林德（1995）则认为绿色创新可以改善企业形象，让企业更成功。但总结这些学者的研究结果可以发现，公司的环境管理将在社会中发挥重要作用，但未能提供绿色创新主题的明确概念。直到 Chen 等（2006）的研究才正式定义了绿色创新，绿色创新是指与绿色产品或流程相关的硬件或软件创新，包括节能、污染预防、废物回收、绿色产品设计或企业环境管理方面的技术创新。随着绿色创新概念化研究不断深入，Aguilera等（2013）在报告中对绿色创新的定义进行归纳，认为绿色创新包括节约能源、防止污染或实现废物回收的技术改进。这种类型的创新也有助于企业的可持续性，因为它对企业的财务、社会和环境心理结果具有潜在的积极影响。Albort等（2016）认为绿色创新是减轻或避免环境损害的关键途径，同时对可用资源进行负责任的最佳利用。同时，Leal Millán等（2016）指出绿色创新是企业的战略需求，它在不损害环境的情况下为满足买家的意愿提供了一个很好的机会，绿色创新的概念已经从更注重资源的定义转变为更全面的框架，其中包括企业遵守利益相关者的绿色要求。总体而言，在绿色创新方面学者们已经进行了大量研究，以探析绿色创新所带来好处、障碍和挑战，绿色创新的重要性及其所带来的金融、经济影响逐渐为人们所关注。在已有的研究成果中，绿色创新最重要的好处是提高整体生活质量，实现进一步盈利（Dangelico，2016），通过提高环境责任意识降低成本（Tseng et al.，2013），使投资用于研发（Castellacci et al.，2017），有利于实施绿色战略规划（Aid et al.，2017；Woo et al.，2014），提高组织生产力（Yan，2015），减少或消除有害因素的使用，降低污染，实现废物可循环利用（Dangelico，2017），采用积极的环境战略应对环境挑战（Hsu et al.，2011），在环境兼容性、绿色产品开发和服务之间建立牢固的关系（Lee et al.，2011），利用环保设备和技术，并投资环保措施（Qi et al.，2010 年），建立企业信任（Linder，2012；Shamah，2012；Tantayanubutr et al.，2017），实现技术进步（Aguilera et al.，2013；许玉洁等，2022），使企业表现出对持股人的组织承诺（Tantayanubutr et al.，2017）。

本书从两个角度整理绿色创新的文献，一方面是对绿色创新产生正面影响的因素，Marchi（2012）在研究西班牙制造业的基础上，构建实证计量模型分析不同区域绿色创新的异质性，研究发现为推动企业绿色创新，需鼓励企业之间的创新资源合作。Yue 等（2020）从高铁行业的研究视角出发，发现高铁显著提高绿色创新效率，且高铁绿色创新增长效应具有空间邻近性，距离每增加 1%，绿色创新效应降低 0.0061% ~0.0124%，离高铁站的距离越远，增长效应就越低。于惊涛和王珊珊（2016）以中、美、英、德、日、韩 6 个国家为研究对象，对 6 个国家的绿色增长路径进行对照分析，分析得出环境友好型的资本和劳动投入以及其他变量，如城市化水平等，均对绿色创新有显著的正向促进效果，而环境税和能源消耗对绿色创新有显著负面效果。Peng 等（2021）利用 SDM 研究了绿色创新对 EDQ 的直接效应、空间溢出效应和总效应，结果表明绿色创新将绿色发展与创新驱动相结合，实现了环境效益和经济效益双赢，提升了中心城区经济发展质量，同时在空间知识溢出的传递下，绿色创新对相邻城市的 EDQ 也有显著的正向影响。Jiang 等（2021）研究发现绿色创新转型与经济可持续之间存在双边正相关关系，在新常态下，绿色创新转型促进中国经济的高创新、高质量增长，增强了经济的可持续性。考虑外部商业环境，马媛等（2016）以资源型企业为研究对象，结果证明了利益相关者的压力和机会感知及创新的不确定性、外部网络支撑和政策预期等影响因素都会驱动企业进行绿色创新。

另一方面是绿色创新的类型以及不同点，将绿色创新区分为自愿创新和规制诱导型创新两类。Rexhauser（2014）研究发现不同类型的绿色创新对企业收益的影响关系具有差异，研究发现不同类型的绿色创新在提高企业资源利用率的同时有利于企业获利能力的提高，并且得出规制诱导型的促进效果大于自愿创新型的观点。付帼等（2016）以中国 30 个省级行政单元作为空间观测对象，在构建空间计量模型基础上，得出目前我国绿色创新的空间格局并未存在较大变化，而空间集中度呈现上下波动增长的特点，同时少数省份的绿色创新水平的空间集中度有待提高与形成。Li 等（2021）采用超松弛测度（Super – SBM）模型测度中国的绿色全要素能源效率（GTFEE），研究发现 2000～2018 年，中国大部分省份 GTFEE 较低，且绿色全要素能源效率较低的省份主要在内陆地区，只有少数东部沿海省份达到满意度，同时结果显示开放对 GTFEE 具有显著的正向影响，而产业结构、能源结构和环境规制对 GTFEE 具有显著的负面影响。

四、环境规制与绿色创新关系研究现状

自 20 世纪 90 年代开始，绿色创新一词在环境保护中发挥的作用引起学术界的重点关注。企业对环境规制的回应使得绿色创新被认为是影响组织环境和经济成功的关键因素之一（Lee et al.，2011）。通常来说，经济发展水平较低的地区资源有限，而绿色技术创新需要大量的资源投入。因此，经济发展水平较低的地区开展创新研发更具挑战性。相反，对于经济发展水平较

高的地区，更多的资金和人才可以为研发活动作出贡献。另外也会影响企业的生产。对于经济发展水平较低的地区，产业竞争力相对较弱。因此，这些地区更有可能被环境规制挤出生产。经济发展水平较低的地区需要依靠第二产业带动经济增长，这不利于清洁产业的发展。因此，环境规制在绿色技术创新和产业结构中的作用也可能发生变化。在不同的研究中，环境如何影响绿色创新的结论是不同的。Porter 等（1995）提出，环境首先会抑制技术创新的发展，只有在一段时间后才会开始促进技术创新。Ouyang 等（2020）的实证研究结果证明了上述观点，并表明环境规制对工业部门绿色创新的具体影响是"U"型的。具体来说，短期内会有抑制效应的产生，但从长期来看，这种效应往往是补偿性的。Yuan 等（2017）发现，在高生态效率和低生态效率的制造业中，环境规制对绿色技术创新的影响呈倒"U"型，而在中等生态效率的制造业中，环境规制对绿色技术创新的影响呈"U"型。许多学者认为环境规制可以直接刺激创新活动。例如，Brunnermeier 等（2003）的研究结果表明，污染治理支出的增加将引发企业进行更多的环境创新，且具有国际竞争力的行业更有可能具有进行环境创新的能力。Rubashkina 等（2015）以污染治理和 R&D 经费作为实证研究的自变量和应变量，为环境规制对研发活动的促进作用提供了明显的证据。Bu 等（2020）用 ISO 14000 认证来衡量环境规制，认为环境规制能够促进中国企业的创新，并进一步讨论了波特假说。Turken 等（2020）分析了绿色技术和企业末端减排决定在不同类型环境规制下的表现情况，其结果表明，如果环境规制已经实施，企业应该专注于绿色技术减排的投资。Hille 等（2020）使用不同的可再生能源支持政策来区分环境规制的设计和强度，并发现伴随时间的增加，环境规制对创新的影响会显著增加。此外，Herman 等（2019）的研究表明，用国外环境规制来衡量国内的环境容量同样对国内清洁技术产生诱导作用。然而，还有一些学者认为环境规制只有在一定条件下才能生效。例如，Feng 等（2019）通过空间杜宾模型发现只有环境规制和 FDI 发生合作效应才能促进中国城市的创新能力提升，相关结果也进一步对波特假说进行了论证。Jiang 等（2018）从行业和地区的角度定义了两种类型的环境规制，发现行业监管对企业创新绩效有负面影响，而区域监管可以对企业形成刺激从而促进创新绩效的提升。Song 等（2018）的实证研究表明在宽松的环境规制下，员工素质对绿色技术促进作用是有限的。只有实施严格的环境规制，企业才会寻求员工素质的提高，从而进一步追求绿色创新。Fu 等（2021）通过研究发现只有在与腐败程度高的地区互动时，更严格的监管才能刺激发展中国家的企业创新，这意味着控制贿赂支出是确保发展中国家监管有效性的重要渠道。Borsatto 等（2019）则认为环境规制和绿色创新之间的关系并不一致。具体而言，当用环境投资和联合国全球契约衡量绿色创新时，环境规制对绿色创新有着重大影响。但如果用其他一些指标来衡量绿色创新，其影响是微不足道的。

以往的研究也讨论了环境规制能否促进产业转型升级，从而促进企业进行绿色创新，并分析了环境规制对企业生产率和竞争力的作用。Zhang 等（2019）通过构建政策目标和措施的量化指标，从空间和时间滞后效应方面探讨了环境规制对产业结构的具体影响，其研究结果表明从长远来看产业结构升级将受益于环境规制的实施。Zhu 等（2019）从产业链的角度研究了环境规制对钢铁行业的不同影响，并阐明了随着严格环境规制的实施钢铁行业的产量将增加。Ju 等（2020）分析了三种不同类别的环境规制（强制性控制、市场激励和自愿合规）对不同行业（重污染、中污染和低污染）的绿色全要素生产率的影响，其研究发现不同类型的环境规制会对同一行业会产生不同的影响，中等污染行业的节能减排潜力较大。Zhai（2020）发现环境规制对制造业绿色转型的积极影响是通过融资能力、政府行为等其他因素实现的。Ouyang 等（2020）以能源密集型产业的强制性排污权交易制度（ETS）为例，说明了环境规制对减少重工业碳排放的有效性，并进一步提出了优化产业结构的建议。Liu 等（2017）认为废水排放标准对纺织印染行业劳动力需求的影响是具有异质性的，其研究结果表明环境规制对内资民营企业的影响远远大于对国有或外资企业的影响。Zheng 等（2019）的研究则侧重于劳动力成本和环境规制对制造业结构的影响，经过他们的研究发现环境规制实施带来的好处不足以抵消严格监管产生的成本，这也会导致竞争性公司数量的减少。El‐Zayat 等（2006）对埃及的研究报告指出，尽管行业对环境法律法规持积极态度，但由于社会和经济原因，这些行业无法完全遵守环境法规。一些研究人员也对环境规制是否会导致产业再分配表示担忧，这也表明了他们对"污染天堂"效应存在的质疑。Mulatu 等（2010）测算了环境规制对欧洲 13 个国家的 16 个制造业所在地的影响，并验证了"污染天堂"效应的存在。根据《欧盟空气质量框架指南》，Bagayev 等（2017）

衡量了欧盟空气质量的监管严格程度，发现空气污染监管严格的欧盟国家更倾向于从发展中国家进口污染产品，而不是自己进行生产。Wu 等（2019）研究了环境规制在污染密集型产业再分配中的关键作用，研究结果证明了污染天堂假说和波特假说在中国工业企业中的共存性，并表明不同种类的工业企业会对环境规制的变化有着不同的应对。Zhao 等（2020）的研究结果表明，严格的环境规制不仅会直接影响二氧化碳减排，还会间接影响碳密集型产业的投资，从而导致区域内碳密集型产业的转移。Cole 等（2010）用集聚经济和运输成本衡量产业的固定性，结果表明在固定性水平较高的产业中，环境规制对净进口量的影响较小。此外，Shen 等（2017）发现，通过建设污水处理厂等措施实现环境规制目标，可以避免新污染天堂的形成。国内外学者研究环境规制对绿色创新的影响，讨论点主要集中在环境规制是否促进了绿色创新，具体归纳为以下三个方面。

支持环境规制促进绿色创新的主要观点是"波特假说"。Porter（1995）表示适当的环境规制强度促进绿色创新，可以在提高企业利润的同时实现绿色生产，同样，Berman 和 Bui（2001）认为设计得当的环境规制政策工具能促进绿色创新，产生"创新补偿"效应，Green 等（1994）检验了环境规制可以促进企业进行绿色创新并且能提高绿色创新效率。Rennings 等（2000）认为企业在环境治理的压力和内部创新的动力的作用下，政府的环境规制能够推动企业绿色创新，Pelin 等（2011）研究表明环境规制在企业绿色创新和绿色创新投资的发展过程中发挥着重要作用。由于市场失灵的作用，Jaffe 等（2005）表示绿色创新在社会最优规模的情况下，能够更好地驱动环境规制的实施。目前的文献中环境规制分为市场命令型、市场控制型和市场激励型三大类，Downing 和 White（1986）研究发现以排污费、排污许可证等为主的市场激励型环境规制手段，相较于市场命令型、市场控制性环境规制具有更显著的促进作用。Effie 和 Wu（2020）考察了严格的环境规制对中国企业绿色专利生产的影响，研究发现处于环境规制强度较高省份的企业，绿色专利的数量和强度更高。Liu 等（2021）研究了中国新《环境保护法》对绿色创新的影响，结果表明新环境保护政策实施后，企业更倾向于申请更多的环境专利，包括发明专利和实用新型专利法律。Sohail 等（2021）认为环境规制与企业绿色创新呈显著的正向影响关系。李虹和张希源（2016）利用面板数据构建绿色创新与生态环境协同度模型，结果发现环境规制强度能够提高区域绿色创新水平，并且谢荣辉（2017）研究发现该正向促进影响还同时受到非环保技术创新的贡献，在一定程度上证明了"波特假说"的成立。徐圆（2014）研究中国工业行业污染问题时，发现相较于正式环境规制，非正式环境规制对污染治理的影响作用更小，但也不容忽视非正式环境规制对绿色创新的间接促进效果。毕克新等（2015）采用中国制造业数据，研究发现不同正式环境规制度下的技术转移对不同制造业行业的绿色创新效果不同。周海华和王双龙（2016）将环境规制定义为正式和非正式环境规制，研究表明正式与非正式环境规制对绿色创新均具有正向促进影响的结论，虽然二者的作用大小不一。孙海波和刘忠璐（2021）指出环境规制对清洁技术创新对工业绿色转型的作用效果有正向促进作用；与污染型行业相比，环境规制与清洁技术创新的交互效应在清洁型行业中更为显著。梁敏等（2021）研究命令控制型环境规制和市场激励型环境规制两种类型的环境规制对绿色创新的影响，研究发现后者对末端治理技术创新、绿色工艺创新以及绿色产品创新均有显著的促进作用；前者正向促进末端治理技术创新和绿色工艺创新，对绿色产品创新没有显著影响。但刘明广（2021）认为两种环境规制对绿色工艺创新和绿色产品创新均具有显著的正向影响。相关研究成果还有汪明月等（2022）、王分棉等（2022）。

反对的观点否定了"波特假说"，国内外学者研究发现环境规制对绿色创新具有负面影响。Walley 等（1996）发现环境规制会大幅增加企业的生产成本，对企业技术创新产生负面效果，从而降低了企业进行绿色创新的动力和能力。Lanoie 等（1998）认为环境规制对企业生产决策空间的限制作用是环境规制制约企业绿色创新能力的重要原因之一。同年，Stavins（1998）研究发现以排放限额、提供排污标准、禁令等为主的环境管制手段，对企业绿色创新不仅起不到显著的激励作用，而且对其的普及、推广和扩散的作用也不理想。Slater 和 Ange（2000）认为严格的环境规制带来的成本效应远高于带来的创新效应，总体上会降低企业的研发水平和技术能力。Corral（2003）以墨西哥北部企业为研究对象，在方差分析和相关分析的方式方法基础上，研究发现严格的环境规制对企业清洁技术发展具有阻碍作用，总体上不考虑技术变化会抑制企业绿色创新。Chintrakarn（2008）运用实证模型检验了 1982～1994 年的美国制造业，在提高环境规制强度下反而会降低行业绿色创新能力。国内学者宋文飞等（2014）运用门槛回归模型验证了环境规制与 R&D 双环节效率之间的非线性关系，并且发现二者之间的非线性关系和作用机制均存在差异性。王锋正等（2015）研究中国资源产业绿色创新时，发现"波特假说"的成立存在前提假设条件，即为了使环境规制与绿色创新之间表现正相关关系，需要控制行业规模与科技活动人员投入，假若不予以控制，则会表现为负相关关系。张小筠等（2020）通过构建系统 GMM 动态面板模型，评估行政命令型环境规制对制造业绿色发展的异质性影响，结果显示行政命令型环境规制对制造业绿色发展表现出抑制作用，且这种效应在高竞争性行业表现更显著。李新安（2021）研究发现各省份整体绿色创新能力随当地政府规制强度的增大而提高，但当规制强度超过临界点则会产生抑制作用。王超等（2021）使用连续性 DID 方法和 S – GMM 方法，结果显示环境规制政策的实施并不能显著地促进重污染行业技术创新水平，且这种促进效应存在显著的滞后性。

还有一种观点是认为环境规制与绿色创新的关系不显著。Jeffe 等（1997）以美国企业为研究对象，通过研究企业整体绿色研发活动情况，发现环境规制与绿色创新两者的关系不明确。Schmutzler（2001）通过分析环境规制影响企业绿色创新的补偿作用机理，发现二者作用机制存在复杂性，并且发现创新补偿效应不一定能够弥补成本效应，所以环境规制对绿色创新不存在明显作用。Aipay 等（2002）基于市场结构的视角，研究发现环境规制与产业绿色创新效率之间不存在显著的作用关系。Goulder（2008）研究发现只有在多种环境规制工具的作用下才能促进绿色创新效率，而任何单一的环境规制政策工具对绿色创新的作用都不显著。王韧（2020）通过中介效应模型和门槛回归模型分析发现，在不同环境规制强度水平下，其作用效果表现出异质性特点，征收排污费、提高政府节能环保财政支出等规制行为对企业绿色创新水平影响表现动态变化的特征，由负变正、由不显著变显著；而环境行政处罚的强度越高越会阻碍企业技术创新水平，最后无论地区环境政策法规的强度如何，其对绿色技术创新的影响均不显著。

大部分绿色创新活动存在于市场经济发达的国家，发展中国家的绿色创新活动起步较晚，尚处于探索阶段，还没有形成完整的理论体系，其中多以实证分析与政策研究为主。在实证分析方面，李婉红（2015）从空间计量经济学实证分析正式环境规制对绿色创新的空间分异，即发达省份支持"波特假说"，支持此观点的还有蒋伏心等（2013）、李树和陈刚（2013）、黄磊和吴传清（2020）、洪艺文（2021）。景维民等（2014）以中国 33 个工业行业为研究对象，发现在较弱的正式环境规制强度下，对外开放对绿色创新效应的影响主要表现为正向技术溢出效应和负向产品结构两种不同的效应。何小钢（2014）研究表明，环境规制不仅对绿色创新存在单项传导机制，与此同时，在"双重外部性"的作用下环境规制与绿色创新之间表现出双重互动效应。李婉红（2015）通过构建环境规制对绿色创新的地理加权回归模型，实证检验其空间分异特征，结果显示发达省份支持"波特假说"，欠发达地区不支持"波特假说"。原毅军等（2016）通过构建方向距离函数和 Luenberger 生产率指数模型，研究发现正式环境规制对绿色创新具有显著的正向影响。谢荣辉（2017）运用实证数据检验了正式环境规制对区域绿色创新存在显著的正向影响关系。范丹和孙晓婷（2020）发现市场激励型环境规制在不同强度下对绿色创新作用效果不同，超过某一特定值后呈现出线性向非线性转换的特征，并对绿色技术创新具有显著的促进作用，而命令控制型环境规制对绿色技术创新的促进作用并不显著。在政策研究方面，李虹和张希源（2016）认为政府应加强环境规制和创新支持力度，为绿色创新成果转化消除政策障碍；余东华和胡亚男（2016）从行业的绿色创新能力、污染程度及行业产品特征分析，认为在制定较高强度环境规制的同时，应该给企业一定的治污补偿，以弥补企业的利益损失；许士春等（2012）研究发现不同类型的环境规制手段对绿色创新的作用效果和影响关系不同，因此在制定政策时要有针对性和特殊性。李阳等（2014）以中国工业 37 个细分行业为研究对象，并针对绿色创新的两个过程：绿色技术开发阶段和绿色技术转化阶段，基于价值链研究了环境规制对这两个过程的均衡关系，得出绿色技术开发阶段的环境规制弹性系数小于绿色技术转化阶段的相关结论，并提出在绿色创新的不同过程中适时改变环境规制手段的建议。此外，任耀等（2014）通过山西省各地区绿色创新效率差异分析，提出了增加生产部门和研发部门投入的政策建议。廖文龙等（2020）研究分析中国近年来实施的碳排放交易试点政策，发现其显著促进了绿色经济增长；且进一步的机制分析发现碳排放交易能够有效激励创新，进而促进绿色经济增长。李依等（2021）运用多期双重差分模型考察环境规制对企业绿色创新的影响，结果显示中央环保督察行动对企业的创新补偿效应大于遵循成本效应，提高了污染密集型行业企业的绿色创新水平，且对绿色发明专利的正向影响大于绿色实用新型专利。

五、现状评述

综上所述，环境规制与绿色创新问题已经成为学术者们的研究重点，丰硕的研究成果为本书提供了极具启发性的参照，但课题组认为现有研究还存在一些不足：（1）现有研究主要集中在环境规制和绿色创新的单方面研究，对环境规制影响绿色创新的研究也多是停留在基础层面，对时空异质性视角下环境规制影响绿色创新的成果较少。（2）尽管学术界认识到生态文明建设中绿色创新的重要性，但对时空异质性视角下环境规制影响绿色创新的路径与动力机制研究不多，还需从理论上进一步拓展研究。（3）学术界目前针对时空异质性视角下环境规制对绿色创新的机理和政策的系统性研究成果较少。基于此，本书将按照"影响机理→动力机制→实证检验→政策选择"的逻辑思路，在梳理时空异质性视角下环境规制与绿色创新理论的基础上，构建 CGE 模型进行环境规制与绿色创新的政策模拟，设计基于环境规制的政府、企业、市场的"三位一体"绿色创新协调政策。

第三节　研究思路与结构安排

一、研究思路

本书围绕时空异质性视角下环境规制影响绿色创新问题，按照"影响机理→动力机制→实证检验→政策选择"的逻辑思路。首先，获取归纳环境规制与绿色创新的相关数据及文献，分析环境规制与绿色创新的时空演变趋势；其次，探析时空异质性视角下环境规制对绿色创新的影响路径和动力机制；再次，构建变系数空间计量模型、地理加权模型，基于时空异质性视角对环境规制影响绿色创新的机理进行实证检验；最后，利用 CGE 模型对环境规制影响绿色创新的政策进行动态模拟，进而提出时空异质性视角下环境规制的政府、企业、市场"三位一体"绿色创新协调政策。具体研究思路如图 1 - 1 所示。

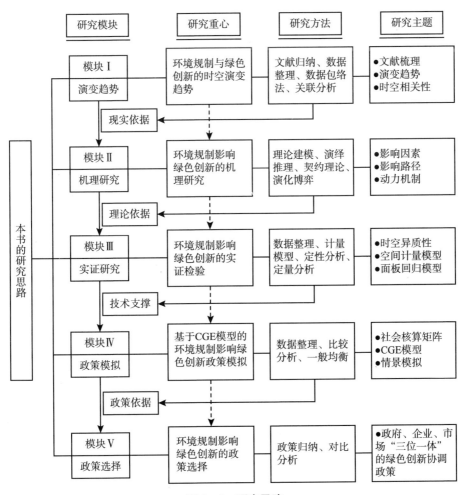

图 1-1 研究思路

二、结构安排

本书研究内容主要包括导论、现状分析、理论研究、实证研究与政策建议五个部分,分为六个章节进行论述。

第一章:导论。本章对项目选题背景与研究意义进行了论证,对与空间异质性、环境规制、绿色创新、环境规制与绿色创新关系相关的国内外研究成果进行了归纳整理,基于文献内容进行了文献述评,并列出了本书的主要研究内容。最后,对本书的研究思路、结构安排、研究方法与创新之处进行了系统阐述。

第二章：环境规制与绿色创新的现状分析。本章分类讨论了环境正式与非正式环境规制的概念及不同环境规制对绿色创新的影响，同时建立了正式环境规制、非正式环境规制、绿色创新的评价指标体系，并依据相应指标进行了测算。基于测算结果运用图表法在时间维度上对我国正式、非正式环境规制及绿色创新的演变趋势进行分析；运用空间分析方法在空间维度上对我国正式、非正式环境规制及绿色创新的演变趋势进行剖析；对正式环境规制与绿色创新、非正式环境规制与绿色创新之间的相关性进行分类讨论。

第三章：环境规制影响绿色创新的机理研究。本章对环境规制影响绿色创新的主要因素进行了系统论述；分析了时空异质性视角下正式、非正式环境规制对绿色创新的影响路径；构建了契约理论模型、动态演化博弈模型对正式、非正式环境规制影响绿色创新的动力机制进行剖析。

第四章：环境规制影响绿色创新的实证研究。本章采用包含环境规制和绿色创新的空间面板计量模型检验两者之间的关系。首先说明空间权重矩阵的选择依据，并分别构建邻接权重矩阵、地理距离权重矩阵和经济距离权重矩阵；其次运用空间面板计量模型验证正式环境规制对绿色创新的影响；最后，采用空间面板计量模型验证非正式环境规制对绿色创新的影响，并对其进行稳健性检验以确保结果的稳健性。

第五章：基于 CGE 模型的环境规制影响绿色创新政策模拟。本章首先基于环境规制的异质性特征，编制社会核算矩阵（SAM），建立可计算一般均衡模型（CGE），对环境规制进行基准情景模拟分析。其次，依据 CGE 模型均衡条件与闭合机制设置，研究 CGE 模型中环境账户的组成设定和政府、公众对绿色创新的影响，完成环境规制与绿色创新的 CGE 模型构建。最后，通过 CGE 模型分析正式和非正式环境规制对绿色创新的影响，比较基准情景与环境规制变化后情景，结合 CGE 模型的政策模拟结果，解析正式、非正式环境规制在不同情形下的绿色创新政策含义。

第六章：结论与政策建议。根据研究结果得到结论：正式、非正式环境规制对绿色创新的影响关系复杂，本书将中国的现状分析以及理论和实证结果结合起来研究，在 CGE 模型的政策模拟基础上，基于时空异质性特征，以"协调"的新发展理念为政策选择原则，充分发挥政府的主导作用，企业的主体作用，市场的导向作用，提出基于环境规制的政府、企业、市场"三位一体"绿色创新协调政策。

第四节　研究方法与创新之处

一、研究方法

本书综合运用理论研究与应用研究相结合、规范分析与实证分析相结合，并辅助以产业经济学、新经济地理学以及系统管理学等基本理论与方法，对环境规制影响绿色创新的机理与政策展开系统研究，具体研究方法如下：

（1）理论研究与应用研究相结合，以环境规制与绿色创新的相关理论为理论基础，结合时空异质性特征，运用波特假说探析环境规制对绿色创新的影响路径，运用契约理论模型、动态化博弈模型分别剖析正式环境规制、非正式环境规制影响绿色创新的动力机制，设计基于环境规制的政府、企业、市场"三位一体"绿色创新协调政策。

（2）规范分析与实证分析相结合，拟综合采用变系数空间计量模型、地理加权模型、CGE模型等方法保证本项目研究中理论与实践的一致性，提出的绿色创新政策具有可操作性。

（3）通过书面或电子资料的收集、实地调研、专家咨询和小组讨论等手段使本书的研究得以顺利进行，以保证研究的科学性和严谨性。

二、创新之处

（1）在研究视角上，本书拟在时空异质性视角下，探讨环境规制影响绿色创新的常规路径与非常规路径，研究环境规制影响绿色创新的动力机制，据此设计基于政府、企业、市场的"三位一体"绿色创新协调政策，这是环境经济研究的一个全新视角。

（2）在研究内容上，本书拟按照"影响机理→动力机制→实证检验→政策选择"的逻辑思路展开研究，通过分析环境规制与绿色创新的时空演化特征明确了环境规制和绿色创新发展现状，延伸了环境规制与绿色创新相关研究的边界，消除了不同方向的经济学综合研究的理论壁垒。

（3）在研究方法上，本书运用归纳演绎法、模型构建、空间计量等方法阐释了环境规制影响绿色创新的机理与政策。整体而言，环境规制与绿色创新的时空演变特征分析为后续影响机理的剖析打下了坚实基础，对影响机理的深入剖析为最终构建环境规制与绿色创新的数理实证模型提供了理论依据。

第二章

环境规制与绿色创新的现状分析

本章将通过构建中国城市正式、非正式环境规制、绿色创新评价指标体系，对正式环境规制、非正式环境规制、绿色创新进行测度，并刻画其时空演变趋势，分别剖析正式环境规制、非正式环境规制与绿色创新之间存在的相互关系，为后续理论和实证研究提供依据。首先运用熵权客观评价法分析中国城市正式环境规制与非正式环境规制强度，并分析其时间演变趋势和空间演变趋势；其次，运用 SBM – DEA 方法测算中国城市绿色创新效率水平，并分析其时间演变趋势和空间演变趋势；再次，通过散点图及拟合曲线分析正式环境规制、非正式环境规制与绿色创新的相关性；最后为本章小结。

第一节　环境规制的演变趋势

传统的环境规制（Environmental Regulation）是作用社会管制的手段之一，具体可以分为公共规制和私人规制，环境规制能够将环境外部性内部化，从而达到改进市场资源配置效率的目的。但是关于环境规制的定义与内涵，国内外学者尚未形成权威、统一的标准。

学术界对环境规制的认识经历了由浅入深的过程。早期关于环境规制内涵的界定为：政府干预环境资源的渠道为禁令和非市场可转让许可证等非市场化渠道。政府对环境标准的制定和实施完全负责，企业没有活动空间。此时，环境法规被称为命令控制环境法规。在市场经济的不断发展的情况下，国内外学者修改了环境规制的内涵，环境规制的功能范畴新增了环境费、排污权交易等市场机制，并将政府对环境资源利用的直接和间接干预定义为环境规制。随着学术界对环境规制研究的深入，环境规制被重新定义为了保护环境而制定和实施的各种政策和措施的综合体。它包括各种环境政策和环境法律法规以及与环境保护有关的各种规章制度。具有执法权的政府和环保部门是环境规制的主体。然而，随着公众环保意识和参与度的不断提高，公众（包括环保 NGO（非政府组织））逐渐成为环境监管的微观主体之一。因此，人们通常所说的环境规制应该分为以政府和环保部门为主体的正式环境规制与以公众为主体的非正式环境规制。社会成本和企业成本之间的差异是由环境问题的外部不经济性决定的。因此，政府应当制定适宜的环境规制政策以实现环境保护与经济协调发展的目标。本节正是从正式和非正式环境规制两个层面展开分析。

一、正式、非正式环境规制强度测算

正式环境规制是政府部门为了保护环境而制定的各项政策，通过权力实现环境保护。目前针对正式环境规制的衡量方法多样，学术界主要存在以下五种方法：一是把正式环境规制强度与治污费用直接挂钩，故采用治污费用衡量；二是利用治污投资占企业总成本或总产值衡量；三是内生性正式环境规制与收入水平高度相关，采用人均收入衡量；四是考虑到污染物排放强度反映了正式环境规制的严格程度，使用正式环境规制作用下不同污染物排放强度衡量；五是采用综合指数方法构建污染物排放强度，如对工业三废等不同污染物赋予不同权重衡量。

企业的发展在公众对环境问题的高度关注以及互联网等新闻媒体对环境事故披露的情况下形成了无形的压力。这种压力已慢慢演变为影响企业决策的非正式环境监管。非正式环境监管是基于公众的环境意识来决定的，而非政府。非正式环境监管实现环境保护的方式主要有三种：第一，与污染企业协商和谈判。第二，通过影响政策制定者来限制污染企业。第三，通过示威、抵制污染企业产品和索赔诉讼，满足自身利益诉求。近年来，中国消费者会为了维护环境和生态利益使用非正式的环境监管手段，例如增加媒体关注、公众示威、游说等社会组织方式，防止污染企业进入。随着经济的发展人民对生活的质量要求越来越高，公众为了良好的生活环境注意环保问题，非正式环境监管的可行性在我国已初步显现。然而，对非正式环境规制的计量还存在三个问题：第一是计量手段单一，媒体曝光的手段使非正式环境规制具有局限性，即仅限于恶性污染事件。第二是非政府环保组织的数量和规模较小，不足以对污染企业施加很大的压力。第三是公众参与和监督体系不健全，公众向环境部门申诉、向政府或监管部门施压的有效机制尚未建立。

（一）正式环境规制指标选取

正式环境规制的指标体系主要借鉴了任梅等（2019）、Levinson（2013）、宋德勇和蔡星（2018）的环境规制综合指标构建。基本思路是：在全面理解环境规制概念内涵的基础上，参考国内外正式环境规制的相关研究成果，从财政投入、物质投入、污染治理、生态环境建设等方面入手，制定正式环境法制指标。具体包括财政投资、材料投资、污染控制三个方面的内容。其中，财政投资包括单位产值排水投资总额（万元）、单位产值绿化投资总额（万元）、单位产值市容环境投资总额（万元）。材料投资包括每万人污水处理厂数量（座）、每万人无害生活垃圾处理厂数量（座）以及建成的排水管道密度（km/km^2）。污染控制主要由污水去除率（％）取代。污染控制包括污水去除率（％）、建成区绿地覆盖率（％）和人均公园绿地面积（m^2）。加权平均使用不同的指标来调查区域正式环境监管的力度。它是利用熵值法的客观信息熵原理来确定权重，而不是主观的权重评价方法。具体指标体系见表2－1。

表2－1　　　　　　　　　　　正式环境规制指标构建

指标	一级指标权重	二级指标体系	方向
正式环境规制	正式规制绩效	单位产值排水投资总额（万元）	正
		单位产值园林绿化投资总额（万元）	正
		单位产值市容环境投资总额（万元）	正
		每万人污水处理厂座数（座）	正
		每万人生活垃圾无害化处理场座数（座）	正
		建成区排水管道密度（km/km^2）	正
		污水去除率（％）	正
		建成区绿地覆盖率（％）	正
		人均公园绿地面积（m^2）	正

（二）非正式环境规制指标选取

非正式环境规制的指标体系主要借鉴傅京燕（2009）和夏侯学（2017）的方法，选取人口密度、人力资本、收入水平和人民幸福度等指标，综合衡量地方非正式环境规制的强度。具体指标说明如下：（1）人口密度。人口密度越高，人口受到的污染就越多。因此，越来越多的人反对当地企业的污染排放。人口密度（km^2）采用单位面积上的人口数量来衡量。（2）人力资本。教育水平越高，环保意识越强，与环境保护相关的活动会更多且会更加重视。因此，污染企业为了减少公众投诉对企业声誉造成的不良影响通常会转移到教育水平相对较低的城市。人力资本（人）通常以每万人大学生人数来衡量。（3）收入水平。Dasgupta（2004）和其他人发现，收入和环境监管之间存在关系。在高收入城市随着收入的增加，清洁环境的需求会更大。与贫困城市相比，富裕城市的人民更加关注污染对其生活质量的影响。同时，城市就业带来的收入越高，吸引的人才就越多，将会有更多人游说政府、反对污染企业。因此，收入水平（元）采用地区城镇职工平均工资来衡量。（4）人民幸福度。政府环境法规是基于当地的社会和环境问题制定的。因此，环境法规的实施是与当地的社会问题相关的。失业率被用来衡量社会状况。失业率影响城市环境监管的主要原因是：第一，城市失业率越高，用于环境治理的资源越少。第二，如果污染企业提供就业机会，城市公众将容忍企业的存在。因此，高失业率将吸引更多污染企业，并制定相对宽松的环境法规。人民幸福度采用失业率的倒数来衡量。具体指标体系见表2-2。

表2-2 　　　　　　　　　　　　非正式环境规制指标构建

指标	一级指标权重	二级指标体系	三级指标体系	方向
非正式环境规制	非正式规制绩效	人口密度	人口数（人）/面积（km^2）	正
		人力资本	每万人大学生数量（人）	正
		收入水平	地区城镇职工平均工资（元）	正
		人民幸福度	1/失业率	正

（三）环境规制测算方法——熵值法

本节选用熵值法测算核心指标——正式、非正式环境规制，熵值法的具体计算过程如下：

首先，在统计学当中，假若需要对 2 个及以上组不同量纲数据进行比较，最好将原始标准化转化成无量纲的标准化数据，通过这种处理得到标准化矩阵平移 A 个单位 $U=(u_{ij})_{m \times n}$；数据标准化：

正向指标：$x_{ij} = (x_{ij} - x_{\min})/(x_{\max} - x_{\min})$　　　　　（2.1）

逆向指标：$x_{ij} = (x_{\max} - x_{ij})/(x_{\max} - x_{\min})$　　　　　（2.2）

其次，各指标同度量化，计算第 j 项指标下，第 i 城市占该指标比重为式（2.3）：

$$p_{ij} = \frac{u_{ij}}{\sum\limits_{l=1}^{n} u_{ij}} \quad (i=1,\ 2,\ \cdots,\ n;\ j=1,\ 2,\ \cdots,\ m) \quad (2.3)$$

式中，n 为样本（城市）个数，m 为指标个数。

再次，计算第 j 项指标熵值（e_j）：

$$e_j = -k \sum_{i=1}^{n} p_{ij} \ln(p_{ij})，式中，k = \frac{1}{\ln(n)}，e_j \geqslant 0; \quad (2.4)$$

计算第 j 项指标的差异系数（g_j）：$g_j = 1 - e_j$　　　　　（2.5）

然后，对差异化系数归一化，计算第 j 项指标的权重（w_j）：

$$w_j = \frac{g_j}{\sum\limits_{j=1}^{m} g_j} \quad (j=1,\ 2,\ \cdots,\ m) \quad (2.6)$$

最后，计算第 i 个城市的综合指标强度（F_i）：$F_i = \sum\limits_{j=1}^{m} w_j p_{ij}$　　（2.7）

二、正式、非正式环境规制时间演变趋势

（一）正式环境规制时间演变趋势

图 2 - 1 为 2005 ~ 2020 年 285 个城市正式环境规制的基本数据特征时间演变趋势图。显而易见，正式环境规制强度在 2006 年存在一个拐点。正式环境规制强度在 2006 年之前下跌，从 2006 年开始正式环境规制强度呈现出

缓慢上升的趋势。说明正式环境规制与社会经济发展水平呈协调关系，在实施正式环境规制时，要适当地使其动态均衡，不能一成不变地增加或降低正式环境规制强度。

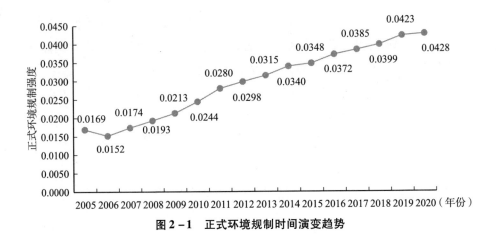

图 2-1　正式环境规制时间演变趋势

（二）非正式环境规制时间演变趋势

图 2-2 为 2005~2020 年 285 个城市非正式环境规制的基本数据特征时间演变趋势图。非正式环境规制强度从 2005 年的 0.0990 逐步提高至 2020 年的 0.1745，16 年间基本呈现不断上升态势。这表明随着经济社会的发展，中国工业经济体系的成熟、城市化进程的加快加速了人口密度的增加。地区

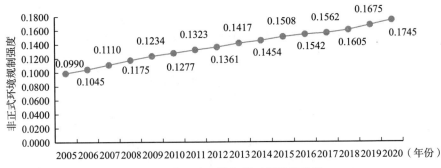

图 2-2　非正式环境规制时间演变趋势

人口密度的增加，也大大改善了城镇公民的收入水平、社会的整体居民幸福度水平，使公众会更加在意自身的居住环境等问题，因此非正式环境规制力度亦相应提高。

三、正式、非正式环境规制空间演变趋势

（一）正式环境规制空间演变趋势

除国家出台统一的环境规制政策外，各城市也会根据自身情况出台地方性规制政策，因而各城市的正式环境规制强度存在较大差异。以财政投资、材料投资、污染控制等方面指标衡量的正式环境规制显示（见表2-3），正式环境规制强度呈现东高西低的空间分布格局，与经济发展水平具有一定的耦合性。发展初期正式环境规制强度较低，而随着经济发展东部地区将部分高污染、高能耗产业淘汰，例如：石油化工、煤化工、建材等行业。在这过程中，经济发展相对落后的中、西部地区就承接了东部沿海城市淘汰的落后、环境不友好的行业，使得中、西部生态环境污染加重。虽然正式环境规制强度整体仍然呈东高西低空间分布格局，但中、西部地区正式环境规制强度提升明显，正式环境规制重心开始呈现明显的西移趋势。进一步探究正式环境规制空间格局演变原因可知，这与环境污染问题密切相关。随着经济发展水平不断提高和绿色发展理念不断深入，京津冀等地区的大气环境问题以及长三角等地区的环境问题日益凸显，社会各界对于污染防治已经形成共识，区域性环境治理成为正式环境规制的主要形式。

表2-3　　　　　　　　　正式环境规制前二十强城市

城市	排名	得分	城市	排名	得分
北京市	1	0.3509	成都市	11	0.0737
重庆市	2	0.1565	无锡市	12	0.0720
上海市	3	0.1546	青岛市	13	0.0673
天津市	4	0.1295	常州市	14	0.0656
广州市	5	0.1116	西安市	15	0.0606
武汉市	6	0.1096	沈阳市	16	0.0604

城市	排名	得分	城市	排名	得分
南京市	7	0.1057	厦门市	17	0.0555
深圳市	8	0.0889	济南市	18	0.0553
苏州市	9	0.0777	镇江市	19	0.0541
东莞市	10	0.0772	杭州市	20	0.0532

(二) 非正式环境规制空间演变趋势

从非正式环境规制强度二十强排名（见表2-4）情况可知，东部地区发达城市相较于中、西部地区，其非正式环境规制强度更高。原因可能是：首先东部地区对居住环境、生态质量有更大的需求；其次，省会城市的非正式环境规制要强于周边其他城市，这是因为我国大部分地区实行"强省会"措施导致省会城市经济社会发展更好，使得公众更加追求高水平的生活环境，进而导致省会城市非正式环境规制明显强于周边非省会城市，由省会城市向周边呈辐射状扩散。因此未来也应该利用省会城市的环境规制优势，加强对周边非省会城市的帮扶力度，实现整个区域的协同发展。

表2-4　　　　　　　　非正式环境规制前二十强城市

城市	排名	得分	城市	排名	得分
南京市	1	0.6124	呼和浩特市	11	0.4301
广州市	2	0.5872	长沙市	12	0.4213
武汉市	3	0.5671	贵阳市	13	0.4124
南昌市	4	0.5306	厦门市	14	0.4107
珠海市	5	0.5207	海口市	15	0.3880
济南市	6	0.5206	上海市	16	0.3762
太原市	7	0.5044	合肥市	17	0.3649
郑州市	8	0.4841	资阳市	18	0.3472
西安市	9	0.4603	成都市	19	0.3388
兰州市	10	0.4599	杭州市	20	0.3253

第二节　绿色创新的演变趋势

一、绿色创新水平测算

(一) 绿色创新指标选取

本书将在传统创新指标的基础上加入环境指标,构建包括创新投入、期望产出和非期望产出三个方面的绿色创新指标体系。

1. **创新投入:以地方财政科技投入和科技人员就业人数进行衡量**

关于创新投入,也就是指创新投资,无论是罗默的内生增长理论还是新古典主义框架下的生产函数,资本和劳动力都是最基本的要素。在现有文献中,资本变量通常选择研发资金的内部支出,而劳动力变量则选择相当于研发人员的全职人员(钱丽等,2018)。由于难以获得中国城市研发经济的内部支出和研发人员的全职等价物,根据李金滟等(2017)的实践,选择当地财政科技投入和就业人口中的科技人员数量作为替代变量。

2. **期望产出:以专利授权量进行衡量**

现有研究认为,专利能够相对客观地反映该地区的创新水平,并在创新活动中得到广泛应用。大多数学者选择专利申请量和专利授权量作为绿色创新的预期产出。由于专利申请数量具有滞后效应,且专利授权量可以更好地确保绿色创新的产出质量(杨树旺等,2018),因此本书选择专利授权量作为绿色创新的期望产出。

3. **非期望产出:以工业二氧化硫、工业废水和工业烟(粉)尘排放量进行衡量**

不同于传统的创新,绿色创新指标的选择需要考虑环境污染,即意想不到的产出。参考现有研究成果,基于数据的可用性,选择工业二氧化硫、工业废水和工业烟粉尘的排放量作为衡量绿色创新的非期望产出。

4. **数据来源**

本书以2005~2020年中国285个城市作为研究对象。期望产出指标中专利授权量来源于中华人民共和国国家知识产权局专利检索系统;创新投入和非期望产出指标数据主要来源于 2006～2021 年的《中国城市统计年鉴》、国家统计局网站和相应城市 2005～2020 年的统计公报；部分缺失值采用线性插值法进行补充（见表 2－5）。

表 2－5 绿色创新指标体系

指标	一级指标	二级指标
绿色创新	创新投入	地方财政科技投入
		从业人口中科技人员数
	期望产出	专利授权量
	非期望产出	工业二氧化硫排放量
		工业废水排放量
		工业烟（粉）尘排放量

（二）绿色创新测算方法——SBM－DEA

为有效避免传统数据包络分析方法的测算误差，本节使用非角度、非径向的方法测算绿色创新，科学考虑投入产出变量松弛性问题，准确反映效率值本质属性。若决策单元 n 个，投入（X）、期望产出（Y^a）和非期望产出（Y^b）分别与之对应存在 n 项，其中 $X = (x_1, x_2, \cdots, x_m) \in R_{i \times m}$、$Y^a = (y_1^a, y_2^a, \cdots, y_m^a) \in R_{r \times m}$，$i$ 表示第 m 个决策单元的第 i 种投入，r 表示第 m 个决策单元的第 r 种期望产出，s 表示第 m 个决策单元的第 s 种非期望产出。模型设定如下：

$$\tau = \min \frac{1 - \frac{1}{i} \sum_{j=1}^{i} \frac{r^-}{x_{j0}}}{1 + \frac{1}{r+s} \left(\sum_{k=1}^{r} \frac{r_k^-}{y_{k0}^a} + \sum_{l=1}^{s} \frac{s_l^b}{y_{l0}^b} \right)}$$

$$s.t. \quad x_0 = \mu X + \lambda^-$$

$$y_0^a = \mu Y^a + \lambda^{a-}$$

$$y_0^b = \mu Y^b + \lambda^{b-}$$

$$\mu \geq 0; \ \lambda^- \geq 0; \ \lambda^{a-} \geq 0; \ \lambda^{b-} \geq 0 \tag{2.8}$$

式中，创新投入、期望产出和非期望产出松弛变量以 λ^-、λ^{a-}、λ^{b-} 表

示，μ 为权重向量，$\tau \in [0, 1]$ 代表目标效率值。当松弛变量值等于 0 时，目标效率值为 1，证明该决策单元有效；当 $\tau < 1$ 时，决策单元非有效，此时需重新考虑并改进生产投入与产出。考虑绿色创新进程中出现"环境效应"，具体表现为不合意污染物排放，DEA 前沿面同时出现不同区域绿色创新效率，并且决策单元呈现同时有效状态，如此可能导致决策单元评价偏差。采用 Tone（2002）研究方法，剔除决策单元（x_0, y_0），呈现出有限生产可能集做法：

$$P/(x_0, y_0) = \left\{ (\bar{x}, \bar{y}^a, \bar{y}^b) \,\Big|\, \bar{x} \geqslant \sum_{j=1}^{m} \mu_j x_j,\ \bar{y}^a \leqslant \sum_{k=1}^{m} \mu_k y_k^a, \right.$$
$$\left. \bar{y}^b \leqslant \sum_{l=1}^{m} \mu_l y_l^b,\ \bar{y}^a \geqslant 0,\ \bar{y}^b \geqslant 0,\ \mu \geqslant 0 \right\}$$

选择基于 VRS 的 Super – SBM 模型，数学非线性规划为：

$$\tau' = \min \frac{\dfrac{1}{i} \displaystyle\sum_{j=1}^{i} \dfrac{\bar{x}_j}{x_{j0}}}{\dfrac{1}{r+s} \left(\displaystyle\sum_{k=1}^{r} \dfrac{\bar{y}_k^a}{y_{k0}^a} + \sum_{l=1}^{s} \dfrac{\bar{y}_l^b}{y_{l0}^b} \right)}$$

$$s.t. \quad \bar{x} \geqslant \sum_{j=1}^{m} \mu_j x_j$$

$$\bar{y}^a \leqslant \sum_{k=1}^{m} \mu_k y_k^a$$

$$\bar{y}^b \leqslant \sum_{l=1}^{m} \mu_l y_l^b$$

$$\sum_{j=1}^{m} \mu_j = 1$$

$$\bar{x} \geqslant x_0,\ \bar{y}^a \leqslant y_0^a,\ \bar{y}^b \leqslant y_0^b,\ \bar{y}^a \geqslant 0,\ \bar{y}^b \geqslant 0,\ \mu \geqslant 0 \qquad (2.9)$$

二、绿色创新时间演变趋势

绿色创新水平（GI），借助 MaxDEA 软件采用包含非期望产出非导向的 SBM – DEA 模型进行测算。图 2 – 3 给出全国以及东、中、西部三大区域 2005～2020 年绿色创新年度平均水平随时间的变化趋势。就全国整体而言，2005～2020 年全国绿色创新水平平均值为 0.7110，总体上呈现递增的趋势。从区域异质性的角度看，区域绿色创新水平表现"东部 > 中部 > 西部"的特点，东部地区绿色创新水平平均值为 0.8140，中、西部地区则相对较弱，分别为 0.6766 和 0.6098。通过东、中、西部区域的比较，易知 2005～2020年时间段东部地区绿色创新水平均处于全国平均水平之上，而在整个研究期间全国平均绿色创新水平高于中西部地区。同时从 2005～2020 年东、中、西部地区绿色创新水平分别提高了 0.2274、0.2785、0.3442，该结果表明我国东、中、西部地区的绿色创新水平存在发展不平衡的问题。从绿色创新的整体时间演变趋势来看，全国以及东、中、西部三个区域绿色创新水平变化趋势趋于一致，仅在 2012 年出现较大下降，这是由于 2012 年欧美债务危机，导致我国经济发展及经济结构转型受到外部影响，而随着绿色发展与创新、协调、开放、共享等发展理念共同构成五大发展理念，全国各区域绿色创新水平得到迅速提高。然而，我国绿色创新整体上尚处于刚刚起步阶段，发展水平还不够高，今后仍有相当大的提升空间。

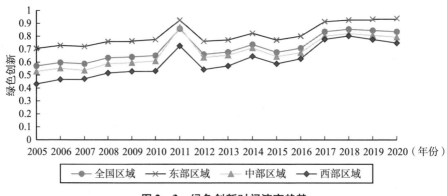

图 2 - 3　绿色创新时间演变趋势

此外，本节选取东、中、西部三大区域 2005 年、2012 年和 2020 年的总体绿色创新水平高于该年全国平均水平的城市数量进行比较。见图 2 - 4城市数量统计图可知，上述三年期间东部地区城市数量最多，高于全国绿色创新平均水平，远高于中、西部地区。特别是，在 2020 年研究样本中的101 个东部城市中，86 个超过全国平均水平，占东部城市总数的 85%，而中部和西部城市超过全国平均水平的城市数量分别仅占该地区的 53% 和26%。东部沿海地区在经济发展进程中具有诸多优势，无论是地理、政策，还是人力资本、物力资本等因素，都是促成东部地区经济高速发展的关键所在，助力其成为中国经济领头羊。东部地区有中国最先进的科学技术，致使东部地区的创新发展水平大幅度超过全国水平。此外，近年来，东部地区从经济持续健康发展的目标出发，加大环保投入，大力发展高新技术产业，促使该地区绿色创新取得显著成效。相比之下，中部地区以牺牲自然环境为代价，实现经济快速增长，煤炭、化工、钢铁等污染型传统产业仍占该地区总产业较大比重，未有效结合社会资源与自然资源，提高了地区资源和环境成本，限制绿色创新发展。三大区域中，西部地区绿色创新水平高于全国绿色创新平均水平的城市数量最少。这主要受西部地区地形地势影响，与东部和中部地区相比，西部地区高原盆地居多，主要是一些草原和荒漠，致使其资本和劳动力条件相对匮乏，绿色创新技术水平较低。但是，中央政府采用因地制宜的政策方针带动地区经济发展，使得中西部地区隐藏巨大发展潜力。例如：引导性"中部崛起""西部大开发"等战略，为带动中西部地区绿色创新提供政策支持，提供更多创新发展机会，获取更大经济提升空间。

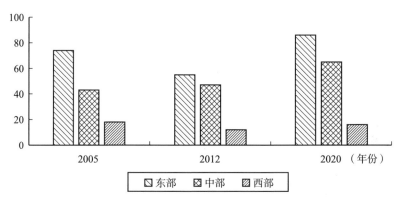

图2-4　东、中、西部区域高于全国绿色创新平均水平数量统计

三、绿色创新空间演变趋势

从绿色创新水平前二十强城市来看（见表2-6），深圳的绿色创新能力远远超过了其他城市；省会城市有北京市、济南市、南京市、长沙市、武汉市、郑州市、广州市、西安市、杭州市、成都市、哈尔滨市上榜，说明省会城市在绿色创新方面有足够的人力、资本、技术以及政策等优势，这将有助于培育各区域的绿色创新增长极，然后带动整个区域进行绿色创新活动。

表2-6　　　　　　　　　　绿色创新前二十强城市

城市	排名	得分	城市	排名	得分
深圳市	1	0.9894	广州市	11	0.9592
北京市	2	0.9863	佛山市	12	0.9577
济南市	3	0.9835	西安市	13	0.9574
南京市	4	0.9822	温州市	14	0.9529
长沙市	5	0.9770	杭州市	15	0.9507
武汉市	6	0.9723	宁波市	16	0.9473
郑州市	7	0.9712	云浮市	17	0.9456
青岛市	8	0.9704	成都市	18	0.9454
上海市	9	0.9681	无锡市	19	0.9428
台州市	10	0.9606	哈尔滨市	20	0.9345

目前，我国城市绿色创新已经初步呈现出明显的空间异质性，形成以"沿海绿色创新带"为核心向中西部地区辐射的空间格局。从2005年只有东南部沿海城市绿色创新水平较高，到2020年发展为从青岛市到海口市的一连片沿海城市迈上绿色创新高速发展之路，标志着"沿海绿色创新带"逐渐形成。除此之外，绿色创新正由东部沿海地区产业带、长江经济带地区辐射环京津冀、珠三角、长三角地区，依托其资源、人才、地理、政策及其他独有的资源禀赋优势，发展成为我国城市绿色创新的核心，打造国内创新友好型经济增长的重要引擎。以山东、江苏、上海、浙江、福建、广东等连接的东部沿海省级行政区，是我国东部沿海区域核心发展的产业带，该区域绿色创新集聚程度高，是我国经济产业活跃度最高、产业体系最完善、下游产业链最广泛的聚集带。该区域已经形成了在绿色生产、科技服务的空间分布和组合，协同多种产业链上中下游兼顾发展的产业布局。长江经济带是我国生态文明建设先行示范带，覆盖我国上海市、江苏省、浙江省、安徽省、江西省、湖北省、湖南省、重庆市、四川省、云南省、贵州省11省市，横跨东、中、西三大区域，是拥有明显区位优势的内外开放带和城市绿色创新集聚带。长江经济带贯彻落实中共中央颁布的区域发展规划，杜绝以牺牲自然环境为开发导向，坚持以生态优先，绿色创新为引领，推动长江上中下游

地区和沿江地区高质量协调发展。

第三节 环境规制与绿色创新的相关性分析

无论是环境规制还是绿色创新，均在时间和空间上呈现出异质性分布特征，这与各城市经济社会以及地理本底条件差异有密不可分的关系，那么环境规制与绿色创新之间是否也存在某种关系，如果有，又表现为何种形式？本节将进一步在正式环境规制、非正式环境规制以及绿色创新的现状分析基础上，分别剖析正式环境规制和绿色创新、非正式环境规制和绿色创新的相关性，为后续理论和实证研究提供依据。

一、正式环境规制与绿色创新的相关性

通过散点图和 lowess 拟合可以较为直观地反映正式环境规制与绿色创新的相关关系（见图 2－5），其中横坐标代表正式规制强度，绿色创新代表绿色创新水平。

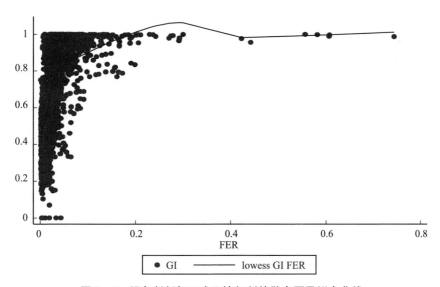

图 2－5 绿色创新与正式环境规制的散点图及拟合曲线

从图 2 - 5 中可以看出，表征绿色创新的点较多集中在低正式环境规制强度区间，越往横坐标的右侧绿色创新水平越高，说明正式环境规制与绿色创新呈现出正向关系，即正式环境规制越强，绿色创新水平越高，lowess 的拟合结果同样说明了这一点。随着正式环境规制强度的提升，会激发"创新补偿效应"，抵消企业因增加环境保护而产生的"遵循成本效应"。除此之外，严格的正式环境规制对企业进行绿色转型过程中实行生产技术创新予以激励和约束，降低生产成本，提高企业竞争优势。相较于放弃绿色转型的企业，进行绿色创新的企业更具比较优势，其创新效应远远高于成本效应，能够为企业带来更大的利润空间，这将激励企业增加研发投资，提升了绿色创新水平。

图 2 - 5 中只能初步描述正式环境规制与绿色创新的相关关系，通过皮尔逊（pearson）相关系数检验能更加准确地表征两者之间的相关性（见表 2 - 7）。

表 2 - 7　　　　　　　　　绿色创新与正式环境规制的相关性分析

	绿色创新	正式环境规制一次项	正式环境规制二次项
绿色创新	1.0000		
正式环境规制一次项	0.6111 *** (0.0000)	1.0000	
正式环境规制二次项	- 0.6046 *** (0.000)	- 0.9840 *** (0.0000)	1.0000

在表 2 - 7 中，加入了正式环境规制一次项、二次项与绿色创新的相关关系分析。正式环境规制一次项与绿色创新的相关系数显著为正而其二次项与绿色创新的相关系数显著为负，意味着正式环境规制与绿色创新可能存在倒"U"形曲线关系，且目前正式环境规制尚处于倒"U"形曲线的左侧区域，即随着正式环境规制增强，绿色创新表现为不断增强，只有随着经济社会发展，当正式环境规制达到一定程度的时候，该促进作用转变为抑制作用。

二、非正式环境规制与绿色创新的相关性

对于非正式环境规制与绿色创新的相关性分析，首先使用散点图和 lowess 拟合初步描述非正式环境规制与绿色创新的相关关系（见图 2－6），其中横坐标代表非正式规制强度，纵坐标代表绿色创新水平。

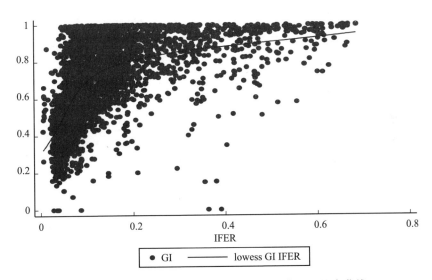

图 2－6　绿色创新与非正式环境规制的散点图及拟合曲线

从 lowess 的拟合结果可以得知，与正式环境规制相比，虽然非正式环境规制下绿色创新有更多的点落在高非正式环境规制区间，但低非正式规制区间的点仍然最多，意味着总体上非正式环境规制与绿色创新呈现出正向关系。这可能的原因是我国仍以正式环境规制为主，非正式环境规制则作为辅助措施在实行，因此对绿色创新的效果不及正式环境规制强烈。目前在中国的环境管制制度下，公众、企业与环保 NGO 等非正式环境规制主体有多种渠道参与生态环境保护当中。具体来看，非正式环境规制主体通过宣传引导绿色消费，增强消费者的绿色产品偏好，进而扩大绿色产品的市场需求，会对企业产生需求拉动效应，绿色产品市场需求的改变引起价格变动，而企业的利润是价格和产量的函数，在追求利润最大化的目标下，企业考虑增加绿色产品供给，促使企业考虑绿色研发，改进生产工艺、生产流程，促进企业

进行绿色创新。

　　下面通过非正式环境规制与绿色创新的皮尔逊相关系数检验探讨两者的相关性（见表2-8）。从表中可以发现，与正式环境规制与绿色创新的相关性结果类似非正式环境规制与绿色创新也呈现出倒"U"形曲线，并且现阶段正处于倒"U"形曲线左侧区域，这与图2-6反映出的结果是一致的。

表2-8　　　　　　　　　绿色创新与非正式环境规制的相关性分析

	绿色创新	非正式环境规制一次项	非正式环境规制二次项
绿色创新	1.0000		
非正式环境规制一次项	0.5868 *** (0.0000)	1.0000	
非正式环境规制二次项	-0.6017 *** (0.0000)	-0.9694 *** (0.0000)	1.0000

第四节　本章小结

　　首先，从环境规制时空演变趋势得知，在时间动态演变上，正式环境规制和非正式环境规制强度整齐均呈现上升趋势，说明正式环境规制是与一定的经济社会发展相适应的，适时地考虑实施环境规制的动态均衡，同时在一定程度上说明随着城市化进程加快，城市公众受教育程度和生活质量提高，公众更加注重追求幸福美满健康生活氛围，相应非正式环境规制力度得以提高。另外正式环境规制与非正式环境规制在空间演变上，正式环境规制强度呈现东高西低的空间分布格局，与经济发展水平具有一定的耦合性。相较于中、西部地区非正式环境规制强度，东部沿海发达城市较强，经分析，东部发达城市对环境质量以及绿色产品要求更高。

　　其次，绿色创新时空演变显示，全国整体而言，绿色创新水平基本呈现出上升趋势；从区域异质性的角度看，区域绿色创新水平表现"东部＞中部＞西部"的特点，东部地区在研究期间绿色创新平均值高于全国平均水平，而中、西部区域在研究期间绿色创新平均值低于全国平均水平。空间分布情况上，存在明显的空间异质性，究其原因可能是地区经济发展、创新集聚、人口集聚、产业集群、资源禀赋等因素存在差异。

最后，环境规制与绿色创新相关性研究结果表明，正式、非正式环境规制分别对绿色创新存在门槛效应，两者之间均不是单一线性关系，不同强度水平的正式、非正式环境规制对绿色创新影响效应不同。具体来看，正式环境规制与绿色创新存在倒"U"形曲线变化特征，且目前我国正式环境规制尚处于曲线拐点左侧阶段，即绿色创新水平将会随着正式环境规制强度增强而得到提高，当正式环境规制强度超过阈值后促进作用转变为抑制作用。而非正式环境规制与绿色创新也呈现出倒"U"形曲线，并且现阶段正处于倒"U"形曲线左侧区域。

第三章

环境规制影响绿色创新的机理研究

环境规制的设定以及规制工具的选择是影响绿色创新的重要因素。从时空异质性视角探究环境规制影响绿色创新的机理对于环境规制政策的制定与实施具有重要指导意义，有利于破解高质量发展进程中生态环境与绿色创新的矛盾。本章首先重点梳理我国环境规制政策，阐述绿色创新的正式环境规制和非正式环境规制影响因素，并说明相关影响因素的测度方法；其次，基于时空异质性的视角探讨正式环境规制如何对绿色创新产生作用的常规路径，以及非正式环境规制如何对绿色创新产生作用的非常规路径；再次，考虑环境污染治理问题的复杂性，该问题牵涉的主体包括企业与相关政府部门，另外社会公众也是环境污染问题的利益相关主体，故建立关于中央政府、地方政府和绿色创新型企业的三层委托—代理模型，考察时空异质性视角下中央政府和地方政府的正式环境规制对绿色创新的动力机理，随后把公众、环保非营利组织 NGO 的非正式环境规制作为第三方规制引入模型，考察时空异质性视角下非正式环境规制对绿色创新的动力机理；最后为本章小结。

第一节　环境规制对绿色创新的影响因素

环境规制往往为了实现管制目标，会对相关管制制定具体的规则与行动安排，并同时设置具体的实施方法和操作要求。本节解析并汇总了正式环境规制工具和非正式环境规制工具的影响因素，借助于典型案例调研的微观数据，采用主成分分析法进一步剖析正式环境规制与非正式环境规制对绿色创新的影响。

一、正式环境规制对绿色创新的影响因素

中国现行的正式环境规制工具包括设定污染物总量控制制度、环境分类管理制度、环境质量标准、排污许可证制度、环境税（费）、财政补贴、污染责任保险、生态环境补偿等。

影响绿色创新的正式环境规制因素有：（1）发布各种环境保护标准数；（2）环境评估执行率；（3）限期治理项目数；（4）平均排污费征收额；（5）排污许可证发放个数；（6）排污处罚案例个数；（7）污染治理投资总额；（8）环境使用税收总额，包含车船使用税、城市维护建设税、资源税、城镇土地使用税及消费税等。

二、非正式环境规制对绿色创新的影响因素

中国现行的非正式环境规制工具主要基于信息披露和公众参与，具体包括政府环境信息公开、企业环境信息公开、产品环境信息公开、宣传教育、环境影响评价公众听证、信访投诉、非政府环保组织等。

影响绿色创新的非正式环境规制因素有：（1）企业投入的 R&D 经费；（2）企业投入的 R&D 人员全时当量；（3）R&D 项目数及新产品开发经费；（4）环保非营利组织 NGO 的规模和影响力；（5）环保非营利组织 NGO 参与环境诉讼等法律途径或集会、抗议次数；（6）环保非营利组织 NGO 主办环保教育、组织志愿者参与环保活动次数；（7）公众自愿组织和参与环保活动次数；（8）公众参与环境民事诉讼案件数；（9）公众向环保有关机构上访或信访次数；（10）媒体和网络的环保宣传及披露程度。

三、影响因素测度

关于如何测度地区正式环境规制强度和非正式环境规制强度，学术界主流的方法有以下三种：第一，借助定性指标为依据综合得到的指标值；第二，通过单一指标来定量测度环境规制强度；第三，使用多角度指标构建综合评价指标体系定量测度强度。基于上文剖析总结的正式环境规制工具和非正式环境规制工具的影响因素可以看出，影响因素数目较多，进行影响因素全回归容易引起多重共线性问题，简单剔除影响因素则会遗漏重要信息，破坏模型的完整性。因此，本部分延续环境经济学的主流研究范式，基于指标

的可比较性、多维度性以及数据的可获得性，运用主成分分析法提取主因子的方法，主要从以下三个方面进行研究：

（1）从正式环境规制来看，运用主成分分析法从 8 个正式环境规制影响因素中提取公共因子（由初始因子特征值累计贡献率确定公共因子个数），利用因子得分矩阵求出各个公共因子的得分，以此公共因子作为新的正式环境规制变量。在此基础上利用地理加权模型，以新的正式环境规制作为自变量、绿色创新作为因变量，分析正式环境规制对绿色创新的影响。

（2）从非正式环境规制来看，运用主成分分析法从 10 个非正式环境规制影响因素中提取公共因子，利用因子得分矩阵求出各个公共因子的得分，以此公共因子作为新的非正式环境规制变量。以新的非正式环境规制作为自变量、绿色创新作为因变量，分析非正式环境规制对绿色创新的作用关系。

（3）从正式环境规制、非正式环境规制的交互影响来看，运用主成分分析法从正式环境规制和非正式环境规制共 18 个影响因素中提取公共因子，利用因子得分矩阵求出各个公共因子的得分，以此公共因子作为新的环境规制变量。同样，以新的环境规制为自变量、绿色创新为因变量，分析正式环境规制、非正式环境规制对绿色创新的交互影响。

第二节　环境规制对绿色创新的影响路径

我国经济发展进入新常态后，环境规制逐渐成为促进绿色创新的重要驱动力。环境规制影响绿色创新的表现主要有直接渠道和间接渠道两个方面。其中，直接渠道一方面体现出越严格的环境规制手段会使得企业的生产成本提高，企业考虑到生产利润，成本增加会导致企业经营负担加重，从企业的生产经营效率、产品质量和生产规模等情况来看，严格的环境规制对这些方面的发展存在明显的负向影响，进而打击企业绿色转型的积极性，抑制企业绿色创新水平的提高。企业在投资金额有限的情况下，针对环境污染治理的投入增加必然会挤占针对绿色技术创新的投入，因为企业成本的增加导致可获得的利润空间减少，企业为弥补这一空缺，会选择加量生产，扩大规模，最终造成更为严峻的环境污染，从而导致绿色创新水平的下降。另一方面，严格的环境规制能够倒逼企业提高研发投入，改进和完善生产环节与技术，引导生产要素向技术密集型产业转移，使产能落后的企业退出市场，同时催生绿色环保产业的发展，最终达到绿色创新水平提高的目的。环境规制严格与否以及强度如何，都会影响市场对污染型企业的准入门槛，如此便能有效地筛选出更环保、产能更优良的企业，最后借助技术溢出效应提高整体行业与整个社会的绿色创新水平。

间接渠道一方面体现出在贸易自由化的条件下，越严格的环境规制会使得污染型企业的生产成本越高，企业在此压力之下，会更偏好将生产工厂建设在环境规制宽松的地区，而后者则成为环境规制严格地区的"污染避难所"。这不仅会导致环境规制宽松地区发生更加严重的生态污染问题，还会形成外来企业与本土企业之间的恶性竞争，抢占本土企业的利润空间，抑制本土企业进行绿色生产技术研发，以及阻碍市场产业结构转型，对绿色创新具有消极影响。另一方面，企业的排污行为不仅被政府相关部门监督，而且随着社会整体环保意识的提高，社会公众对企业的行为有更高要求，环境规制强度提高的同时也会提高社会公众对生活环境质量的要求以及对绿色产品的需求，从而影响企业的生产方向与计划，促使企业主动选择清洁能源和清洁的生产方式，最后实现企业绿色创新水平的提高。

由于过度的经济增长激励与强硬的环境保护要求，正式环境规制通常会导致各地方政府在政策执行力度上大打折扣。此外，由于非正式环境规制主体主要通过向相关机构举报和披露企业污染环境的行为和信息，或是制造舆论压力而间接影响企业绿色创新，使得正式环境规制、非正式环境规制影响绿色创新的机理存在明显差异，具体如图 3 - 1 所示。

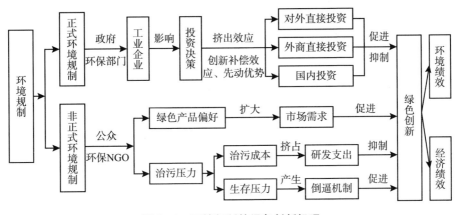

图 3 - 1　环境规制的绿色创新机理

一、正式环境规制影响下的常规路径

正式环境规制是以政府和相关环保部门为决策主体，并由其制定实施管制手段，正式环境规制给企业增添的生产成本，实质上是将在解决外部性问题中的治理成本内部化，具体表现为政府将环境污染治理成本通过严格的正式环境规制转移给污染生产的企业。企业的决策行动通常受到成本和利润的影响，企业为实现利润最大化，当污染治理成本提高，企业生产经营压力增大的情况下，通常会选择提高环境污染治理投入或者改进绿色生产技术工艺两种渠道来降低企业排污水平。政府也可以通过创新补贴、排污税费减免等手段弥补企业进行绿色创新而造成的正外部性损失。例如，政府通过调节税收影响绿色产品的市场价格，进而通过产品价格的变化影响企业绿色创新。《中华人民共和国环境保护税法》规定，"保护和改善环境，减少污染物排放，推进生态文明建设"，通过"费"改"税"，借助税收杠杆，以税率差异化促进企业绿色创新。当前中国正式环境规制强度逐渐增加，这会威慑企业的生产行为，影响企业的投资决策。正式环境规制主要通过影响对外直接投资、外商直接投资、国内投资等间接影响绿色创新，企业为遵守严格的正式环境规制要求而调整投资策略，以期提高其在国内、国际市场上的竞争优势。

正式环境规制主要从两个方面影响企业的投资决策：一是"遵循成本"效应，即正式环境规制通过设置减排标准、治污技术标准，要求污染者付费使资源环境外部成本内化到企业内部，这一过程需要有人力、物力以及财力等因素才能得以实现。企业在资金方面存在局限性时，环境治污费用的增加让企业不得不去缩减研发投入来控制成本的大幅增加，从而会导致生产能力以及效率的降低，企业获得的利润也会相应减少，这些会阻碍创新技术的提升。企业在较短的时期内想要达到生产相对稳定的状态，就需要对要素投入、产出供给以及生产技术三个方面进行最优组合，而推行环境规制会打破这种均衡状态，其表现是环境规制的实行会提高企业的生产成本，并且企业想要挽回在环境治理方面投入的成本时，会采取降低技术研发投入的方法，从而产生挤出效应来抑制绿色创新。二是"创新补偿"效应，也就是说随着环境规制力度的加大会提升企业的环境成本，现有生产技术、生产状况也会无法维持企业原有的利润水平，但是会加强企业对环境治理的重视程度，

从而能够对企业环境治理方面的技术以及产品工艺产生推动作用，进而达到
降低环境成本的目的，加强对自主研发的投入力度来打造企业自身的核心技
术，加强企业在市场中的核心竞争力。在环境成本提升的情形下，企业会形
成集聚效应，会将企业现有的知识以及技术进行分享，几家企业共同购置污
染处理设备集中进行污染物的处理，实现降低环境成本的目的，这样人力、
物力以及财力等因素能够得到合理的搭配，企业的整个生产效率也能得以进
一步提升。总的来说，环境规制对创新能力的作用主要是受到遵循成本效应
以及创新补偿效应大小的影响，主要表现是如果环境规制所产生的成本作用
高于补偿作用的话，环境规制与绿色创新存在负向的关系，反之，则环境规
制与绿色创新之间是正向关系。

　　此外，由于政府和环保部门等发布的严格环境规制政策，企业必须加大
治理环境污染力度，且率先进行技术革新的企业在污染治理上就具有先动优
势，有助于企业抢占市场份额、获取竞争新优势，同样促进绿色创新。此
外，在严格的环境规制下，对外直接投资会显著提升国内绿色技术创新水
平，高质量的外商直接投资会带来先进的生产技术和工艺，可以产生绿色创
新的国内溢出，有助于国内绿色创新水平提升。而当正式环境规制较强时，
对国内投资的影响，一方面增加企业的环境规制遵循成本，对企业的研发投
资产生挤出效应；另一方面激励企业进行绿色转型，改进生产技术，降低生
产成本，提高自身竞争力的同时加大绿色研发投资。

二、非正式环境规制影响下的非常规路径

　　非正式环境规制影响企业绿色创新更多的是通过影响正式环境规制发挥
间接作用，在运行机制和路径中，正式、非正式环境规制之间存在着互补关
系，非正式环境规制相比正式环境规制能够解决政府无法监督的环节，也能
使社会优势资源更充分地发挥作用，降低正式环境规制主体的监督与执行成
本。非正式环境规制影响企业绿色创新的路径有两个方面：一是通过补偿效
应。具体表现为企业在社会压力和社会公众的监督下，提高绿色技术创新研
发投入，满足社会需求，进而提高企业生产效率，同时收益提高能够弥补生
产成本投入增加带来的损失。二是通过挤占效应。具体表现为企业的绿色创
新研发投入被追加的污染治理成本挤占，导致企业绿色创新水平无法真正
提高。

　　同时，公众和环保非营利组织 NGO 等作为政府环境监管的有益补充，在企业生产污染环境时，还可以向政府披露环境违法相关的有效信息等，促使政府加强环境保护，从而更好地控制污染。环保部印发的《环境保护公众参与办法》是专门规定公众参与环境保护的部门规章，该办法支持和鼓励公众对环境保护公共事务进行舆论监督和社会监督。生态环境污染加重，社会公众将会通过谈判和抗议迫使生产原材料价格提高，企业为减轻生产成本压力，会提高资源的使用效率，进行绿色转型。同时，消费者也会倾向于选择耗能低、能循环使用的绿色产品，这能激发企业提高绿色创新投入，研发生产绿色产品。在当前中国环境保护体制下，非正式环境规制影响企业绿色创新的根本，可以追溯于非正式环境规制的主体能够影响企业在绿色创新行为当中对成本和利润两者之间的权衡。企业只有在绿色创新活动中获得更大的利润空间或者能够节省更多生产成本的情况下，才会选择对原有的生产技术进行改进与提升，因为企业在综合对比现有成本、收益与未来的成本、收益之间，肯定会选择更有利的一方。与此同时，公众与环保非营利组织 NGO 参与环境保护的方式主要分为两方面，一方面是公众与环保非营利组织 NGO 可以通过宣传倡导绿色消费，提高消费者对绿色产品的偏好，从而使企业通过绿色技术、绿色产品和绿色服务等获得市场更高的需求能力和更广阔的发展空间，这也使得在绿色创新领域的先行者获得先手优势，瓜分市场中巨大的垄断利润，其他跟随者在利润驱使下选择绿色创新也能够获得更多的收益，进而对企业产生需求拉动效应。随着全社会公众绿色意识的建立，绿色产品市场需求的变动引起产品价格的变动，而利润是价格和产量的函数，企业追求利润最大化时会更多供给绿色产品，从而激励企业改进生产技术和流程。而且绿色化的企业也能从政府支持、消费者和供应商信任等多方面获得竞争优势。

　　另一方面是当企业生产污染环境时，公众可以采取信访等形式向各级人民政府以及环保部门反映情况、表达诉求，也可以通过环境民事公益诉讼为环保事业保驾护航，或者通过网络和媒体等宣传媒介及社会舆论向企业施压。媒体除了能够成为信息传播的媒介，还能够成为社会舆论重要的监督者，对环境规制的执行效果产生影响。企业为了在社会树立绿色环保的形象，会更加注意媒体舆论的导向，加大对企业绿色技术水平和产品的宣传。同时还需要注意的是，在发生环境污染事件时，公众通过各种途径要求企业迁出本地而给企业带来的巨大生存压力，治污压力会对企业的绿色创新产生强大的倒逼作用，驱使企业不得不进行生产革新，改进生产技术、生产工艺以应对严峻压力，从而提高企业绿色创新水平。此外，当发生环境污染事件时，环保非营利组织 NGO 也会向企业施加环保压力，迫使其减少污染排放，降低污染程度，企业因治理环境污染的费用增加使得生产成本相应增加，从而挤占企业的研发支出，对企业的绿色创新产生抑制作用。

第三节 环境规制对绿色创新的动力机制

一、正式环境规制对绿色创新的动力机制

各地方企业主动进行绿色创新的意愿取决于本地区环境规制政策的严格程度。一方面，随着环境规制强度的增强，企业的生产成本随之增加，在总资本有限的情况下，企业不得不将生产的资金用于提高环境规制，用于生产的资金就相应减少，企业的创新活动受到了抑制。此外，绿色技术创新能力的提升具有成本高、周期长、风险大的特点，因此企业可能会对环境管制产生抗拒行为，保持原有的发展模式，不利于企业绿色技术创新。另一方面，"波特假说"认为由政府主导的带有强制性的环境规制对企业绿色技术创新具有显著的促进作用，这是因为合理的环境规制强度对产品制造技术进步及设备的更换有正向影响，且对专利申请、绿色产品生产均具有促进作用，当企业因技术创新产生的经营绩效大于因实施环境规制产生的治理成本时，企业净收益增加，企业自愿进行技术创新。

环境规制制度得到完善后会引导企业开展创新，而率先采取环境规制措施的企业会比其他企业拥有较大的竞争优势。由于在政策方面对所有企业一视同仁，即环境规制对企业的环保要求公平公正，那么企业就消除了其他企业未采取环保投入和技术创新的顾虑，企业可以在公平的环境中进行技术创新活动。而合理的环境规制会促进企业主动获取更多的信息，以便在不断变化的环境中选择最优解，作出合适的生产决策，提升企业的创新能力，而在企业无法避免正式环境规制影响的情况下，率先开发和应用清洁技术、积极

选择创新活动的企业优先在潜力巨大的绿色产品市场拥有话语权，更有利于扩大企业市场份额，有利于提升企业的影响力、竞争力以及经济效益。可见，当政府出台的正式环境规制有效实施与社会环保意识逐渐增强下，率先进行自发环保投入、使用创新节能与清洁技术的企业拥有更强的市场竞争力，有利于市场份额的提升与竞争优势的扩大。

环境规制政策实施的结果不是由哪一方主体单独决定，而是政府、企业与公众三方主体在博弈过程中共同产生的结果，由于三方主体利益点不同，所以在环境规制目标上不仅存在合作，也存在矛盾，因此每个主体在决策参与中相互影响与制约。本节基于企业、政府、公众三个主体建立一个三层委托—代理模型，旨在考察时空异质性视角下中央政府和地方政府的正式环境规制对绿色创新的动力机理；然后，把公众、环保非营利组织 NGO 的非正式环境规制作为第三方规制引入模型，考察时空异质性视角下非正式环境规制对绿色创新的动力机理；最后，做总结性评论。

（一）契约理论模型构建

随着环境规制强度的提升，政府、企业与公众三方主体对绿色创新的影响效应也逐渐增强。企业是绿色创新行为的主体，首先考虑企业自身利益的情况，在环境规制的制约下，也会考虑政府和公众利益，进而制定合乎自身发展最佳的策略。而在此过程中，自然形成了政府、企业与公众三者共同促进的演进机制。三方主体基于自身利益最大化在博弈过程中会作出不同的博弈行为，彼此间又会根据另外两方主体的博弈行为调整改变自身的行为策略。本节根据契约理论模型相关理论，构建包含政府、企业及社会公众的三方契约模型。

1. 总契约

假定在区域 A 内存在一个中央政府、地方政府和绿色创新型企业三方组成的封闭经济体，它们的契约关系为：中央政府作为委托人，委托地方政府作为管理者，监督作为代理人的绿色创新型企业发展地方经济。作为委托人的中央政府，其主要责任是对地方政府的考察，根据生产和供应过程中污染排放情况对地方政府进行奖励或处罚。并假定区域 A 内存在 N 个地方传统企业，并且每个地方传统企业的产出为 1 单位，那整个区域绿色创新型企业总产出为 N。

假设区域 A 内绿色创新型企业的生产函数为 Q，可知在区域 A 内有：$Q = N$。

$$Q(s) = \phi(s) + \gamma \times s \tag{3.1}$$

其中，s 是地方政府规定的正式环境规制强度，ϕ 是绿色创新型企业规模，且有 $\phi'(s) > 0$，$\phi''(s) < 0$，γ 是单位水平正式环境规制强度变化对绿色产品产量的影响。由于是广义下的地方政府，正式环境规制设计部门在进行政策搭配时可以根据实际情况决定规制强度 s，其他经济规制部门则能够决定 γ，地方政府对绿色创新型企业进行环境规制，其只能被动地接受该规制 s，选择适宜的企业规模 $\phi(s)$。

2. 信息结构

在正式环境规制强度 $\underline{s}$ 较低时，绿色创新型企业规模 $\phi(\underline{s})$ 较小，得到的总产量 $Q(\underline{s})$ 也较小，此时企业进行绿色创新的概率处于最低水平，假设为 θ；当选择 $\bar{s}$ 时，绿色创新型企业规模 $\phi(\bar{s})$ 较大，可以获得较高水平的总产量 $Q(\bar{s})$，且此时企业进行绿色创新的概率也会相对增加，假设为 ρ，则 $\rho > \theta$。在绿色创新型企业进行绿色创新所增收的效益中，地方政府可以从中抽取比例 μ 作为地方政府的收入。

3. 效用

绿色创新型企业生产过程中绿色创新的力度大小是中央政府奖励或处罚地方政府的判断依据，中央政府认为只要绿色创新力度不达标，无论地方政府的环境规制强度如何，中央政府都会对地方政府和绿色创新型企业做出处罚 P，绿色创新型企业需要承担的比例为 τ；只要企业积极进行绿色创新活动，而无需考虑地方政府选择的环境规制强度的大小，此时地方政府会受到中央政府的奖励为 A_g，而绿色创新型企业也会受到地方政府的奖励为 A_i，当地方政府选择较低强度的环境规制水平时，如果企业仍能进行绿色创新且效益提升的话，地方政府会额外对绿色创新型企业做出奖励 R_i，且企业额外效益提升越多，则地方政府对绿色创新型企业做出的奖励越多；效益提升越少则奖励越少。另外，本课题假设地方政府和绿色创新型企业所构成的激励约束和责任分担约束都是成立的。

此外，模型还假设当企业绿色创新活动未达标时，地方政府承担责任的比例小于企业绿色创新活动达标时所获奖励的比例，而绿色创新型企业则情况相反，表示为：

$$\frac{\tau}{1-\tau} \geqslant \frac{A_i}{A_g} \tag{3.2}$$

该模型假设的广义地方政府掌握了所有绿色创新型企业生产过程中的相关行政资源，因此地方政府可以利用自身所掌握的行政资源将来自中央政府的处罚转移到绿色创新型企业，此时就会产生道德风险。同时，地方政府还可以占有一部分甚至全部应该属于绿色创新型企业的奖励。

绿色创新型企业在绿色创新未达到要求时所受到的惩罚要小于地方政府在低正式环境规制强度下对企业因为超额创新活动给予的奖励 R_i，表示为：

$$R_i > \tau P \tag{3.3}$$

这一假设说明无论何时地方政府均要保证绿色创新型企业的生产积极性。总而言之，当企业绿色创新活动超额完成时所获得的奖励要大于其创新活动不达标时承担的惩罚，模型中做出的参与约束满足假设包含了上述含义。

4. 时间顺序

所有参与人博弈的时间顺序如下：（1）0 期：中央政府给地方政府安排经济考核指标，地方政府根据指标与绿色创新型企业签订合理契约，地方政府选择正式环境规制强度 s，绿色创新型企业根据环境规制强度 s 选择适当的生产规模 ϕ。模型假设在与绿色创新型企业博弈过程中，地方政府在这一时期会选择高强度环境规制。（2）1/4 期：依据第一阶段契约，绿色创新型企业对企业现有资源进行配置。（3）1/2 期：地方政府根据上期企业绿色创新情况重新制定环境规制强度。当所有企业绿色创新都达标时，地方政府会选择较低强度的正式环境规制；如果有企业绿色创新未达标时，地方政府选择较高强度的正式环境规制。根据地方政府制定的正式环境规制强度，绿色创新型企业重新选择企业生产规模。（4）3/4 期：根据第二阶段修订的契约，绿色创新型企业重新进行资源配置。（5）1 期：地方政府及绿色创新型企业利益的实现。

然后，重点研究正式环境规制波动形成的机理，在引入公众、环保非营利组织 NGO 作为第三方非正式环境规制后，分析解决环境规制强度波动的问题。

（二）正式与非正式环境规制下绿色创新发展的契约分析

根据最优合作契约的思想，在未出现任何企业绿色创新不达标的情况下，地方政府仍然选择高强度的正式环境规制而又不影响绿色创新型企业正常生产的话，必须满足如下约束条件：

第一，绿色创新型企业的激励相容条件 AIC，应该使得绿色创新型企业在高强度正式环境规制时的期望收益不低于低强度正式环境规制时的期望收益，否则企业在高强度环境规制时不会积极生产。

$$(AIC)\,\Delta\phi + \gamma\Delta s + R_i + \rho A_i - (1 - \rho)\tau P \leqslant \theta A_i - (1 - \theta)\tau P \tag{3.4}$$

其中，$\Delta\phi + \gamma\Delta s$ 是绿色创新型企业总产量随正式环境规制强度改变后增加的水平，$\Delta s = \underline{s} - \bar{s} < 0$。

第二，地方政府的激励相容条件 SIC，为了使地方政府在必要时选择高强度的正式环境规制，那么地方政府在选择高强度正式环境规制的期望收益应不低于选择低强度正式环境规制时的期望收益。

$$(SIC)\,\mu(\Delta\phi + \gamma\Delta s) + \rho A_g - (1 - \rho)(1 - \tau)P \leqslant \theta A_g - (1 - \theta)(1 - \tau)P$$
$$\tag{3.5}$$

其中，$\mu(\Delta\phi + \gamma\Delta s)$ 是正式环境规制强度变化后，地方政府因为绿色创新型企业增加的总产量而获得的额外收益。

第三，必须考虑地方政府和绿色创新型企业之间的责任分担问题。当绿色创新型企业的绿色创新状况不达标时，中央政府对地方政府和绿色创新型企业进行共同的处罚 P，但地方政府和绿色创新型企业分别承担的处罚不应超过二者实际的期望收益。

$$(ALL)\,\Delta\phi + \gamma\Delta s + R_i \geqslant \tau P \tag{3.6}$$

$$(SLL)\,\mu(\Delta\phi + \gamma\Delta s) \geqslant (1 - \tau)P \tag{3.7}$$

绿色创新型企业因环境规制强度变化而导致总产量的增加时，地方政府目标函数是最大化因产量增加而带来的额外收益，可以表示为：

$$R = \max_{|\mu, \tau, \gamma, R_i|} \mu(\Delta\phi + \gamma\Delta s) \tag{3.8}$$

根据上述分析可以得到命题1。

命题1：当给定上述约束条件时，在所有企业绿色创新都达标的情况下，地方政府仍然保持高强度环境规制的契约应具备如下性质：

（1）除了涉及地方政府和绿色创新型企业的约束条件之外，其他约束条件都相对较为严格；

（2）由如下公式确定所有内生变量：

$$\mu = \frac{A_g}{A_i}, \quad \tau = \frac{A_i}{A_g + A_i}, \quad R_i = 0, \quad \gamma = -\phi'(s) \tag{3.9}$$

（3）$R = 0$，$Q(\bar{s}) = \phi(\bar{s}) - \phi'(\bar{s})\bar{s}$。

在较高强度的环境规制契约条件下解释上述各种变量：

（1）$\mu = A_g/A_i$ 表示地方政府与绿色创新型企业在利益分配与各自所获奖励比例上是相互匹配的。地方政府与绿色创新型企业在绿色创新力度不达标前的利益分配不受各自掌握的资源影响，地方政府若想使自身利益最大化，尽可能从绿色创新型企业获得更多的收益，必须适当提高环境规制以加大企业进行绿色创新的概率。

（2）$\tau = A_i/A_g + A_i$ 表示地方政府与企业在出现绿色创新力度不达标的情况后承担责任与各自所获奖励相互匹配。地方政府与绿色创新型企业不受掌握的行政资源的多少来决定利益分配，因此地方政府与绿色创新型企业在谈判收益分配时，二者处于同等地位，地方政府不能用政治优势压榨企业的利益，绿色创新达标前所获得的收益分配比例，应成为决定绿色创新未达标后所受处罚比例的唯一因素，这一约束条件使企业增强技术创新的积极性，有利于绿色生产。

（3）$R_i = 0$ 表示在执行最优契约时，地方政府选择高强度的环境规制，政府与绿色创新型企业之间也不存在经济激励关系，否则会破坏最优契约情形。地方政府与绿色创新型企业均依据自身利益最大化选择适当的环境规制强度和生产活动，地方政府既没有给与绿色创新型企业明显的政策扶植，绿色创新型企业也不存在"寻租"行为而选择进行独立经营决策。

（4）$\gamma = -\phi'(s)$ 表示，高强度环境规制下的最优选择，应使 γ 等于企业的边际规模。

（5）$R = 0$ 和 $Q(\bar{s}) = \phi(\bar{s}) - \phi'(\bar{s})\bar{s}$ 表示当选择高强度环境规制契约的时候，企业的总产量等于 $\phi(\bar{s}) - \phi'(\bar{s})\bar{s}$，并未实现帕累托最优，地方政府无法从绿色创新型企业生产中获得额外收益，此时不会发生环境污染事故，地方政府仅获得中央政府的奖励。

因此，在保证正式环境规制有效的视角下，命题 1 可以被看作是地方政府与绿色创新型企业之间签订的最优契约，企业在该契约下的生产行为都是被允许的，而且任何时候地方政府都可以采取较高强度的环境规制，但该契约的核心是地方政府和绿色创新型企业之间的决策行为是独立的、不受任何影响的。从安全方面讲，当地方政府选择正式环境规制强度 $\bar{s}$ 时能够充分发挥环境规制的作用，如果绿色创新型企业在契约下进行生产，则绿色创新都能够达到地方政府的要求。但从激励方面来讲，该契约过于强调对绿色创新生产的偏好而忽视了地方政府对总产量的偏好，在很大程度上会使得地方政府无法完成本地区要求的经济指标。由此可见，如果想要完成此契约，就必须保证无论在任何情况下，地方政府都不会要求更高总产量。

（三）出现绿色创新不达标情况下的正式环境规制契约

当绿色创新不达标时，中央政府附加在地方政府与绿色创新型企业上的各种条件就会变得毫无意义，而地方政府只能选择高强度的正式环境规制 $\bar{s}$ 来慢慢消除出现绿色创新不达标情况的影响。而绿色创新型企业在高强度环境规制 $\bar{s}$ 下根据自身利益最大化的目标将会选择较高绿色生产规模，但由于进行绿色创新导致成本增加，因此总产量较少，这在客观上满足了命题 1 中的条件，得到命题 2。

命题 2：当绿色创新不达标时，中央政府对地方政府施加压力，而地方政府在此情形下，只能选择高强度正式环境规制，并且此时 $\gamma = -\phi'(\bar{s})$，进一步可以得到 $R = 0$ 和 $Q(\bar{s}) = \phi(\bar{s}) - \phi'(\bar{s})\bar{s}$。

通过比较命题 1 和命题 2 的研究结果可以发现，在正式环境规制强度 s 保持稳定状态时，不论该地区的绿色创新是否完全达标，γ、R 和 $Q(s)$ 三者均相等。这一结论说明，总产量水平与正式环境规制强度密切相关，保持稳定状态的正式环境规制几乎完全促进对绿色创新型企业生产水平的提高，即总产量会始终保持在 $Q(\bar{s}) = \phi(\bar{s}) - \phi'(\bar{s})\bar{s}$ 强度，与此同时，由于绿色创新型企业在目标产量下进行稳定生产，出现绿色创新不达标情况的概率也能够得到有效控制，这也有利于地方政府完成该地区的经济指标和绿色创新任务，这便是正式环境规制不存在波动情况下较为理想的状态。由于中国所特有的行政分权与财政分权模式的存在，即使在中央政府参与下的三层委托—代理模型中，作为监督者的地方政府会和绿色创新型企业建立牢固的利益机制，这一机制一方面推动了地区经济发展，有益于提高绿色创新型企业的综合竞争力以及地方政府的声誉；另一方面也从根本上导致绿色创新不达标，而绿色创新不达标则成为中央政府处罚地方政府和绿色创新型企业的最主要原因。因此，一般情况下地方政府不会主动放弃对绿色创新型企业的实际控制，绿色创新型企业也不会放弃共同和地方政府建立的利益机制，除非中央政府已经建立起合适的奖惩处罚机制，否则这一利益机制很难动摇。地方政府需要绿色创新型企业产生的收益来完成本地区的经济考核指标，绿色创新型企业没有必要的原因放弃地方政府赋予的奖励政策。下面，我们将会对在最优契约条件下绿色创新企业的生产过程中容易出现的其他情况进行分析。

（四）绿色创新不达标影响减弱情况下的正式环境规制契约

首先，我们假设除正式环境规制强度 $\bar{s}$ 和 $\underline{s}$ 之外，当绿色创新不达标所带来的影响慢慢减小时，地方政府就改变策略选择正式环境规制强度 s'（ $\underline{s} \leqslant s' \leqslant \bar{s}$），新强度的环境规制依然会符合地方政府无法获得额外收益即 $R' = 0$ 的最优契约要求，但绿色创新型企业的总产量会因这一正式环境规制强度而改变。根据上述分析可以得到：

$$R' = 0, \quad Q(s') = \phi(s') - \phi'(s')s'$$

通过比较 $Q(\bar{s})$ 和 $Q(s')$ 可以发现，地方政府选择新强度的环境规制 s' 之后，绿色创新型企业总产量要大于高强度环境规制 $\bar{s}$ 时的总产量。因此，当绿色创新不达标的情况减弱时，有理由认为地方政府更偏好正式环境规制 s' 而不是 $\bar{s}$，即使选择了正式环境规制 s' 并不能给地方政府带来更多的收益，但是却能提高绿色创新型企业的总产量，极大地加快了本地区经济考核指标的完成速度；对于绿色创新型企业来说，新的环境规制强度有利于提高企业的生产积极性，也因此会获得更多收益。因此，在绿色创新不达标情况逐渐减弱时，在签订双方契约时，基于自身利益最大化，地方政府和绿色创新型企业会选择新的环境规制强度而不会严格遵循命题 1 中的契约，于是得到命题 3。

命题 3：当绿色创新不达标情况逐渐减弱时，地方政府选择降低正式环境规制强度，以此实现企业获得较高的总产量，尽管此时基于最优契约下的签订协议，地方政府不能从绿色创新型企业增加的产量中获得额外的收益，但地方政府因为绿色创新型企业在新的环境规制强度下能生产更多产品而更容易完成经济指标考核。

在这里其实放松了命题 1 中最优契约的隐藏假设：无论何种情况下地方政府对绿色创新型企业能否生产更多的绿色产品毫不在意，但在我国现实的情况下，地方政府即使不能从绿色创新型企业处获得额外利润，但为了完成中央政府下发的经济指标，地方政府仍然会偏好于最大限度地提高绿色创新型企业的总产量。因此，与命题 1 相比，命题 3 更为接近我国实际情况。命题 3 中所描述的是地方政府较隐蔽地调整正式环境规制强度，在该规制强度的情形下，一方面可以保证较低的绿色创新不达标情况概率，使绿色创新型企业有较高的总产量；另一方面，不易被中央政府觉察。

当出现绿色创新不达标情况时，迫于中央政府的压力地方政府必将采取较高的环境规制强度，绿色创新型企业在该规制强度下进行绿色创新生产的概率大大提高，由于绿色创新技术、设备等的研发挤占了企业进行常规产品生产所需的大量资源，短期内总产量反而可能降低，地方政府会在绿色创新不达标情况造成的不利影响逐渐缩小时结合实际情况对正式环境规制的强度重新调整，因为地方政府需要避免引起中央政府的过度关注，所以此种调整需要一个长久的过程，而不会像短时间内就能完成的绿色创新不达标情况。在地方政府逐渐降低环境规制强度的同时，绿色创新型企业也会据此相应提高自己的总产量水平。因此，可以认为命题 3 中所描述的情况是高强度正式环境规制向低强度正式环境规制转变之前的重要表征。然后分析最后一种环境规制契约即完全不会出现绿色创新不达标情况的环境规制契约。

（五）完全不存在绿色创新不达标情况下的正式环境规制契约

在满足命题 1 最优契约的情形下，依据自身利益最大化，地方政府将长久选择高强度的正式环境规制水平，前面也已经证明了在持续的正式环境规制强度下绿色创新型企业的总产量不会受到较大波动。但是命题 1 的假设情况在我国当前实际经济体制中是难以长久持续的，因此很难将此作为绿色创新型企业生产的最优契约，像命题 3 这种逐渐降低环境规制强度，才是地方政府更偏好的选择，这样可以使得地方政府和绿色创新型企业都处于一种较为可观的状态，又不会过度引起中央政府的注意。但是，在该契约条件下地方政府的激励约束与责任分担约束都是不满足的。于是，我们得到命题 4。

命题 4：长时间无绿色创新不达标情况时，地方政府和绿色创新型企业形成利益联盟，此时地方政府不会刻意选择高强度环境规制而会选择低强度环境规制，绿色创新型企业产品总产量大幅提高。正式环境规制变化的产量及产量 $Q(\underline{s})$ 的波动范围分别为：

$$\gamma \in \left[-\phi'(\underline{s}), \frac{\tau P - R_i}{\Delta s} - \phi'(\underline{s}) \right] \text{、}$$

$$\left[\phi(\underline{s}) - \phi'(\underline{s})\,\underline{s}, \phi(s) - \phi'(\underline{s})\,\underline{s} + \frac{\tau P - R_i}{\Delta s}\,\underline{s} \right]$$

由命题 4 可以得出，相较于高强度环境规制，在低强度环境规制情况下，绿色创新型企业总产量增加的幅度更大。如此，命题 1 中的最优契约条件便被完全打破，地方政府会通过降低环境规制强度提升绿色生产型企业的生产意愿，当企业的总产量大幅增加时，就可以获得额外利益 $\mu(\Delta\phi + \gamma\Delta s)$，并且也能顺利完成中央政府的考核任务。但此时绿色创新不达标情况发生的概率也处于较高的强度。这一阶段是最易发生绿色创新不达标情况的阶段，最容易被中央政府所觉察，也是规制波动周期的最后环节，一旦出现绿色创新不达标情况，地方政府在中央政府的压力下需要重新选择环境规制强度，该三层委托—代理系统将重新进入下一轮环境规制波动。最后，我们将不同情况下的绿色创新型企业总产量进行比较，以总结正式环境规制强度对绿色创新型企业生产的绿色产品产量所造成的影响，得到命题 5。

命题 5：在出现绿色创新不达标情况时，地方政府在中央政府的政策压力下选择最高环境规制强度 $\bar{s}$，此时绿色创新型企业选择总产量 $Q(\bar{s})$，在此环境规制强度下出现绿色创新不达标情况的概率较小；在绿色创新不达标的影响减弱、地方政府无法获得额外收益的情况下，选择相对较低的正式环境强度 s' 一般不会影响中央政府，此时绿色创新型企业的总产量小幅增加为 $Q(s')$，企业绿色创新不达标情况出现概率也将小幅增加；在相当长一段时间完全不存在绿色创新不达标情况影响时，地方政府采取较低强度正式环境规制 $\underline{s}$，企业的总产量将大幅增加为 $Q(\underline{s})$，同时绿色创新不达标情况发生的概率也较大，直至绿色创新不达标情况发生，地方政府重新选择正式环境规制强度，由此进入下一轮环境规制波动周期。在这一周期中有 $Q(\bar{s}) < Q(s') < Q(\underline{s})$，并且由 $Q(\bar{s})$ 向 $Q(\underline{s})$ 变化时，中间经由 $Q(s')$，需要很长时间，但由 $Q(\underline{s})$ 向 $Q(\bar{s})$ 逆向变化时，在很短时间内就可以完成。

当前社会中很多绿色创新不达标情况的发生，正是因为命题3、命题4、命题5中所描绘的那些状况，为了利于描述，本节在契约模型中只说明了正式环境规制在三种具有代表性的强度之间变动，但在实际生活中，由于正式环境规制水平的连续性，比命题中描述的情况要更为复杂。在中央政府的政策压力下，地方政府会根据绿色创新不达标情况发生的程度来制定不同的环境规制强度。若绿色创新情况不严重，则地方政府制定的正式环境规制强度就越低；反之，正式环境规制强度就越高。绿色创新型企业在环境规制强度下通过选择生产规模，整顿生产范围。此外，由中央政府、地方政府和绿色创新型企业组成的正式环境规制体系的缺陷、信息不对称、绿色创新不达标情况的偶发性以及中央政府的有限理性等众多复杂的可能性，因此可以认为当地方政府降低环境规制强度时对绿色创新型企业造成的负面影响要远远超出在命题4所描述的范围。

二、非正式环境规制对绿色创新的动力机制

非正式环境规制作为弥补政府失效与市场失灵的有效方式，可以直接影响企业的生产决策和行为，从而降低污染排放。近年来，频繁的环境污染事件的发生已经让人们逐渐意识到自己的生命和健康已受到了严重的威胁，而环境宣传教育、对高品质生活的意愿使人民的环境保护意识渐渐增强，虽然公众的环保意愿不能对企业形成强制力，但公众仍有多种渠道发挥在环境方面的监督管理权力。社会公众与环保非营利组织 NGO 对环境问题的关注及其引发的舆论效应，不仅可以直接影响企业信誉和形象、股票价格与污染排放行为，而且可通过政府正式环境规制间接影响企业绿色创新。一方面，国家制度会保障公众、环保非营利组织 NGO 的合法环境权益，公众有多种渠道展开对环境保护的监督：如社区民众对环境损害的控诉、环保团体和社会舆论给与的压力、拒买企业的非绿色产品以及环境信访等表达自身对现实环境的不满。在公众对环保事件的抗争同时，也让政府加大对企业非环保生产行为的处罚，引导企业加大创新力度、生产更多的绿色产品、倒逼排污企业加强治污投入、提高生产效率，真正做到了与政府的正式环境规制制度相辅相成，进而促进绿色创新水平提高。另一方面，从不同类型的非正式环境规制来看，社区民众对环境损害的控诉，可以让社区负责人直接感受到民众对于良好环境的渴望，有利于社区改善环保措施；环保团体和社会舆论给予的

压力有利于政府加大环境保护的力度，有利于政府环保措施的出台；拒买企业的非绿色产品，直接降低了企业的营业额和市场份额，企业的公信力和市场竞争力将会显著降低，不利于企业的生存。企业很容易会预测到政府实施的法律政策对绿色环保的要求将越来越高，出于战略性、全局性的考虑，企业会自觉提升绿色创新意识，加大绿色产品的生产力度，以期能在未来的竞争市场上获得绿色技术创新有利优势。

此外，企业遵循非正式环境规制也可以获得创新补偿效应。社会公众和非营利性环保组织对企业环保措施和力度并没有硬性的要求，企业在环保方面具有自主权，但如果企业摒弃以牺牲环境为代价的生产方式而选择积极自主地改进产品质量、提升生产效率，既能在塑造良好社会形象、适应市场需要的同时，也能实现提升经济绩效与市场竞争力的美好局面。在非正式环境规制的作用下，企业积极加大环保投资、提高创新效率，既拓展了市场空间、把握了市场先机，又能提升创新绩效，给企业带来可持续竞争力。

下面进行公众和环保非营利组织 NGO 作为非正式环境规制的扩展分析。综合之前的分析，为了更透彻地理解政府如何选择环境规制强度的机理，现在隐含的假设绿色创新型企业、公众和环保非营利组织 NGO 是一个整体，而且从现实情况来说是非常合理的。

假设中央政府将公众、环保非营利组织 NGO 作为第三方的非正式环境规制通过政策制度化引入到地方绿色创新型企业的生产当中。假设 $\kappa = \Delta\phi + \gamma\Delta s$，地方政府的目标函数变为 $\mu\kappa - m$，m 是地方政府在未发生绿色创新不达标情况下，对第三方所进行的收买支出，m' 是发生绿色创新不达标情况之后，对工人所进行的收买支出，满足 $m' \geqslant m$，ζ 是地方政府承担 m' 的比例，$\zeta \in (1/2, 1)$，绿色创新型企业和地方政府新的约束分别为：

$$\kappa + R_i + \rho A_i - (1-\rho)(1-\zeta)m' \leqslant \theta A_i - (1-\theta)\tau P \qquad (3.10)$$

$$\mu\kappa - m + \rho A_g - (1-\rho)\zeta m' \leqslant \theta A_g - (1-\theta)(1-\tau)P \qquad (3.11)$$

$$\rho A_i - (1-\rho)(1-\zeta)m' \leqslant \rho A_g - (1-\rho)\zeta m' \text{ 且 } \mu, \tau, m' \geqslant 0 \qquad (3.12)$$

在对上述问题进行求解之后，得到命题6。

命题6：在给定上述约束情况下，使地方政府不对第三方进行收买的契约具有如下性质：

（1）绿色创新型企业和地方政府参与的约束是松的，所有其他约束条件都是紧的；

（2）所有内生变量由下列公式确定：

$$\mu = \frac{\theta(A_i + A_g) - (1-\theta)P - \kappa - R_i - 2\rho A_i + m}{\kappa} + \frac{2\rho(A_g - A_i)(1-\xi)}{(2\zeta-1)\kappa}$$

(3.13)

$$\tau = \left[(\theta-\rho)A_i - R_i - \kappa + (1-\zeta)(A_g - A_i)\rho/(2\zeta-1) \right]/P(1-\theta)$$

(3.14)

$$m' = \rho(A_g - A_i)/\left[(1-\rho)(2\zeta-1) \right]$$ (3.15)

（3）满足 $\frac{\partial m'}{\partial \zeta} < 0$，$\frac{\partial m'}{\partial A_g} > 0$。 (3.16)

命题6的含义是：（1）地方政府通过降低环境规制强度，使绿色创新型企业总产量有所增加，自己从中获得额外利益必须对作为第三方的公众、环保非营利组织 NGO 进行购买，是第三方也成为该利益链条的一部分。（2）当地方政府降低环境规制强度导致出现绿色创新不达标情况时，如果在对公众和环保非营利组织 NGO 收买的成本不低于 $\rho(A_g - A_i)/[(1-\rho)(2\zeta-1)]$。（3）为了达到中央政府对 m' 进行调整的目的，中央政府可以利用政治优势通过改变相关的政策来影响 ζ 和 A_g，当政策下地方政府的责任分担 ζ 变大时，对第三方的购买额度 m' 将会变小；当中央政府对地方政府的奖励 A_g 增大时，对第三方的购买额度 m' 将会变大，这是和地方政府的地位和第三方的心理共同决定的。

财政分权和行政分权的激励方式是地方政府降低环境规制强度的根本原因，因此只要中央政府维持这种激励方式不变，仅将公众、环保非营利组织 NGO 等第三方作为非正式环境规制难以从根本上消除地方政府选择低的环境规制强度的冲动，但是迫于第三方告发的压力，能够在很大程度上减弱地方政府的这种冲动。首先，在一定程度上其能够大幅度增加地方政府选择低强度环境规制所获得的收益。在将公众等第三方作为非正式环境规制之后，地方政府不仅仅需要花费精力和绿色创新型企业进行谈判，还要决定在第三方上是否选择寻租。同时，第三方在被中央政府赋予了非正式环境规制权力下，第三方也在追求效用最大化的驱动下，向地方政府要求给予补偿，这也无形中增加了地方政府的成本。其次，在考虑第三方非正式环境规制情况下解决了博弈过程中的信息不对称问题。我们在之前的分析实证中，未考虑到中央政府与地方政府之间的信息不对称问题，在现实生活中，绿色创新不达标情况发生之后很大一部分地方政府可能会选择隐瞒绿色创新不达标情况，而中央政府短期也无法觉察。将第三方列为非正式环境规制之后，虽然难以充分保证公众等第三方不被地方政府和绿色创新型企业所收买，但是在成立非正式环境规制后中央政府依然可以从第三方的活动中获得相关信息，尤其是在能够有效避免出现绿色创新不达标情况之后，地方政府和绿色创新型企业故意隐瞒事故的情况。就目前我国现状来说，实行环境规制是势在必行，虽然高的正式环境规制强度能够保证高的绿色创新水平，但高额的成本不利于提高绿色创新型企业的生产积极性，同时也不利于地方政府自身利益的实现，甚至影响区域经济的发展。在引入公众和环保非营利组织 NGO 等第三方作为非正式环境规制的方式，而慢慢提高环境规制强度，选择合适的环境规制政策，可能更有益于经济的发展。

第四节　本章小结

本章对不同类型环境规制工具的具体内容以及影响绿色创新的因素进行分析，主要分析正式环境规制和非正式环境规制对绿色创新的影响路径与动力机制。

（1）中国现行的正式环境规制工具包括设定污染物总量控制制度、排污许可证制度、生态环境补偿等，影响因素包括环境保护标准数、环境评估执行率、排污许可证发放个数、环境使用税收总额等；非正式环境规制工具包括政府环境信息公开、环境影响评价公众听证、非政府环保组织等，影响因素包括环保非营利组织 NGO 参与环境诉讼等法律途径或集会、抗议次数、公众自愿组织和参与环保活动次数、媒体和网络的环保宣传及披露程度等。由此在正式环境规制和非正式环境规制对绿色创新的影响因素众多的情况下，运用主成分分析法分别从 8 个正式环境规制影响因素和 10 个非正式环境规制影响因素中提取公共因子，构建新的正式环境规制变量和非正式环境规制变量，分析正式环境规制和非正式环境规制对绿色创新的空间异质性影响。

（2）正式环境规制作为政府使资源环境外部成本内化到企业内部的工具之一，主要从遵循成本效应和创新补偿效应两个方面发挥作用。正式环境规制的实施，在企业资金投入不变的情况下增加了企业的生产成本，挤占了原本的生产要素支出和研发支出，影响企业技术创新、生产效率和利润空间，进而抑制绿色创新；但严格的环境规制的实施使率先采取环境友好措施的企业获取创新优势、先动优势与整合优势等一系列竞争优势，而且会增强品牌忠诚度、提升企业声誉，使得企业乐于积极采取环保措施，进行绿色创新。而非正式环境规制主要通过影响正式环境规制发挥间接作用，与政府规制体系之间存在着互补关系，非正式环境规制能够更好地利用社会优势资源，降低政府的监测和执法成本。随着生活水平的提高，公众越来越重视日常所生活的环境，当污染事件频繁发生时就会采取媒体曝光、信访等措施对排污企业施压，倒逼排污企业进行绿色创新。同时，非正式环境规制的增强有助于引导消费者形成绿色的消费观念进而改变需求偏好，倒逼高污染、高排放企业进行技术创新、研发清洁和环保的生产技术。

（3）环境规制政策的制定与实施是污染治理、提高环境质量的过程中的重要环节，但是无论是正式环境规制，还是非正式环境规制，这个过程当中都有多方主体参与其中，同时主体之间的利益关系错综复杂，彼此之间不断进行博弈与协调，为实现合理的利益分配与责任分担而努力，最终达到对各方都有益的稳定状态。为厘清多元主体之间的关系和作用机制，本章构建了关于企业、政府、公众三方博弈主体的契约模型。从正式环境规制来看，本项目运用契约理论构建正式环境规制强度对绿色创新型企业进行绿色创新的动力机理模型。地方政府在中央政府的委托下履行监督者义务，保证绿色创新型企业安全生产，实现完成经济考核指标和获得额外收益两大目标。而从公众、环保非营利组织 NGO 等第三方作为非正式环境规制来说，我们建立"合谋寻租"博弈模型来研究非正式环境规制对绿色创新型企业进行绿色创新的动力机理。公众、地方政府和绿色创新型企业作为博弈的主体，三者都是为了追求自身的效用和利益最大化，地方政府和绿色创新型企业可以选择"寻租"与"不寻租"，同时公众可以选择监督与不监督。

（4）正式环境规制虽然能保证较高的安全生产概率，但是企业的生产规模受规制强度影响较大，不易保证绿色创新型企业的生产积极性。除此之外，容易发生"规制过紧"和"规制过松"共同引发的规制波动现象，而且这种波动是潜在的不易被环境规制制定者即地方政府所发觉。当出现绿色创新不达标情况时，地方政府往往迫于行政问责和公众舆论的压力，采取

"一刀切"的政策，即对该区域内所有企业实行"停产整顿"处理，但该企业群体内极有可能含有那些安全生产的企业，这就是存在"规制过紧"的表现，在此期间，地方政府必定会采取过高的环境规制强度，不易于绿色创新型企业提高总产量。中央政府应该权衡利弊，根据地区发展的实际情况，合理选择两种环境规制，这样才有益于整个社会经济健康稳定的发展。

第四章

环境规制影响绿色创新的实证研究

由第三章正式环境规制、非正式环境规制对绿色创新的影响机理可知，企业是环境规制最主要的作用目标且受环境规制的影响较大。而企业的生产行为和投资决策不仅仅取决于环境规制压力下的创新成本、污染罚金等因素，因此需要进一步实证研究正式环境规制、非正式环境规制对于企业绿色创新的影响效应。首先，构建空间权重矩阵，根据本书研究需要选取地理距离权重矩阵和经济—地理嵌套权重矩阵，并据此对绿色创新、正式环境规制和非正式环境规制等核心指标进行全局和局部空间自相关检验，考察绿色创新、正式环境规制和非正式环境规制的空间自相关性以及空间集聚性；其次，构建空间计量模型实证检验正式环境规制、非正式环境规制对绿色创新的影响，并通过更换估算方法借助其他计量实证模型检验环境规制对绿色创新的估算结果稳健性；最后，构建地理加权模型，剖析环境规制对绿色创新的空间异质性影响。

第一节　空间计量模型构建

根据地理学第一定律可知，任何事物都与其他事物在空间上存在相关性，且随着事物间距离的缩小相关性依次增强。因此，就需要考虑加入空间因素时环境规制对绿色创新的影响效应。鉴于此，本章运用加入空间权重矩阵的空间计量模型实证检验环境规制对绿色创新的空间影响。另外，存在空间依赖性是使用空间计量方法的前提。为确定是否存在空间依赖性，对绿色创新和正式环境规制、非正式环境规制数据进行空间自相关检验。

一、空间权重矩阵选择

空间权重矩阵描述事物间的关联程度，可分为邻接矩阵和距离矩阵两种类型，空间计量模型的关键是设定最适合的空间权重矩阵。由于各城市之间经济发展相互联系、相互影响，政治、文化、技术等具有较强的粘性，经济社会活动在地区间产生溢出和辐射效应，单纯按照距离标准来衡量各地区之间的关联性，所得到的结果可能与实际存在偏差，在这种情况下就把经济距离与地理距离相结合构造经济—地理嵌套矩阵。邻接矩阵的设定规则是两地区空间相邻则权重为1，空间不相邻权重为0。但由于本书所选研究对象中有个别城市与其他城市之间不存在共同边界而形成孤岛，因此，本章选取地理距离权重矩阵和经济—地理嵌套权重矩阵进行分析。

（一）地理距离权重矩阵

随着共享经济的发展与城市群建设的加快，城市之间存在着千丝万缕的联系，因此地理学第一定律适用基于城市层面的环境规制与绿色创新之间的影响机制分析。鉴于影响效应会随着空间距离的增加而逐渐减弱，设定平方倒数的地理距离权重矩阵，计算公式为：

$$w_{ij}^G = \begin{cases} \dfrac{1}{d_{ij}^2} & (i \neq j) \\ 0 & (i = j) \end{cases} \tag{4.1}$$

式（4.1）中，d_{ij}为地区i和地区j的中心距离，基于各地区中心所在经纬度距离获得。

（二）经济—地理嵌套权重矩阵

选取人均GDP构造经济距离权重矩阵，并将经济距离权重矩阵和地理距离权重矩阵结合起来，综合考虑城市间空间地理距离特征和经济因素的相关属性。此外，在影响城市之间空间相关程度的各种因素中，经济发展水平相对于地理空间距离所发挥的作用更重要。因此，借鉴"巴莱多定律"① 的赋权方法，设定经济距离矩阵的权重为 0.8、地理距离矩阵的权重为 0.2 来构建经济—地理嵌套权重矩阵。具体的计算公式如下：

$$w_{ij}^{E} = \begin{cases} \dfrac{1}{|\bar{Y} - \bar{Y}_j|} & (i \neq j) \\ 0 & (i = j) \end{cases} \tag{4.2}$$

$$\bar{Y}_t = \sum_{t=T_0}^{T} \frac{Y_{it}}{T - T_0} \tag{4.3}$$

式（4.2）和式（4.3）中，$\bar{Y}_j$ 为城市 j 在 2005 ～ 2020 年人均 GDP 均值，Y_{it} 表示城市 i 在 t 年的人均 GDP。以加权形式构建经济—地理嵌套矩阵：$w_{ij}^{GE} = \varphi w_{ij}^{E} + (1 - \varphi) w_{ij}^{C}$，其中 φ 表示为权重，$\varphi \in (0, 1)$，根据"巴莱特定律"取值为 0.8。

二、空间相关性检验

空间自相关检验揭示变量的分布与邻近变量在空间上的关联程度，主要分为全局空间自相关与局部空间自相关。通常采用 Moran's I 指数来反映变量的空间相关性，全局自相关的 Moran's I 指数考察变量总体空间联系和差异情况；局部空间自相关的 Moran's I 指数考察变量的局部空间集聚特征，是全局自相关 Moran's I 指数的完善。

（一）全局空间自相关性检验

全局空间自相关从整体上揭示绿色创新、正式环境规制、非正式环境规制的空间分布关联程度。空间关联程度一般采用全局莫兰指数 Moran's I 来表示，计算公式为：

$$\text{Moran's I} = \frac{\sum\limits_{i=1}^{n} \sum\limits_{j=1}^{n} w_{ij}(x_i - \bar{x})(x_j - \bar{x})}{S^2 \sum\limits_{i=1}^{n} \sum\limits_{j=1}^{n} w_{ij}} \tag{4.4}$$

---

① 1897 年，意大利经济学者巴莱多偶然注意到 19 世纪英国人的财富和收益模式。在调查取样中，发现大部分的财富流向了少数人手里。同时，他还从早期的资料中发现，在其他的国家，都发现有这种微妙关系一再出现，而且在数学上呈现出一种稳定的关系。于是，巴莱多从大量具体的事实中发现：社会上 20% 的人占有 80% 的社会财富，即：财富在人口中的分配是不平衡的。

式（4.4）中，$S^2 = \dfrac{1}{n}\displaystyle\sum_{i=1}^{n}(x_i - \bar{x})^2$，$\bar{x} = \dfrac{1}{n}\displaystyle\sum_{i=1}^{n}x_i$，$n$ 为观测样本数即城市数量；x_i 和 x_j 为城市 i、j 的样本观测值；$\bar{x}$ 和 S^2 分别为观测值 x 的均值和方差；w_{ij} 为空间权重矩阵。Moran's I 指数的取值范围为 $[-1,1]$，绝对值越大表示空间关联程度越高，否则越低。Moran's I 指数在（0，1］范围内表示变量存在空间正相关，即相同属性的数据呈现聚集性质；Moran's I 指数在 $[-1,0)$ 范围内表示变量存在空间负相关，即相同属性数据均匀分散；等于 0 则表示相同属性数据没有明显的聚集或者分散。

根据式（4.4），通过 Stata 软件测算 2005～2020 年我国 285 个城市绿色创新、正式环境规制、非正式环境规制的全局 Moran's I 指数，基于地理距离矩阵和经济—地理矩阵的具体实证结果如表 4－1 所示，并刻画 2005～2020 年地理距离矩阵和经济—地理嵌套矩阵下绿色创新、正式环境规制以及非正式环境规制全局 Moran's I 指数的演变趋势如图 4－1 所示。

表 4－1　绿色创新、正式环境规制、非正式环境规制的 Moran's I 检验

年份	地理距离矩阵			经济—地理嵌套矩阵		
	GI	FER	IFER	GI	FER	IFER
2005	0.085 ***	0.059 ***	0.014 ***	0.116 ***	0.100 ***	0.057 ***
2006	0.082 ***	0.055 ***	0.015 ***	0.115 ***	0.093 ***	0.059 ***
2007	0.081 ***	0.057 ***	0.015 ***	0.120 ***	0.096 ***	0.058 ***
2008	0.082 ***	0.053 ***	0.017 ***	0.117 ***	0.091 ***	0.059 ***
2009	0.097 ***	0.050 ***	0.013 ***	0.126 ***	0.091 ***	0.057 ***
2010	0.107 ***	0.053 ***	0.012 ***	0.142 ***	0.089 ***	0.055 ***
2011	0.074 ***	0.035 ***	0.008 **	0.091 ***	0.063 ***	0.050 ***
2012	0.116 ***	0.028 ***	0.006 *	0.130 ***	0.056 ***	0.048 ***
2013	0.112 ***	0.023 ***	0.005 *	0.120 ***	0.046 ***	0.044 ***
2014	0.121 ***	0.017 ***	0.007 **	0.119 ***	0.034 ***	0.047 ***
2015	0.133 ***	0.027 ***	0.006 *	0.134 ***	0.045 ***	0.047 ***
2016	0.131 ***	0.009 ***	0.007 **	0.127 ***	0.021 ***	0.046 ***
2017	0.148 ***	0.011 ***	0.010 ***	0.110 ***	0.026 ***	0.048 ***

续表

年份	地理距离矩阵			经济—地理嵌套矩阵		
	GI	FER	IFER	GI	FER	IFER
2018	0.145 ***	0.012 ***	0.011 ***	0.117 ***	0.028 ***	0.048 ***
2019	0.142 ***	0.014 ***	0.009 **	0.100 ***	0.026 ***	0.048 ***
2020	0.144 ***	0.015 ***	0.010 ***	0.115 ***	0.027 ***	0.049 ***

注：*、**、***分别表示10%、5%、1%的显著性水平。

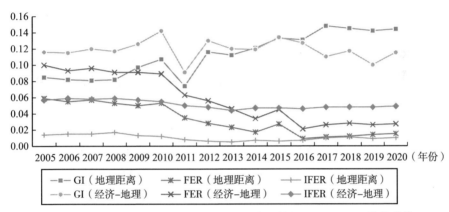

图 4 - 1　绿色创新、正式环境规制、非正式环境规制 Moran's I 指数趋势

从表 4 - 1 可以看出，无论是地理距离矩阵还是经济—地理嵌套矩阵下，2005 ~ 2020 年我国 285 个城市绿色创新的全局 Moran's I 值均为正数且通过了 1% 显著性水平检验，表明中国各城市的绿色创新存在明显的正的空间相关性，即高绿色创新水平的城市被周围高效率水平城市所包围、低绿色创新水平的城市被周围低效率水平城市所包围。与此同时，正式环境规制和非正式环境规制的全局 Moran's I 值均为正数且通过了 10% 显著性水平检验，说明正式环境规制、非正式环境规制也具有明显的空间相关性。此外，经济—地理嵌套矩阵下绿色创新与正式环境规制和非正式环境规制的 Moran's I 值要略高于地理距离矩阵下的结果，说明在考虑经济因素后，三者的空间相关性有所提升，因为三者均与经济发展有着密不可分的关系。

从图 4 - 1 可以看出：（1）对于绿色创新的全局 Moran's I 值，在地理距离矩阵和经济—地理嵌套矩阵下，2005 ~ 2010 年绿色创新的全局 Moran's I 值保持缓慢的增加，但在 2011 年大幅度下降之后，于 2012 年基本上恢复到下降前的水平；2013 ~ 2016 年绿色创新的全局 Moran's I 值继续保持同方向小幅度波动上升；2017 ~ 2020 年不同矩阵下绿色创新的全局 Moran's I 值出现不同的变化趋势：地理距离矩阵下呈现先上升后下降的趋势，经济—地理嵌套矩阵下则是呈现在 0.15 上下波动变化的趋势，而且地理距离矩阵下绿色创新的全局 Moran's I 值明显大于经济—地理嵌套矩阵下绿色创新的全局 Moran's I 值。（2）对于正式环境规制的全局 Moran's I 值，在地理距离矩阵和经济—地理嵌套矩阵两种矩阵下的变化趋势完全相同，但经济—地理嵌套矩阵下的全局 Moran's I 始终比地理距离矩阵下的全局 Moran's I 值大；2005 ~ 2014 年基本保持相同幅度持续下降，而 2015 年短暂上升之后继续下降，最终分别保持在 0.01 和 0.03 的稳定状态。（3）对于非正式环境规制的全局 Moran's I 值，其变化趋势与正式环境规制的全局 Moran's I 值类似，地理距离矩阵和经济—地理嵌套矩阵两种矩阵下的变化趋势同样完全相同，而且经济—地理嵌套矩阵下的全局 Moran's I 值同样始终比地理距离矩阵下的大，分别维持在 0.01 和 0.05 上下小幅度变化。

由以上分析可知，正式环境规制与非正式环境规制具有不同的空间自相关性，研究不同类型环境规制对城市绿色创新的影响时需要进一步考虑空间因素。

（二）局部空间自相关性检验

全局 Moran's I 指数反映出我国城市在整体上的空间自相关特征，但未能显示城市空间的内部联系，不能反映具体的空间关联特征，因此进一步引入局部 Moran's I 指数，进一步对绿色创新、正式环境规制和非正式环境规制进行局部空间自相关性检验并分析其局部集聚特征。局部 Moran's I 指数的定义如下：

$$I_i = \frac{(x_i - \bar{x}) \sum_{i=1}^{n} w_{ij}(x_i - \bar{x})}{S^2} \tag{4.5}$$

为了进一步考察不同城市绿色创新、正式环境规制和非正式环境规制的空间依赖性是否存在区域差异，本书根据局部 Moran's I 指数的计算结果绘制莫兰散点图来分析中国 285 个城市的绿色创新、正式环境规制和非正式环境规制的局部空间相关性。根据图 4-1 的全局 Moran's I 值变化趋势可以看出，2005~2009 年的绿色创新、正式环境规制、非正式环境规制 Moran's I 指数趋势较为平稳，无较大变化。因此本书选取 2009 年的 Moran's I 散点图作为 2005~2009 年的代表，并与 2020 年的 Moran's I 散点图进行对比分析。图 4-2~图 4-4 分别为 2009 年和 2020 年城市绿色创新、正式环境规制、非正式环境规制的 Moran's I 散点图。由于本书的研究对象数目过多，仅在整体上把握研究对象的主要特征。

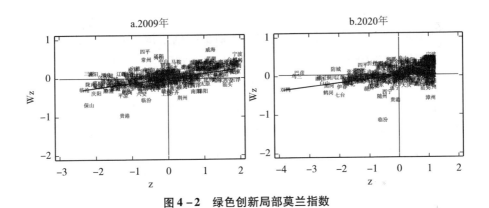

图 4-2　绿色创新局部莫兰指数

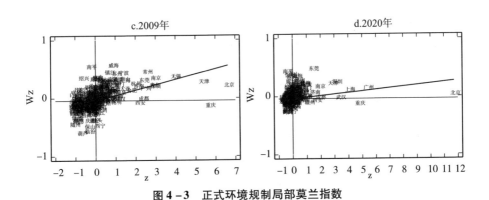

图 4-3　正式环境规制局部莫兰指数

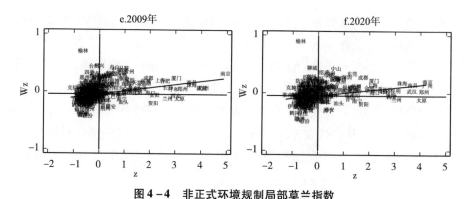

图4-4 非正式环境规制局部莫兰指数

1. 集聚情况保持相对稳定

从图4-2~图4-4中可以看出，各城市绿色创新、正式环境规制、非正式环境规制的 Moran's I 散点集中分布于第一象限 H-H 型集聚区和第三象限 L-L 型集聚区，进一步证实了高绿色创新水平的城市被周围高绿色创新水平城市所包围、低绿色创新水平的城市被周围低绿色创新水平城市所包围。总体上，绿色创新、正式环境规制、非正式环境规制这三项指标均保持较长时期的稳定。对于绿色创新，Moran's I 散点集中分布于第一象限 H-H 型集聚区、第二象限 L-H 型集聚区、第三象限 L-L 型集聚区和第四象限 H-L 型集聚区。从整体趋势来看，2009年位于第一象限 H-H 型集聚区、第三象限 L-L 型集聚区的城市普遍多于第二象限 L-H 型集聚区、第四象限 H-L 型集聚区城市，2020年的空间集聚模式在此基础上 H-H 型集聚区的城市明显增加；对于正式环境规制，2009年集中于第三象限 L-L 型集聚区的城市有西宁、鸡西、鹤岗等，表明这些城市被周围低绿色创新水平城市所包围，2020年分布于第一象限 H-H 型集聚区的城市减少表明城市绿色创新的空间效应有所减弱；对于非正式环境规制，2009年 Moran's I 散点主要分布在第三象限 L-L 型集聚区，并且各象限内所包含的散点数量存在较大差异，表明城市绿色创新具有较强的区域异质性失衡特征，2020年的空间集聚特征较于2009年并未发生较大变化。由结果可以看出，各城市绿色创新、正式环境规制、非正式环境规制聚集特征显著，绿色创新形成了以北京、宁波、南京等东部沿海城市高绿色创新水平集聚区。除了绿色创新在空间上集聚明显加强，正式环境规制和非正式环境规制保持稳定的集聚模式，部分城市在某些年度存在跨等级微小变动属于正常现象。城市绿色创新的空间集聚特征表现出基本保持相同幅度持续增强的趋势，同时不断向东部地区、西部地区和东北地区扩展。出现这种变化趋势的原因可能是城市间生产要素流动性不断加快、产业关联程度不断提高等强化了经济活动的空间相关性，此外，各地方政府积极采取与周边城市协同合作等措施也极大地促进了绿色创新的空间集聚性。在各种因素综合作用之下，城市绿色创新在整体上表现出稳定增强的空间集聚特征。

2. 空间异质性特征明显

各城市与主要城市之间地理距离的远近决定了我国城市之间具有明显的空间异质性，受到主要城市影响的大小存在差异。也就是说，与主要城市距离相对较近的地区受到其影响的程度较大，与主要城市距离较远的地区受到其影响的程度较小。例如，距离深圳、东莞、厦门等主要城市较近的周边地区，与主要城市经济社会要素的交流更方便，所以这些周边城市同样拥有较高的绿色创新水平。城市绿色创新受主要城市影响程度的大小不仅取决于与主要城市之间地理距离的远近，主要城市的历史、政策、技术等因素会溢出和辐射到周围城市，金融业、住宿餐饮业、房地产业以及科学技术服务业同样会对周围城市产生影响。此外，随着东部沿海地区高污染、高排放产业逐渐转移到中部地区和西部地区，导致东部地区、中部地区、西部地区之间的产业结构差异逐渐扩大。各城市之间同时属于竞争和合作的关系，产业功能结构影响这种关系的平衡发展，因此产业功能一致性是城市专业化、合作化发展的关键。

第二节 变量选择、数据说明与模型构建

一、变量选择与数据说明

本书以 2005~2020 年作为研究时间范围，以我国 285 个城市作为研究对象，采用 SBM－DEA 方法构建包含 6 个单项指标的绿色创新指标体系，采用熵值法构建包含正式环境规制 9 个单项指标、非正式环境规制 4 个单项指标的环境规制指标体系。详细指标说明见表 4－2。

表 4 - 2   指标选取说明

变量	符号	类型	说明
绿色创新	ln*GI*	被解释变量	包括创新投入、期望产出和非期望产出，创新投入由地方财政科技投入和从业的科技人员数表示，期望产出由专利授权量表示，非期望产出由二氧化硫、工业废水和工业烟（粉）尘排放量表示
正式环境规制	ln*FER*	核心解释变量	由单位产值排水投资总额、单位产值园林绿化投资总额、单位产值市容环境投资总额、每万人污水处理厂座数、每万人生活垃圾无害化处理场座数、建成区排水管道密度、污水去除率、建成区绿地覆盖率、人均公园绿地面积等 9 个指标构成的综合污染指数
非正式环境规制	ln*IFER*	核心解释变量	由人口密度、人力资本、收入水平、人民幸福度等 4 个单项指标构成的综合指数
交通条件	ln*HM*	控制变量	公路里程
外商投资水平	ln*FC*	控制变量	当年实际使用外资金额占 GDP 比重
产业结构	ln*IS*	控制变量	第三产业产值占 GDP 比重
金融发展	ln*FD*	控制变量	全市金融机构年末各项贷款余额占 GDP 比重

（一）被解释变量

绿色创新（*GI*）指标体系不仅参考大量研究省级层面、地级市层面绿色创新领域的指标，而且吸取了国内外学者所构建的创新评价体系的有益之处，同时加入衡量"绿色"的评价指标。因此，本书所构建的绿色创新指标体系在 2005～2020 年的时间跨度中对中国 285 个城市进行绿色创新水平的横向比较，从城市层面的视角出发深度挖掘中国绿色创新的现状格局和变化趋势，并采用 SBM - DEA 方法得出综合、客观且具有创新性的绿色创新指标，从理论上丰富了城市绿色创新的研究内容，填补了学术界的空白。具体指标体系详见第三章。

（二）解释变量

（1）正式环境规制（*FER*）。从财力投入、物力投入、污染控制、生态环境建设等4个方面出发，测算综合指数来考察地区环境污染治理的努力程度，本书将重点考察单位产值排水投资总额、单位产值园林绿化投资总额、单位产值市容环境投资总额、每万人污水处理厂座数、每万人生活垃圾无害化处理场座数、建成区排水管道密度、污水去除率、建成区绿地覆盖率、人均公共绿地面积9个单项指标通过熵值法合成综合衡量的正式环境规制。

（2）非正式环境规制（IFER）。选取人口密度、人力资本、收入水平、人民幸福4个单项指标构成的综合指数衡量非正式环境规制强度。分别用受教育程度、地区城镇职工平均工资、失业率的倒数来衡量人力资本、收入水平、人民幸福程度，具体见第三章说明。

（三）控制变量

（1）交通条件（HM）：陶长琪和周璇（2016）认为，便利的交通条件使得城市之间的联系更为紧密，也令城市间的产业集聚、要素流动、技术溢出以及信息资源共享等特征更加明显，对绿色创新技术具有较大影响。本书借鉴其研究，采用公里里程作为交通条件的衡量指标。

（2）外商投资水平（FC）：外商投资水平反映了地区引进国外资金、学习国外技术和理念的程度。我国在实行改革开放后吸引大量国外资金，引进先进管理理念和科学技术，为经济发展注入新鲜血液和活力，并赶上经济全球化发展的步伐，使我国经济实现跨越式发展。因此，在如今经济全球化大背景下，一个国家或地区的外商投资水平势必会对该国家或地区的政治、经济、文化以及科技的发展产生显著影响，从而进一步促进绿色创新水平的提高。本书采用各城市当年实际使用外资（根据汇率换算成人民币）占GDP比重表示。

（3）产业结构（IS）：某地区的产业结构决定了该地区经济发展的上限，因此，合理的产业结构能促进地区经济高质量发展，进而推动绿色创新水平的提高。已有研究表明，工业化成为现代经济发展的重要引擎，美国等发达国家依然将"再工业化"作为重要的经济战略，而进行绿色创新的首要任务是走上"新型工业化"道路。合理的产业结构将推动发展清洁无污染行业，重新配置生产要素，极大程度上减少排放污染物，进而推动绿色创新水平的提高。因此，本书采用各城市第三产业增加值与GDP比重来衡量城市的产业结构。

（4）金融发展（FD）：金融发展缓解了企业的资金需求，使得企业有更多的资金投入于技术创新、更新设备、改进工艺等涉及生产活动各个方面，从而推动绿色创新活动的开展。选取全市金融机构年末各项贷款余额占GDP比重作为金融发展水平的替代变量纳入回归方程。

考虑数据的完整性和可得性，选取中国285个城市作为研究对象。所用数据均来自2006～2021年《中国城市统计年鉴》、2006～2021《中国区域经济统计年鉴》以及各省市的统计年鉴，少数缺失值采用线性插值法予以完善。此外，对于所有价格变量均以2005年为基期进行平减，为缓解异方差，对于所有变量采取对数化处理。

全部变量取对数后的描述性统计如表4－3所示，此处重点分析被解释变量绿色创新和核心解释变量正式环境规制与非正式环境规制的统计分布情况。可以发现，被解释变量绿色创新综合指数取对数之后的平均值为－0.401，最大值为0，最小值为－2.661，标准差为0.333，说明城市绿色创新总体呈现处于较低水平小幅度波动且不均衡状态，同时表明中国绿色创新显著的时间差异性与区域异质性。正式环境规制和非正式环境指数取对数之后的平均值分别为－3.848和－2.242，二者之间的均值相差较大，标准差分别为0.777和0.669，表明正式环境规制和非正式环境的离散程度均较大，且不同的环境规制之间存在明显的差异，在一定程度上表明中国环境规制的时间差异性与区域异质性。对于控制变量，除了交通条件（HM）和外商投资水平（FC）的标准差较大之外，其他变量的标准差均较小。

表4－3　　　　　　　　　　　变量描述性统计

变量	符号	样本量	平均值	标准差	最小值	最大值
绿色创新	lnGI	4275	－0.401	0.333	－2.661	0
正式环境规制	lnFER	4275	－3.848	0.777	－6.951	－0.296
非正式环境规制	lnIFER	4275	－2.242	0.669	－5.327	－0.381
交通条件	lnHM	4275	9.162	0.722	6.124	12.068
外商投资水平	lnFC	4275	－4.685	1.457	－12.334	－1.615
产业结构	lnIS	4275	3.676	0.284	2.149	4.425
金融发展	lnFD	4275	－0.373	0.568	－2.809	4.129

同时包括时间序列和截面两个维度的面板数据，可以克服时间序列分析受多重共线性的困扰，提供更多的信息以及更高的效率。但由于结构性变动、随机趋势或确定性趋势，面板数据也可能存在单位根。如果对非平稳的序列直接进行回归估计容易出现伪回归现象，因此，在使用面板数据进行回归估计之前对面板数据是否存在单位根进行平稳性检验，以避免伪回归问题①。鉴于此，同时采取 LLC 检验、PP – Fisher 检验、ADF – Fisher 检验三种方法对绿色创新、正式环境规制、非正式环境规制、交通条件、外商投资水平、产业结构、金融发展等变量进行面板单位根检验，提高平稳性检验的可信度，确定其是否存在单位根。根据表 4－4 检验结果可以发现，三种单位根检验方法的结果均至少在 5% 的置信水平上显著，拒绝原假设，即所有变量均不含单位根，因而具有良好的平稳性，可以使用原始序列直接进行后续的实证研究。

表 4－4　　　　　　　　　　面板数据平稳性检验结果

变量	LLC 检验	PP – Fisher	ADF – Fisher	是否平稳
lnGI	－ 80. 7117 ***	33. 6522 ***	23. 5663 ***	是
lnFER	－ 37. 0854 ***	25. 4829 ***	29. 5992 ***	是
ln$IFER$	－ 130 ***	24. 3524 ***	21. 5360 ***	是
lnHM	－ 600 **	230. 3315 ***	21. 6380 ***	是
lnFC	－ 34. 0169 ***	23. 0231 ***	23. 6912 ***	是
lnIS	－ 170 ***	56. 0625 ***	20. 6365 ***	是
lnFD	－ 360 ***	22. 0599 ***	19. 5750 ***	是

注：*** 、** 、* 分别表示在 1% 、5% 、10% 的显著性水平下拒绝存在面板单位根的原假设。

二、空间计量模型构建

传统计量模型假设研究对象之间相互独立，而空间计量模型引入空间权重矩阵，有效解决研究对象间存在的不易察觉的空间相关性和异质性。常见

---

① 面板数据单位根检验是将各变量的横截面序列作为整体进行单位根检验，根据对各面板单位的自回归系数相同与否的假设，具体分为"共同根"过程（LLC 检验、HT 检验和 Breitung 检验）单位根检验方法和"不同根"根过程（IPS 检验、ADF – Fisher 检验和 PP – Fisher 检验）单位根检验方法。

的空间计量模型包括空间滞后模型、空间误差模型和空间杜宾模型，空间杜宾模型是空间滞后模型和空间误差模型的组合扩展形式，既考虑了因变量的空间相关性，又考虑自变量的空间相关性。城市绿色创新不仅受到本地环境规制的影响，而且受到周围邻近地区环境规制的影响，因此在分析环境规制对城市绿色创新影响时必须考虑空间效应。空间计量模型的一般形式计算公式如下：

$$y_{it} = \rho \sum_{j=1}^{n} w_{ij} y_{jt} + \beta x_{it} + \varphi \sum_{j=1}^{n} w_{ij} x_{it} + \mu_i + \delta_t + \varepsilon_{it}$$

$$\varepsilon_{it} = \lambda \sum_{j=1}^{n} w_{ij} \varepsilon_{jt} + \upsilon_{it} \qquad (4.6)$$

式（4.6）中，y_{it} 为被解释变量，i 代表城市，t 代表年份，n 为研究城市总数。$\rho \sum_{j=1}^{n} w_{ij} y_{jt}$ 表示邻近地区被解释变量对本地区被解释变量的影响效应，其中 ρ 为影响系数，w_{ij} 为空间权重矩阵。x_{it} 代表解释变量，β 反映了解释变量对被解释变量的影响效果。$\sum_{j=1}^{n} w_{ij} x_{it}$ 表示解释变量空间滞后项的影响效应，φ 为相应的系数向量。u_i 为个体固定效应，δ_t 为时间固定效应。ε_{it} 为随机扰动项，服从均值为 0、方差为 σ^2 的独立分布。

（1）空间滞后模型（Spatial Lag Model，SLM）。

若 $\varphi = 0$，$\lambda = 0$，则考虑被解释变量的空间效应，则为空间滞后模型。由于 SLM 模型与时间序列自回归模型（仅用它的过去值及随机扰动项建立起来的模型）相类似，因此 SLM 也称为空间自回归模型（Spatial Autoregression Model，SAR）。模型设定如下：

$$y_{it} = \rho \sum_{j=1}^{n} w_{ij} y_{it} + \beta x_{it} + \mu_i + \delta_t + \varepsilon_{it} \qquad (4.7)$$

（2）空间误差模型（Spatial Errors Model，SEM）。

若 $\rho = 0$，$\lambda = 0$，误差项存在空间依赖性。这意味着，不包含在解释变量 x_{it} 中但对被解释变量 y_{it} 有影响的遗漏变量存在空间相关性，或者不可预测的随机冲击存在空间相关性。模型设定如下：

$$y_{it} = \beta x_{it} + \mu_i + \delta_t + \varepsilon_{it} \qquad (4.8)$$

（3）空间杜宾模型（Spatial Durbin Model，SDM）。

若 $\lambda = 0$，则被解释变量、解释变量及误差项的空间滞后效应都纳入模型中，统筹考虑了被解释变量、解释变量及误差项的空间效应。将被解释变量和解释变量的空间相关性纳入考察范围，除了反映本地区解释变量的变化对该地区本身被解释变量的影响之外，还可以考察邻近地区相关变量对本地区被解释变量的影响。模型设定如下：

$$y_{it} = \rho \sum_{j=1}^{n} w_{ij} y_{it} + \beta x_{it} + \varphi \sum_{j=1}^{n} w_{ij} x_{it} + \mu_i + \delta_t + \varepsilon_{it} \qquad (4.9)$$

城市绿色创新一旦发生就会随时间产生累积效应，上一期的城市绿色创新很有可能会积累到下一期。为此，用城市绿色创新的一阶滞后量来表示这些因素对城市绿色创新的影响，并将其作为解释变量纳入模型。构建基于空间动态面板数据的空间杜宾模型如下：

$$\ln GI_{it} = \rho \sum_{j=1}^{n} w_{ij} \ln GI_{it} + \beta_0 \ln GI_{it-1} + \beta_1 \ln(I) FER_{it} + \varphi_0 \sum_{j=1}^{n} w_{ij} \ln(I) FER_{it}$$
$$+ \beta_2 \ln HM_{it} + \varphi_1 \sum_{j=1}^{n} w_{ij} \ln HM_{it} + \beta_3 \ln FC_{it} + \varphi_2 \sum_{j=1}^{n} w_{ij} \ln FC_{it}$$
$$+ \beta_4 \ln IS_{it} + \varphi_3 \sum_{j=1}^{n} w_{ij} \ln IS_{it} + \beta_5 \ln FD_{it} + \varphi_4 \sum_{j=1}^{n} w_{ij} \ln FD_{it} + \mu_i$$
$$+ \delta_t + \varepsilon_{it} \quad (i = 1, 2, 3, \cdots, 285; \ t = 1, 2, 3, \cdots, 12)$$
$$(4.10)$$

式（4.10）中，$\ln GI_{it}$ 代表 t 年第 i 个城市绿色创新的自然对数；$\ln(I)$ FER_{it} 代表 t 年第 i 个城市的（非）正式环境规制的自然对数；$\ln HM_{it}$、$\ln FC_{it}$、$\ln IS_{it}$、$\ln FD_{it}$ 代表 t 年第 i 个城市的控制变量交通条件、外商投资水平、产业结构、金融发展等 4 个变量的观测值。β_i 为线性相关系数向量，φ_i 为相应的效应系数向量。

第三节　环境规制影响绿色创新的实证检验

通过空间自相关性分析结果可以发现，绿色创新具有一定的空间自相关性，2011 年之后空间自相关性进一步加强，且正式环境规制和非正式环境规制均对绿色创新存在显著的空间效应，因此需要借助空间计量模型进一步实证检验考虑空间效应情况下正式环境规制、非正式环境规制对区域生态效率的影响及其溢出效应，以及绿色创新还受到哪些因素的干扰。鉴于此，本节运用前文构建的空间杜宾模型（SDM）展开分析。

一、正式环境规制影响绿色创新的实证检验

表4-5给出了正式环境规制对城市绿色创新影响的空间杜宾模型回归结果。就正式环境规制作用下空间杜宾模型估计的空间滞后项系数（rho）来看，在地理距离矩阵和经济—地理嵌套矩阵两种情形下，其估计值分别为5.3810和28.7619，且均通过了1%显著性水平检验。这一结果说明城市间绿色创新存在显著的空间依赖性和空间溢出效应，某一城市绿色创新的提升会对其邻近城市绿色创新产生显著的正向影响，邻近城市绿色创新水平每提高1%，将引起本地区绿色创新水平至少显著提高5.3810%，显现出"局部俱乐部"现象。这主要源于绿色创新知识技术的空间外溢效应，导致一个地区的绿色创新除了受本地区研发投入的影响，还会受到邻近地区先进技术和经验影响，正是这种无法避免的空间溢出效应使得绿色创新在空间上形成了"1＋1＞2"的效果，促进了区域整体绿色创新水平的提升。

表4-5　　正式环境规制影响城市绿色创新的空间杜宾模型回归结果

变量	地理距离矩阵	经济—地理嵌套矩阵	变量	地理距离矩阵	经济—地理嵌套矩阵
$\ln GI(-1)$	0.7853 *** (0.0083)	0.8994 *** (0.0083)	$W \times \ln FER$	-1.4263 *** (0.0394)	-6.1424 *** (0.0190)
$\ln FER$	0.0207 *** (0.0037)	0.2362 *** (0.0037)	$W \times \ln HM$	0.0928 *** (0.0304)	0.4084 *** (0.0190)
$\ln HM$	0.0158 *** (0.0031)	0.0700 *** (0.0031)	$W \times \ln FC$	-0.3882 *** (0.0128)	-1.7380 *** (0.0082)
$\ln FC$	0.0021 (0.0018)	-0.0942 *** (0.0016)	$W \times \ln IS$	0.1006 (0.1059)	-1.2035 *** (0.0622)
$\ln IS$	0.0035 (0.0099)	0.3478 *** (0.0097)	$W \times \ln FD$	0.7479 *** (0.0480)	1.4350 *** (0.0238)
$\ln FD$	0.0071 * (0.0042)	0.1098 *** (0.0041)	rho	5.3810 *** (0.0739)	28.7619 *** (0.0439)

变量	地理距离矩阵	经济—地理嵌套矩阵	变量	地理距离矩阵	经济—地理嵌套矩阵
Obs	3990	3990	sigma2_e	0.0135 *** (0.0031)	0.0086 *** (0.0031)
城市固定	YES	YES	R^2	0.0007	0.0030
空间固定	YES	YES			

注：*** 、** 和 * 分别表示结果在1%、5%和10%水平上显著。

就滞后一期的绿色创新回归系数来看，在地理距离矩阵和经济—地理嵌套矩阵下，其估计值分别为 0.7853 和 0.8994，且均通过了 1% 的显著性水平检验，说明绿色创新表现出较强的"累计效应"，即前期的绿色创新水平会显著促进当期绿色创新发展，前期绿色创新每提高一个单位，将引起当期绿色创新水平提高 0.7853 个和 0.8994 个单位。这是因为绿色创新所增加的知识存量正是下一期进行绿色创新的基础，故当期的绿色创新发展水平受制于前期绿色创新发展情况。

就正式环境规制对城市绿色创新主效应和空间滞后效应来看，正式环境规制对本地绿色创新具有显著促进作用，在地理距离矩阵和经济—地理嵌套矩阵下影响系数分别为 0.0207 和 0.2362，说明在正式环境规制的强制作用下，企业加大绿色创新活动投入是最好的选择，因此推动了社会整体绿色创新发展。但是正式环境规制对邻近城市的绿色创新具有抑制作用，影响系数分别为 - 1.4263 和 - 6.1424，意味着本地区正式环境规制的加强导致邻近地区的环境规制强度相对减弱，高污染、高排放的企业会向邻近城市转移，导致被转移地沦为"污染天堂"，也就不可避免地阻碍了该地区绿色创新水平的提升。分析至此可以确定一点，正式环境规制对绿色创新的影响确实存在空间作用，因此选择空间计量方法展开分析是科学且必要的。

一个城市的绿色创新不仅会受到本地区自身正式环境规制及控制变量变化的影响，还会受到邻近城市正式环境规制及控制变量变化的影响，而这种影响又会通过反馈系统传递给邻近城市，各个城市之间通过循环反馈机制紧密联系、相互影响，使得任何城市都不能独立发展。为进一步揭示正式环境规制以及其他变量对城市绿色创新空间溢出效应，对表 4 - 5 的结果进行偏微分分解，通过直接效应、间接效应和总效应来详细阐述正式环境规制以及其他控制变量对本地区及邻近城市绿色创新的影响情况。其中，直接效应是指本地区相关变量的变动对本地区绿色创新的影响；间接效应是包括指邻近城市相关变量变动对本地区绿色创新的影响，以及邻近城市相关变量对邻近城市绿色创新产生作用后又直接作用于本地区的绿色创新；总效应则是直接效应和间接效应的总和。并且，由于使用的是动态空间杜宾模型（加入了被解释变量的滞后项），因此可以将直接效应、间接效应和总效应细分为短期和长期两个角度，空间效应的分解结果如表4-6所示。

表4-6　　正式环境规制影响城市绿色创新的空间杜宾模型分解结果

空间分解		变量名	地理距离矩阵	经济—地理嵌套矩阵
Direct	SR_Direct	lnFER	0.2782 (6.2198)	0.2710 *** (0.0261)
		Xi	control	control
	LR_Direct	lnFER	0.1755 *** (0.0336)	-0.4886 *** (0.0528)
		Xi	control	control
Indirect	SR_Indirect	lnFER	0.0427 (6.2199)	-0.0413 (0.0261)
		Xi	control	control
	LR_Indirect	lnFER	0.0966 (0.0338)	0.7111 *** (0.0528)
		Xi	control	control
Total	SR_Total	lnFER	0.3209 *** (0.0074)	0.2298 *** (0.0006)
		Xi	control	control
	LR_Total	lnFER	0.2721 *** (0.0063)	0.2225 *** (0.0006)
		Xi	control	control

注：*** 、** 和 * 分别表示结果在1%、5%和10%水平上显著。

在地理距离矩阵下，短期正式环境规制对绿色创新的直接效应系数为0.2782，间接效应系数为0.0427，但无论直接效应还是间接效应均不显著，说明短期内正式环境规制虽然影响企业行为，激励企业进行绿色创新，由于规制政策作用时间较短，对城市绿色创新的正向影响作用还不显著。但经过一段时间的调整，长期来看，正式环境规制对绿色创新的直接效应系数为0.1755，在1%显著性水平上为正，间接效应系数为0.0966但不显著，说明规制政策作用时间长之后正式环境规制能够激励企业绿色创新，使本地区绿色创新水平显著提高，但这种影响对邻近城市的绿色创新辐射性不强。而对于总效应而言，短期和长期下效应系数分别为0.3209、0.2721且均通过了1%显著性检验，说明正式环境规制整体上极大地促进了全国绿色创新水平的提高。随时间的发展，间接效应始终保持着与直接效应相同方向变化，表明在正式环境规制的约束下，本地区和邻近地区的绿色创新水平具有相同的发展方向。各地方政府之间存在"逐底竞争"或者"标尺竞争"，随着邻近地区的正式环境规制强度的减弱，本地区的正式环境规制强度也会相应减弱，地方政府将环境问题明确纳入地方官员晋升的考核体系，通过环境污染排放指标层层分解的行政包干制和整治锦标赛模式来激励正式环境规制强度竞争向上，形成自上而下的标尺竞争。当某地区存在时，若邻近地区为了追求经济效益而执行较低强度的环境规制，降低污染排放标准，本地区又根据邻近地区采取的环境政策制定自己的排污标准，此时则会执行强度更低的环境规制。由此，两个地区就会由于"逐底竞争"而陷入"囚徒困境"，导致环境规制作用不显著甚至不产生作用。

在经济—地理嵌套矩阵下，短期正式环境规制对绿色创新的直接效应系数为0.2710，长期正式环境规制对绿色创新的直接效应系数为 -0.4886；而短期正式环境规制对绿色创新的间接效应系数为 -0.0413，长期正式环境规制对绿色创新的间接效应系数为0.7111，说明加入经济因素之后，正式环境规制对本地区绿色创新的影响具有先促进后抑制的作用，与对邻近城市的影响效应相反，表现为以邻为壑的特征。而对于总效应而言，短期和长期下效应系数分别为0.2298、0.2225且均通过了1%显著性检验，说明正式环境规制整体上极大地促进了全国绿色创新水平的提高。随着正式环境规制强度的加强，企业相应需投入更多的资金来达到政策要求的排污标准，但企业始终保持利润最大化的目标，尽可能做出最有利于企业利益的决策而缺少动力主动预防和治理污染行为，导致本地区绿色创新水平下降。同时，本地区严格的环境规制会通过技术标准、排污限额等限制企业生产扩张，邻近地区则会通过溢出效应受到正向影响对其企业产生作用。污染物会在空间上进行跨区域扩散，若提高本地区环境规制强度，会限制本地污染气体和污水等污染物的排放，则产生"搭便车"效应使邻近地区的环境质量得到改善，促进邻近城市绿色创新的提升。

二、非正式环境规制影响绿色创新的实证检验

表4-7给出了非正式环境规制对城市绿色创新影响的空间杜宾模型回归结果。就非正式环境规制作用下空间杜宾模型估计的空间滞后项系数（rho）来看，在地理距离矩阵和经济—地理嵌套矩阵两种情形下，其估计值分别为3.8439和3.4247，且均通过了1%显著性水平检验，说明某一城市的城市绿色创新水平每提高1%，将引起邻近城市绿色创新水平至少提高3.4247%。滞后项回归系数显著为正，说明非正式环境规制下绿色创新依然存在明显的空间溢出和空间集聚特征。从非正式环境规制下滞后一期的绿色创新估计结果来看，绿色创新仍然表现出较强的"累计效应"，往期绿色创新水平每提高1个单位，至少会对当期绿色创新产生0.7857个单位的贡献。

表4-7　非正式环境规制影响城市绿色创新的空间杜宾模型回归结果

变量	地理距离矩阵	经济—地理嵌套矩阵	变量	地理距离矩阵	经济—地理嵌套矩阵
$\ln GI(-1)$	0.7857 *** (90.790)	0.8746 *** (101.024)	$W \times \ln IFER$	-1.3206 *** (-25.880)	-1.0095 *** (-40.554)
$\ln IFER$	0.0272 *** (6.323)	0.0149 *** (3.505)	$W \times \ln HM$	0.0576 * (1.890)	0.1207 *** (6.356)
$\ln HM$	0.0188 *** (5.918)	0.0197 *** (6.361)	$W \times \ln FC$	-0.2440 *** (-19.186)	-0.1877 *** (-23.146)
$\ln FC$	0.0044 ** (2.486)	0.0080 *** (5.086)	$W \times \ln IS$	-0.0125 (-0.117)	-0.1260 ** (-2.010)
$\ln IS$	-0.0362 *** (-3.505)	0.0095 (0.944)	$W \times \ln FD$	0.4458 *** (9.746)	0.2585 *** (10.718)

续表

变量	地理距离矩阵	经济—地理嵌套矩阵	变量	地理距离矩阵	经济—地理嵌套矩阵
lnFD	0.0004 *	0.0174 ***	rho	3.8439 ***	3.4247 ***
	(0.104)	(4.263)		(50.225)	(74.800)
Obs	3990	3990	sigma2_e	0.0139 ***	0.0142 ***
				(45.345)	(45.439)
城市固定	YES	YES	R^2	0.024	0.025
空间固定	YES	YES			

注：***、** 和 * 分别表示结果在 1%、5% 和 10% 水平上显著。

　　非正式环境规制对城市绿色创新的影响结果显示，无论是在地理距离矩阵下还是在经济—地理嵌套矩阵下，非正式环境规制的主效应系数均显著为正而空间滞后效应系数为负，说明非正式环境规制会促进本地区绿色创新但也会抑制邻近地区绿色创新发展。其原因可能是随着我国经济的增长，政府在政策基础上增加规制强度的同时，公众、环保非营利组织 NGO 等第三方绿色环保意识显著提高，对污染行为的监督、举报以及抵制，能减少企业污染排放，激发绿色技术创新，推动本地区绿色创新水平的提高，且技术创新带来的效益也可以有效抵减政府环境治理的成本，产生了与正式环境规制相近的效果。可以看出非正式环境规制间接地也会对绿色创新产生影响，在正式环境规制影响过程中发挥辅助作用。但是，企业在满足公众向政府提出的加大环境规制的要求时，会通过增加治污开支实现末端治理，从而弱化了企业资金优势，促使企业产生迁出本地的动机，也就不可避免地削弱了被转移地区绿色创新水平提升的可能性。同时，当企业发生环境污染事件时，面临的公众上访和信访、民事诉讼、媒介宣传及社会舆论等生存压力，也会迫使企业迁出本地，进而导致非正式环境规制对邻近地区绿色创新发展的负向驱动作用。

　　进一步从其效应分解结果来看，在地理距离矩阵和经济—地理嵌套矩阵下，无论是长期还是短期，非正式环境规制对绿色创新的直接效应和间接效应均不显著，表明非正式环境规制并未对本地区以及邻近地区绿色创新的发展产生较大影响（见表 4-8）。产生这种结果的原因可能是在公众中普遍存在缺乏环保意识或者具有环保思想但并未付诸行动的现象，导致对城市绿色创新的影响微乎其微。而总效应在短期和长期下皆为正且通过了 1% 的显著性检验，说明在整体层面上非正式环境规制显著促进绿色创新。网络的广泛普及、信息传播速度的加快、生活水平的提升，使得公众环保意识不断增强，对生活环境的要求越来越高，社会公众与环保非营利组织 NGO 对环境问题的关注度逐渐加强并引发舆论效应，当污染事件频繁发生时就会采取媒体曝光、信访等措施对排污企业施压，倒逼排污企业进行绿色创新。

表 4 - 8　　非正式环境规制影响城市绿色创新的空间杜宾模型分解结果

空间分解		变量名	地理距离矩阵	经济—地理镶嵌矩阵
Direct	SR_Direct	ln*IFER*	0.0254 (0.020)	0.0638 (0.046)
		Xi	control	control
	LR_Direct	ln*IFER*	0.7044 (0.080)	0.2454 (0.112)
		Xi	control	control
Indirect	SR_Indirect	ln*IFER*	0.4805 (0.385)	0.4863 (0.348)
		Xi	control	control
	LR_Indirect	ln*IFER*	− 0.3480 (− 0.040)	0.0651 (0.030)
		Xi	control	control
Total	SR_Total	ln*IFER*	0.4550 *** (31.501)	0.4226 *** (47.284)
		Xi	control	control
	LR_Total	ln*IFER*	0.3564 *** (31.366)	0.3105 *** (48.970)
		Xi	control	control

第四节 环境规制对绿色创新的空间异质性影响检验

从计量角度来看，空间异方差、空间变异系数、随机系数以及空间结构的变化都可以看作是空间异质性的计量反映。研究中主要涉及三类方法：半变异函数、空间扩展模型（the Expansion Method）和地理加权模型（Geographically Weighted Regression，GWR），而地理加权模型尤其受到学者们的推崇，本节拟采用高斯函数形式的地理加权模型（GWR）度量空间异质性。

一、地理加权模型构建

地理加权模型构建的基本思路为：首先，根据全域回归模型（OLS 回归模型），构建 GWR 模型：

$$y_i = \beta_0(u_i, v_i) + \sum x_{ij}\beta_j(u_i, v_i) + \varepsilon_i \tag{4.11}$$

式（4.11）中（u_i, v_i）为观测点 i 的经纬度坐标，y_i 是绿色创新在观测点 i 处的观测值，$x_{ij}(j = 1, 2, \cdots, P)$ 是环境规制指数在观测点 i 处的观测值（环境规制指数可以为正式环境规制指数、非正式环境规制指数），$\beta_0(u_i, v_i)$ 为观测点 i 的常数项，$\beta_j(u_i, v_i)$ 表示在观测点 i 处自变量的参数估计值，即环境规制对绿色创新的作用系数，ε_i 为随机扰动项。

其次，由于地理空间信息都是采用经纬度坐标来描述，常用距离计算空间权重。因此在 GWR 模型中，采用高斯空间权重函数（Gaussian），具体形式如下：

$$W_i = \rho(d_i/\delta\theta) \tag{4.12}$$

式（4.12）中，ρ 表示标准正态密度函数；δ 表示距离向量 d_i 的标准离差。

最后，借助 ArcGIS10.5 软件进行实证模拟，获得模型参数估计值，此参数估计值表示环境规制对绿色创新的空间异质性情况。

二、回归结果分析

首先运用 GWR 自动生成的可视化图层分析地理加权模型回归结果中的

标准化残差图和拟合优度图，其中标准化残差渲染为由冷色到暖色渲染的地图，主要用来衡量每个系数估计值的可靠性。而拟合优度为局部 R^2，与全局 R^2 的意义一样，取值范围为 0.0 与 1.0 之间，表示局部回归模型与观测所得 y_i 值的拟合程度。如果局部 R^2 值非常低，则表示局部模型性能不佳。对拟合优度进行地图可视化，可以展示出 GWR 预测准确性，以便查找在回归模型中是否丢失部分重要变量。

一般来说，标准残差超过 2.5 倍标准差的地方可能存在回归效果不佳的问题。没有地区超过 2.5 倍标准差临界值，因此可以看出此次地理加权回归整体效果较好。另外，局部 R^2 值从南部地区向北部地区逐渐增加，呈现出向中心逐渐减弱的趋势。说明环境规制对绿色创新的影响确实存在异质性特征，且南部地区表现不明显，东北地区则表现出显著影响，这可能是由于环境规制政策的实施具有一定时滞性，加上南部地区是我国经济最为发达的地区，短时间内难以用绿色创新产业取代该地区的传统产业，而北部地区绿色创新技术替代阻碍较小，反而环境规制对这些地区的影响更大。

进一步，分析正式环境规制、非正式环境规制两个核心解释变量和其他控制变量对绿色创新回归中的系数分布情况，以此更好地分析环境规制对绿色创新的异质性影响。

正式环境规制系数从北到南逐渐减小。可见正式环境规制对绿色创新的贡献程度呈现"北—中—南"逐渐减弱的趋势。非正式环境规制系数由北向南逐渐减小，非正式环境规制对绿色创新的经济贡献呈现从东部地区向外围逐渐增加的趋势。非正式规制通过绿色消费宣传引导公众转变消费理念，提高绿色消费意识，从而在需求侧推动企业绿色创新。我国东北地区非正式环境规制对绿色创新的促进效应较大，这可能是由于东北地区空气污染较为严重，公众的环保意识普遍较高从而倒逼企业进行绿色创新。

通过显著性水平检验的控制变量——交通条件和金融发展来看，交通条件系数从北部向南部逐渐减小，交通条件对绿色创新的经济贡献呈现"北—中—南"逐渐减弱的趋势。交通条件对绿色创新的作用表现为促进效应，说明北部地区改善交通条件更能促进绿色创新。金融发展系数由西北向西南、东北逐渐增加，即金融发展对绿色创新的经济贡献呈现西部地区向外围逐渐增加的趋势。金融发展促进绿色创新主要是由于金融发展凝聚绿色创新资源，优化资源配置，形成创新发展动力，催生新的商业模式，从而推进企业的绿色创新发展。

第五节 本章小结

本章采用 SBM－DEA 方法构建绿色创新指标体系、采用熵值法构建正式环境规制和非正式环境规制指标体系，选取地理距离矩阵和经济—地理嵌套矩阵研究绿色创新、正式环境规制、非正式环境规制空间相关性以及集聚特征，运用 LLC 检验、PP－Fisher 检验、ADF－Fisher 检验方法对绿色创新、正式环境规制、非正式环境规制等变量进行面板单位根检验，并构建空间杜宾模型分析正式环境规制和非正式环境规制对绿色创新的影响效应。

（1）首先选择地理距离矩阵和经济—地理嵌套矩阵，利用面板数据检验绿色创新、正式环境规制、非正式环境规制的全局空间相关性，发现中国城市绿色创新存在显著的空间正相关和空间集聚性，高绿色创新水平的城市被周围高绿色创新水平城市所包围、低绿色创新水平的城市被周围低绿色创新水平城市所包围，且正式环境规制和非正式环境规制同样具有明显的空间相关性。但从整体上看，地理距离矩阵和经济—地理嵌套矩阵下 2005～2020 年绿色创新的全局 Moran's I 值变化趋势不相同，而 2005～2020 年正式环境规制和非正式环境规制的全局 Moran's I 值变化趋势相同，而且经济—地理嵌套矩阵下的全局 Moran's I 值均比地理距离矩阵下的大。此外，根据局部 Moran's I 指数的计算结果绘制莫兰散点图，发现各城市绿色创新、正式环境规制、非正式环境规制的 Moran's I 散点主要集中分布在"高－高"集聚区的第一象限和"低－低"集聚区的第三象限，进一步证实了高绿色创新水平的城市被周围高效率水平城市所包围、低绿色创新水平的城市被周围低效率水平城市所包围。城市绿色创新、正式环境规制、非正式环境规制的空间集聚特征表现出稳定持续增强的趋势，同时不断向东部地区、西部地区和东北地区扩展。

（2）采用 DEA 方法将 6 个单项指标构建绿色创新综合指标，采用熵值法构建正式环境规制综合指数和非正式环境规制综合指数，采用交通条件、外商投资水平、产业结构、金融发展等 4 个指标作为控制变量。结果发现被解释变量城市绿色创新总体呈现处于较低水平小幅度波动且不均衡状态，且具有显著的时间差异性与区域异质性。正式环境规制和非正式环境的离散程度均较大，且不同的环境规制之间存在明显的差异，除了交通条件和外商投资水平的标准差较大之外，其他控制变量的标准差均较小。此外，运用 LLC 检验、PP – Fisher 检验、ADF – Fisher 检验方法发现绿色创新、正式环境规制、非正式环境规制等变量具有良好的平稳性。由于空间杜宾模型考虑被解释变量绿色创新和核心解释变量正式环境规制、非正式环境规制的空间相关性，而且上一期的绿色创新会对下一期的绿色创新造成影响，所以构建将滞后一期的绿色创新同样作为核心解释变量的空间杜宾模型，检验正式环境规制和非正式环境规制对城市绿色创新的影响，既能够考虑到被解释变量绿色创新受本地区核心解释变量正式环境规制和非正式环境规制的影响，也能够考虑到邻近地区绿色创新对本地区正式环境规制和非正式环境规制所受到的影响。

（3）正式环境规制以及非正式环境规制对绿色创新的实证检验结果表明，城市间绿色创新存在显著的空间依赖性和空间溢出效应，显现出"局部俱乐部"现象。在地理距离矩阵和经济—地理嵌套矩阵下，绿色创新表现出较强的"累计效应"，即前期的绿色创新水平会显著促进当期绿色创新发展。通过偏微分分解，将正式环境规制和非正式环境规制对绿色创新的影响效应分为直接效应、间接效应和总效应。在地理距离矩阵下，短期正式环境规制对绿色创新的直接效应和间接效应均不显著，长期正式环境规制对绿色创新的直接效应系数在1%显著性水平上为正但间接效应不显著，而短期和长期下正式环境规制对绿色创新的总效应显著为正；在经济—地理嵌套矩阵下，正式环境规制对本地区绿色创新的影响具有先促进后抑制的作用，与对邻近城市的影响效应相反，而正式环境规制对绿色创新总效应显著为正。而无论是在地理距离矩阵和经济—地理嵌套矩阵下，长期还是短期，非正式环境规制对绿色创新的直接效应和间接效应均不显著，说明非正式环境规制未对本地区绿色创新产生显著的影响，也没有产生空间溢出效应，而总效应在短期和长期下皆为正且通过了1%的显著性检验。说明在地理距离矩阵和在经济—地理嵌套矩阵下，正式环境规制和非正式环境规制均在整体上极大地促进了全国绿色创新水平的提高。

（4）采用高斯函数形式的地理加权模型（GWR）对空间异质性进行检

验,并通过地图对比可以得知,正式环境规制系数从北到南逐渐减小。可见正式环境规制对绿色创新的贡献程度呈现"北—中—南"逐渐减弱的趋势,而非正式环境规制系数由北向南逐渐减小,且非正式环境规制对绿色创新的经济贡献呈现从东部地区向外围逐渐增加的趋势。控制变量中,只有交通条件和金融发展通过了显著性水平检验,交通条件系数从北部向南部逐渐减小,交通条件对绿色创新的经济贡献呈现"北—中—南"逐渐减弱的趋势,金融发展系数由西北向西南、东北逐渐增加,即金融发展对绿色创新的经济贡献呈现西部地区向外围逐渐增加的趋势。

第五章

基于 CGE 模型的环境规制
影响绿色创新政策模拟

由第四章的实证检验结果可知，正式环境规制和非正式环境规制对绿色创新均具有显著的影响效应，本章从政策模拟入手，进一步对环境规制与绿色创新的关系分析。首先建立可计算一般均衡模型（CGE）模拟中国正式、非正式环境规制对绿色创新的影响，并利用中国 2017 年投入产出表及其他宏观数据编制中国 2017 年社会核算矩阵（SAM）；其次借助 GAMS23.6 软件对正式环境规制和非正式环境规制影响绿色创新的 CGE 模型进行政策模拟，并对模拟结果与基准设定情景进行比较分析，结合模拟结果分析正式、非正式环境规制对中国经济的影响；最后对据模拟结果进行总结，分析得出结论。

第一节　CGE 模型适应性

20 世纪 80 年代，全球平均气温上升、大气污染、水资源、土地资源、生态资源紧缩等生态环境问题集中爆发，致使环境问题成为全球各国所关注的重点。如何改善环境污染问题，如何实现可持续发展，如何在保持经济增长的同时改善生态环境，这些问题的提出成为国内外学者们研究探讨的热点。在此背景下，环境税、环境管制等法律法规和体系应运而生，环境规制成为各地区解决环境问题的首选方案，现有研究已经充分证明环境规制在一定条件下能够促使企业实现环境绩效提升与竞争力增强的"双赢"。纵观经济发展历程，在保持经济中高速增长或者稳定增强的前提下，国内各行业所能够接受的环境规制强度与标准不一，并且存在上限，这导致"双赢"的局面不易实现。

CGE 模型的起源可以追溯到 20 世纪 60 年代，Johansen（1960）基于挪威投入产出结构数据，提出了多部门增长模型，这也是全球第一个 CGE 模型。项目设定 CGE 模型所遵循的主要假设包括：第一，生产者决策取决于是否实现了利润最大化，消费者决策取决于是否实现了效用最大化。第二，无论是生产者还是消费者，均是市场价格的被动接受者，即市场处于完全竞争的状态。第三，假定各部门处于封闭经济体系，不存在对外贸易。第四，假定劳动力能够跨部门流动，而资本存量不能跨部门流动，并且劳动和资本直接具有一定的替代性，其替代性采用 CES 生产函数描述。整体模型使用简单的递推动态，并依据不同行业的具体实际情况进行特殊划分。

近几十年，CGE 模型在瓦尔拉斯一般均衡理论的基础上逐渐发展成熟，环境 CGE 模型的出现为对相关环境政策进行模拟并进行宏观经济分析提供了研究渠道。中国作为发展中国家，在近半个世纪以来第一要务仍然是保持高质量的经济增长与发展，在中国环境保护所需要突破的难点在于平衡生态环境与经济发展两者之间的关系，为此研究环境规制对中国城市绿色创新的机理与影响能够为经济发展提出更为科学的方向，而本章节对环境规制进行模拟分析，可以较好地在估计我国环境规制政策效果的基础上，更好地评估其对绿色创新和经济发展的影响。

与此同时，CGE 模型与其他计量模型一样，存在局限性和不足。主要体现在以下几个方面：第一，CGE 模型的数据基础来源于国家公开发布的投入产出表数据。在中国投入产出表每隔五年编制一次，最近一次编制的投入产出表为 2017 年，考虑到 CGE 模型当中常采用基准年数据进行参数设置，如此，受原始数据的影响，CGE 模型中参数存在一定的时滞性。第二，CGE 模型设定与现实情况存在偏差，并且函数方程中所使用的弹性系数缺乏具有统计意义的检验，导致 CGE 模型对真实情况的模拟结果有一定程度的影响。第三，对环境政策进行模拟分析过程中，CGE 模型通常忽略了政策实施行动中涉及的相关成本，而对于真实政策实施情况而言，这些都是需要考虑的因素。

本书选择 CGE 模型作为环境政策模拟分析的工具，其原因在于 CGE 模型能够较为科学、完整地分析经济体系多个部门之间的依赖、双向以及多向影响关系，可以全面分析环境规制政策对中国整体绿色创新与经济发展的影响。虽然环境政策模拟具有复杂性与棘手性，但是有关一般均衡理论的理论体系完善、模型逻辑体系清晰、分析模块构建灵活，在模拟政策冲击分析时，学术界仍普遍选择 CGE 模型进行模拟分析。本书坚持科学、客观的研究精神，使用 CGE 模型进行环境规制对绿色创新影响的政策模拟，能够较好地避免主观思维对项目政策建议的干扰，将有助于科学分析绿色创新规律与为实现多赢局面制定相关政策。

第二节　CGE 模型构建

随着社会经济发展，市场调控和政策制定光依靠定性分析已经无法满足形式发展的需要，为克服靠"拍脑袋"制定政策的弊端需要进行精准的定量分析，而由于宏观经济中各个经济变量和部门之间密切相关，在研究政策效应时需要考虑经济系统内各部门之间的关系。可计算一般均衡模型（CGE）起源于 20 世纪 60 年代，以瓦尔拉斯一般均衡理论为基础，随之经过一系列发展，CGE 模型被越来越多地运用到国民经济、公共政策、财政税收等方面的分析当中，也对环境政策模拟及宏观经济分析提供了新的研究方法。

一、环境规制影响绿色创新的 CGE 模型

模型参考娄峰（2017）、田海燕（2018）和赵伟（2014）的结构设定和处理方法，根据课题研究需要对具体模块进行缩减、整改，最终构建封闭经济 CGE 模型，划分为生产模块、收支模块、均衡模块、宏观指标模块、宏观闭合模块等 5 个模块。

（一）生产模块

由于模型假定经济体系当中，市场为完全竞争，生产者遵循利润最大化原则，并且其生产表现出规模报酬不变的特点。另外，考虑到资本与劳动之间存在替代性，而各中间投入之间不存在替代性，故生产模块由两层嵌套式

的 CES（Constant Elasticity of Substitution）生产函数和列昂惕夫生产函数（Leontief）合成，主要刻画在封闭经济下生产要素投入与产出之间的关系。具体嵌套结构见图 5 – 1。

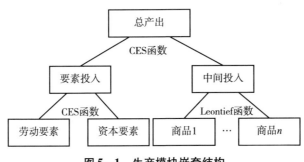

图 5 – 1　生产模块嵌套结构

生产模块具体核心方程如下：

第一层，各生产部门的生产函数有两个投入，增值 QVA 和总中间投入 $QINTA$。

$$QA_a = \alpha_a^q \left[\delta_a^q QVA_a^{\rho_a} + (1 - \delta_a^q) QINTA_a^{\rho_a} \right]^{\frac{1}{\rho_a}} \quad a \in A \tag{5.1}$$

成本最小化一阶条件是：

$$\frac{PVA_a}{PINTA_a} = \frac{\delta_a^q}{(1 - \delta_a^q)} \left(\frac{QINTA_a}{QVA_a} \right)^{1 - \rho_a} \quad a \in A \tag{5.2}$$

产值情况：

$$PA_a \times QA_a = PVA_a \times QVA_a + PINTA_a \times QINTA_a \quad a \in A \tag{5.3}$$

第二层，一个是增值，一个是中间投入。其中增值部分的生产函数为 CES 函数，将劳动要素 QLD 和资本要素 QKD 合成增值部分。$tvat$ 增值税率。假设各生产活动部门的增值税率是一样的，要素价格在各个部门也是一样的。

$$QVA_a = \alpha_a^{va} \left[\delta_{La}^{va} QLD_a^{\rho_a^{va}} + (1 - \delta_{La}^{va}) QKD_a^{\rho_a^{va}} \right]^{\frac{1}{\rho_a^{va}}} \quad a \in A \tag{5.4}$$

其成本的最小化一阶条件：

$$\frac{(1 + tvat) \times WL}{(1 + tvat) \times WK} = \frac{\delta_{La}^{va}}{(1 - \delta_{La}^{va})} \left(\frac{QKD_a}{QLD_a} \right)^{1 - \rho_a^{va}} \quad a \in A \tag{5.5}$$

产值情况：

$$PVA_a \times QVA_a = (1 + tvat) \times WL \times QLD_a + (1 + tvat) \times WK \times QKD_a \quad a \in A$$
$$(5.6)$$

中间投入的生产函数用列昂惕夫函数表示，中间投入总量 $QINTA$ 由各个部门中间投入 $QINT$ 汇总而成，其表达式为：

$$QINT_{aa'} = ia_{aa'} \times QINTA_{a'} \quad a \in A, \quad a' \in A \quad (5.7)$$

$$PINTA_{a'} = \sum_{a \in A} ia_{aa'} \times PA_a \quad a' \in A \quad (5.8)$$

（二）收支模块

收支模块主要从各经济主体的收入和支出进行分析，经济主体主要包括居民、企业和政府，其核心表达式如下：

（1）居民。居民是劳动要素的供给者，居民征税之前的收入具体包括从劳动、资本投入获得的收入。其中，$shif_{hk}$ 为资本收入分配给居民的份额，ti_h 为所得税税率，mpc 为消费倾向。对于居民消费，使用线性支出系统（LES 支出函数）进行衡量，见公式（5.11）。

$$WL \times QLS + shif_{hk} \times WK \times QKS = YH \quad (5.9)$$

$$EH = mpc \times (1 - t_{ih}) \times YH \quad (5.10)$$

$$PA_a \times QH_a = PA_a \times \gamma_a + \beta_a(EH - \sum_{a' \in A} PA_a \times \gamma_{a'}) \quad (5.11)$$

（2）企业。企业税前收入包括从资本投入获取的收入。其中，$shif_{entk}$ 为资本收入分配给企业的份额，企业向政府按照税率 ti_{ent} 缴纳企业所得税。

企业税前收入：

$$YENT = shif_{entk}WK \times QKS \quad (5.12)$$

企业的社会总投资：

$$EINV = \sum_a PA_a \times \overline{QINV_a} \quad (5.13)$$

企业的储蓄：

$$ENTSAV = YENT - ti_{ent} \times YENT = (1 - ti_{ent})YENT \quad (5.14)$$

（3）政府。政府的收入来源于增值税，以及从居民和企业征收的直接税（所得税）：

$$YG = \sum_a (tvat \times WL \times QLD_a + tvat \times WK \times QKD_a) + ti_h YH + ti_{ent}TENT$$
$$(5.15)$$

政府支出包括政府在商品上的消费：

$$PA_a \times QG_a = shrg_a \times EG \quad a \in A \qquad (5.16)$$

$$EG = YG - GSAV \qquad (5.17)$$

（三）均衡模块

为了保证经济体系处于均衡状态，CGE 模型要求不仅各个部门行为最优化，生产者和消费者各自实现了利润最大化和效用最大化的同时，实现所有市场的供需均衡，即最后要求各市场（包括商品市场和要素市场）达到出清状态。在设定均衡模块时，要求满足市场出清条件，为了调平 CGE 模型，需要确保模型当中函数方程数量等于模型中的内生变量数量。

商品市场上供求平衡，即实现生产者提供的商品数量等于消费者所需要的商品数量：

$$QA_a = \sum_{a'} QINT_{aa'} + QH_a + QINV_a + QG_a \quad a \in A \qquad (5.18)$$

要素市场出清，生产者所投入的要素需求与消费者（居民）提供的要素供给相等：

$$\sum_a QLD_a = QLS \qquad (5.19)$$

$$\sum_a QKD_a = QKS \qquad (5.20)$$

储蓄投资均衡：显性地交代社会总储蓄最后全部转移到投资需求上去。

$$EINV = (1 - mpc) \times (1 - tih) \times YH + ENTSAV + GSAV + WALRAS$$

$$\qquad (5.21)$$

（四）宏观指标模块

研究总体经济情况（以 GDP 衡量）：

$$GDP = \sum_a (QH_a + \overline{QINV_a} + QG_a) \qquad (5.22)$$

研究价格指数 PGDP：

$$PGDP = \sum_{a \in A} PA_a \times gdpwt_a \qquad (5.23)$$

（五）宏观闭合模块

本章采用新古典主义的闭合，根据模拟的经济情景，并确保均衡模块和整个模拟顺利进行，需要设定宏观闭合约束条件，控制 CGE 模型当中的内生变量数量（见表 5 – 1，表 5 – 2）。在此情况下，设定所有价格包括要素价格和商品价格都是完全弹性的，由模型内生决定。现存要素禀赋 $\overline{QLS}$ 和 $\overline{QKS}$ 充分就业，则应该满足：

$$QLS = \overline{QLS} \tag{5.24}$$

$$QKS = \overline{QKS} \tag{5.25}$$

$$WL = \overline{WL} = 1 \tag{5.26}$$

表 5 – 1   CGE 模型变量说明

序号	模型变量	变量的解释与说明
1	PA_a	生产活动 a 的价格
2	QA_a	生产活动 a 的数量
3	PVA_a	增值部分（含增值税）汇总价格
4	QVA_a	增值部分汇总量
5	$PINTA_a$	中间投入总价格
6	$QINTA_a$	中间投入总量
7	WL	劳动的价格
8	QLD_a	劳动的需求
9	WK	资本的价格
10	QKD_a	资本的需求
11	$QINT_{aa'}$	中间投入个量
12	QLS	劳动量总供应
13	QKS	资本量总供应
14	YH	居民收入
15	QH_a	居民对商品 a 的需求
16	EH	居民消费总额
17	$YENT$	企业收入
18	$ENTSAV$	企业储蓄
19	$EINV$	企业投资

续表

序号	模型变量	变量的解释与说明
20	YG	政府收入
21	EG	政府支出
22	$GSAV$	政府储蓄
23	QG_a	政府对商品 a 的需求
24	GDP	国内生产总值
25	$PGDP$	国内生产总值价格指数
26	$WALRAS$	虚拟变量

表 5 - 2　　　　　　　　　　　**CGE 模型参数说明**

序号	模型参数	参数的解释与说明
1	α_a^q	QA 的 CES 函数规模参数
2	δ_a^q	QA 的 CES 函数份额参数
3	ρ_a	增值与中间投入之间的替代弹性相关系数
4	δ_{La}^{va}	增值的 CES 函数劳动份额参数
5	ρ_a^{va}	增值的 CES 函数参数
6	$ia_{aa'}$	中间投入的投入产出系数
7	$shif_{hk}$	资本收入分配给居民的份额
8	$shif_{entk}$	资本收入分配给企业的份额
9	mpc	居民的边际消费倾向
10	ti_h	居民的所得税税率
11	ti_{ent}	企业所得税税率
12	$tvat$	增值税率
13	$shrg_a$	政府收入中对商品 a 的消费支出份额
14	$gdpwt_a$	价格指数权重
15	γ_a	商品 a 的最低消费数量
16	β_a	商品 a 的边际消费份额

二、社会核算矩阵数据说明及编制

CGE 模型的数据基础为社会核算矩阵（Social Accounting Matrix, SAM），SAM 表描述了经济社会中各参与机构、企业及居民间的资金流动变化，主要以投入产出表为基础，结合国民收入及生产部门构建，用矩阵形式反应了各账户的供应和使用流量及平衡关系。

（一）数据说明

社会核算矩阵（SAM 表）的大部分数据来源于投入产出表，本书以中国 2017 年投入产出表作为基础数据，同时根据研究需要，关于税收、就业等相关数据从 2018 年的《中国统计年鉴》《中国财政年鉴》《中国税务年鉴》等统计资料中获取。由于数据来源不一，导致初始的社会核算矩阵并不平衡，为平衡账户使用交叉熵的方法进行账户调平。

与此同时，根据产业特性与研究需要将投入产出表中的 42 部门合并简化为农业、能源产业、制造业、建筑业、环境治理服务业、科技创新服务业、其他服务业等 7 个部门。具体分类见表 5-3。

表 5-3　　　　　　　　　　　　部门合并与拆分

部门分类	42 部门分类
农业	农林牧渔产品和服务
能源产业	煤炭采选产品、石油和天然气开采产品、金属矿采选产品、非金属矿和其他矿采选产品石油、炼焦产品和核燃料加工品
制造业	食品和烟草、纺织品、纺织服装鞋帽皮革羽绒及其制品、木材加工品和家具、造纸印刷和文教体育用品、化学产品、非金属矿物制品、金属冶炼和压延加工品、金属制品、通用设备、专用设备、交通运输设备、电气机械和器材、通信设备、计算机和其他电子设备、仪器仪表、其他制造产品和废品废料、金属制品、机械和设备修理服务
建筑业	建筑
环境治理服务业	水的生产和供应、水利、环境和公共设施管理
科技创新服务业	研究和试验发展、综合技术服务

部门分类	42 部门分类
其他服务业	电力、热力生产和供应、燃气生产和供应、批发和零售、交通运输、仓储和邮政、住宿和餐饮、信息传输、软件和信息技术服务、金融、房地产、租赁和商务服务、居民服务、修理和其他服务、教育、卫生和社会工作、文化、体育和娱乐、公共管理、社会保障和社会组织

（二）SAM 表编制与平衡处理

社会核算矩阵（SAM 表）是一个方形矩阵，每行和每列表示一个国民经济核算账户，同时行和列的数值加总相等。根据研究需要，具体设置一个包括储蓄的封闭经济的 CGE 模型并编制了相应的社会核算矩阵（SAM 表）。由于数据来源不同以及可能存在统计误差，初始编制的社会核算矩阵（SAM 表）并不平衡，为解决该问题，采用交叉熵（Cross - Entropy）方法对社会核算矩阵中统计误差进行调整，进行平衡处理。交叉熵法是目前平衡社会核算矩阵（SAM 表）的主流技术，该方法的发展主要是由经济学统计学等多学科领域的熵函数特点拓展而来。在信息经济学的研究当中，信息熵通常被用作度量某一信息所带来的信息强度。通过借鉴相关研究成果确定本研究模型中的弹性等一系列关键参数取值，并在社会核算矩阵（SAM 表）中基准年份数据和外生参数基础上，利用校准得到其余参数取值。

使用交叉熵方法对社会核算矩阵中统计误差进行调整能够在 GAMS 软件中通过相关程序语言实现，具体的社会核算矩阵（SAM 表）格式设计与调平处理后的具体见表 5 - 4 和表 5 - 5。

表 5 - 4　　　　　　　　　　　SAM 表格式设计

		1	2	3	4	5	6	7	8
		活动/商品	要素	居民	企业	政府	增值税	投资—储蓄	汇总
1	活动/商品	中间投入		消费		消费		投资需求存货变动	
2	要素	收益/报酬							

续表

		1	2	3	4	5	6	7	8
		活动/商品	要素	居民	企业	政府	增值税	投资—储蓄	汇总
3	居民		投资/报酬						
4	企业		盈利						
5	政府			所得税	所得税		增值税		
6	增值税	增值税							
7	投资—储蓄			储蓄	储蓄	储蓄			
8	汇总								

表 5 – 5 调平后的 SAM 表 单位：十亿元

		1	2	3	4	5	6	7	8
		活动/商品	要素	居民	企业	政府	增值税	投资—储蓄	汇总
1	活动/商品	143451.7823		32042.6688		12375.0312		36446.0266	224315.5089
2	要素	72823.7102							72823.7102
3	居民		54523.8028						54523.8028
4	企业		18299.9074						18299.9074
5	政府			1196.6370	3211.7290		8040.0164		12448.3824
6	增值税	8040.0164							8040.0164
7	投资—储蓄			21284.4969	15088.1784	73.3512			36446.0266
8	汇总	224315.5089	72823.7102	54523.8028	18299.9074	12448.3824	8040.0164	36446.0266	426897.3546

第三节　政策模拟结果

一、环境规制模拟情景设计

在目前的研究成果中，环境规制是作为政府和环保部门在进行环境监管和治理过程中的一项社会性的规制手段。环境规制的主要是制定和实施各种激励或者约束规则，当前主要有征收排污税、排污权交易、财政补贴等方式。其分类方法较多，参考彭文斌（2017）研究方法，将环境规制划分为正式环境规制和非正式环境规制，其中正式环境规制是由政府部门主导，通过环保法规、污染税费对排污主体进行约束；而非正式环境规制则是以公众的环保意识为重点，是正式环境规制的补充手段。

因此，在模拟正式环境规制和非正式环境规制对绿色创新的影响时采取不同的模拟手段。关于模拟正式环境规制对绿色创新的影响，主要考虑政府对相关行业进行征税，而模拟非正式环境规制对绿色创新的影响，由于 CGE 模型中无法估计居民环保意识，依据原毅军（2014）研究收入水平越高显示非正式环境规制强度越大，当收入水平提升后，社会消费倾向和居民消费额也会随之提高，故使用社会消费倾向和居民消费额的变动代表非正式环境规制的模拟。

本书采用包括基准情景在内的 6 种不同的模拟情景设计，并通过模拟 2021~2030 年的结果对比分析环境规制对我国绿色创新的影响。具体模拟情景设计见表 5-6 所示。

表 5-6　　　　　　　　　　　模拟情景设计

情景	设计方案
基准情景（S0）	不实行任何环境规制手段
情景一（S1）	针对能源产业征收 10% 的税率
情景二（S2）	针对科技创新服务产业征收 10% 的税率

情景	设计方案
情景三（S3）	针对环境治理服务产业征收 10% 的税率
情景四（S4）	社会消费倾向提高 3%
情景五（S5）	居民消费额增加 10%

二、基准设定

使用 CGE 模型进行政策模拟时，设置基准情景对模拟过程起着不可或缺的作用。基准情景是指在不实行任何环境规制手段时，经济、社会自然发展的状态，基准情景可以作为其他情景模拟的对比情景。本书将 2019 年作为起始年份，同时参考现有研究预测未来截止至 2030 年经济、社会的状态对本研究政策模拟的基准情景进行设定。在 GDP 总量增长方面参照《世界经济展望 2050》和 2016～2020 年我国 GDP 实际增长情况设定，具体见表 5－7，由表中数据可知，在 2016～2019 年期间我国 GDP 增长率平均为 9%，但是在 2019 年 12 月突如其来的新冠疫情对我国经济造成了巨大的冲击，经济发展进入停滞期，致使在 2020 年我国 GDP 增长率仅 2.99%，因此为避免模拟结果存在偏差，更加接近没有重大冲击的真实发展情况，选择设定 2019 年为起始年份。虽然新冠疫情对中国和世界经济造成了巨大冲击，经济发展止步不前导致我国 GDP 增长急速下降，但是本书认为在未来截至 2030 年我国 GDP 增长仍保持下降趋势，这是我国进入中高速发展阶段所必然出现的结果，所以假定在 2021～2030 年我国仍保持中高速增长。在就业人口方面参照 2016～2020 年我国就业人口数据进行设定，具体见表 5－8，由表中数据可知，在 2016～2020 年我国就业人口增长呈现负增长的情况，因此预测未来截至 2030 年我国就业人口增长也将呈现下降的趋势并且下降幅度增大。基准情况主要指标设定情况见表 5－9 所示。

由上述假定，设定基准动态递归的变化，具体劳动力增长方程和资本积累方程如式（5.27）和式（5.28）所示：

$$LS_t = LS_{t-1} \times (1 + \theta^l) \tag{5.27}$$

$$K_t = K_{t-1} \times (1 - \omega_t) + I_t \tag{5.28}$$

其中，t 表示本期，$t-1$ 表示前一期，θ^l 表示劳动增长率，ω_t 表示折旧率，I_t 表示新增投资。

表 5-7　　　　　　　　2016~2020 年我国 GDP 情况

年份	GDP 总值（亿元）	GDP 增长率（%）
2016	746395.1	8.35
2017	832035.9	11.47
2018	919281.1	10.49
2019	986515.2	7.31
2020	1015986.2	2.99

资料来源：《中国统计年鉴》。

表 5-8　　　　　　　　2016~2020 年我国总就业人口情况

年份	就业人口总量（万人）	就业人口增长率（%）
2016	76245	-0.10
2017	76058	-0.25
2018	75782	-0.36
2019	75447	-0.44
2020	75064	-0.51

资料来源：《中国统计年鉴》。

表 5-9　　　　　　　　基准情况主要指标设定

指标名称	设定方案
GDP 增长率	2019 年及以前 7%；2021~2025 年 5%；2026~2030 年 3%
就业人口增长率	2019 年及以前 -0.3%；2021~2025 年 -0.8%；2026~2030 年 -1%

在基准情况下，本书将使用 CGE 模型运行模拟中国正式环境规制与非正式环境规制对绿色创新和整体经济造成的冲击，并根据模拟结果分析包含正式环境规制与非正式环境规制的情景（情景 S1、情景 S2、情景 S3、情景

S4 和情景 S5）与基准情景（情景 S0）的差异，以及各模拟情景（情景 S1、情景 S2、情景 S3、情景 S4 和情景 S5）的差异，以期获取有效数据和模拟结果支撑中国环境规制政策制定，为提升绿色创新提供科学合理的政策意见。

三、模拟结果分析

为探究正式环境规制和非正式环境规制对我国绿色创新的影响，在研究假定下，设计了 6 种不同的政策情景（情景 S0、情景 S1、情景 S2、情景 S3、情景 S4 和情景 S5），利用 GAMS23.6 软件模拟正式环境规制和非正式环境规制对中国 GDP、能源产业产出、非能源产业产出和科技创新服务业产出的影响作用，进而探究正式环境规制与非正式环境规制对我国绿色创新的影响作用。针对模拟结果，主要比较分析基准情景与情景 S1、情景 S2、情景 S3、情景 S4 和情景 S5 的结果差异，并分析最终模拟结果差异的原因。

（一）环境规制对 GDP 的影响

图 5 - 2 表示在五种不同情景下模拟的正式环境规制和非正式环境规制对中国 GDP 影响变动情况。图中反映的数据变动是与基准相比每年变化情况，并未显示由于环境规制导致中国经济萧条，基准情况是指在没有外生变化冲击，不实行任何环境规制手段下的经济运行情况。如图 5 - 2 所示，S1、S2、S3 和 S4 情景模拟对 GDP 影响波动幅度小，呈现出经济平稳增长或者平稳减弱的特征，而 S5 情景模拟对 GDP 影响较大，可见提高居民消费额在初期能够对 GDP 产生比较大的带动作用，在后期其带动作用削弱，但是仍然能够对经济产生良好的刺激作用。由此也可以证明，我国目前推行构建双循环发展格局，鼓励拉动内需刺激消费，从长远来看将十分有益于我国经济发展。另外，从图中易知实行正式环境规制对 GDP 有显著的负面效果，在情景 S1 的模拟中 2021 年中国 GDP 将降低 0.4 个百分点，情景 S2 的模拟中 2021 年中国 GDP 将降低 0.3 个百分点，情景 S3 的模拟中 2021 年中国 GDP 将降低 0.2 个百分点，同时，从 S1、S2 和 S3 整体模拟结果发现 S1 情景对 GDP 影响最大，其次是 S2，最后是 S3，在针对环境治理服务产业征收 10% 的税率的情况下，初期对 GDP 存在负面影响，但是随着时间

推移，其负面影响越来越小。因此，高强度的正式环境规制会对中国经济产生负面影响，而且高强度环境规制对中国经济的影响是持续性的，短时间内不会结束，一直到 2030 年中国总产出仍会保持持续下降的趋势，在情景 S1、情景 S2 和情景 S3 的模拟下，中国 GDP 分别降低 0.3 个、0.2 个和 0.02 个百分点。

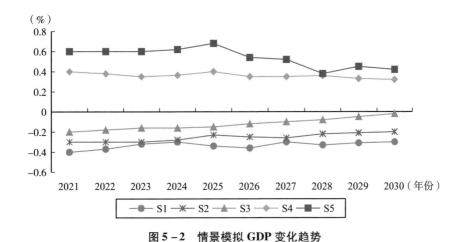

图 5-2 情景模拟 GDP 变化趋势

同时可以观察到，相较于正式环境规制，非正式环境规制对中国经济冲击程度小一些，在情景 S4 的模拟中 2021 年中国 GDP 增长 0.4 个百分点，在情景 S5 的模拟中 2021 年中国 GDP 增长 0.6 个百分点，并且增长趋势将继续保持，一直到 2030 年 GDP 也将保持增长的趋势，但是这种增长幅度逐年缩小，在情景 S4 和情景 S5 的模拟下，中国 GDP 分别提高 0.32 个和 0.42 个百分点。同时情景 S4 相较于情景 S5，对中国经济影响更弱也更平稳。从情景 S1~情景 S5 的模拟结果了解到，无论是正式环境规制政策，还是非正式环境规制政策，对中国经济的影响都是随短期冲击更大，长期来看，政策冲击越来越小，并且正式环境规制政策由于具有强制性，往往会对经济增长具有抑制作用，而非正式环境规制政策由于具有激励性，往往对经济增长具有促进作用。另外，第一年往往是实行环境规制手段冲击最大的一年，随着社会发展，环境规制对 GDP 的影响在逐渐缩小，即虽然正式环境规制对中国经济的冲击为负向影响，但是这种负面影响在逐年削弱，呈现负增长的情况；非正式环境规制能促进中国经济发展，但是这种促进作用随着时间的推移也有削减的倾向。

（二）环境规制对能源产业的影响

图 5 - 3 表示在五种不同情景下模拟的正式环境规制和非正式环境规制对中国能源产业产出影响变动情况。同样，图中反映的数据变动是与基准相比每年变化情况，并未显示由于环境规制导致中国能源产业产出下降，基准情况是指在没有外生变化冲击，不实行任何环境规制手段下的经济运行情况。如图 5 - 3 所示，情景 S2、情景 S3、情景 S4 和情景 S5 模拟结果显示，这四种政策模拟下对能源产业产出冲击较小并且较为平稳，上下波动不大，而情景 S1 模拟对其冲击较大。可见针对能源产业征收 10% 的税率作为高强度的环境规制政策，对能源产业产出的直接影响较大，在 2021 ~ 2025 年对能源产业产出的负面影响在 2.5% 以上，而在 2026 ~ 2030 年其对能源产业产出的负面影响有所缓解。由此可以证明，实行高强度传统的正式环境规制政策，即对高污染、高能耗的行业征收高税收，在短期内会对该行业产生较大的负面作用，但是随着时间推移，高污染、高能耗的行业在"成本效应"的作用下，会选择革新生产技术，进行绿色转型，提高绿色创新能力，因此从长期来看，高强度正式环境规制虽然会对相关行业产生负面影响，但是这个负面影响是逐渐削弱的，也可以进一步证明环境政策的可行性。另外，从图中可以看出，在实行高强度正式环境规制时，在情景 S1 的模拟中 2021 年能源产业产出降低 2.9 个百分点，并且 2021 ~ 2030 年能源产业产出持续下降，在 2030 年能源产业产出降低 1.65 个百分点；但是在情景 S2 和情景 S3 的模拟当中，情景 S2 相较于情景 S2，对能源产业产出影响更小，情景 S2 带来的负面影响控制在 0 ~ 0.5% 之间，情景 S3 带来的负面影响保持在 0.5% ~ 1% 之间。总体来看，情景 S2 和情景 S3 对能源产业产出也有一定程度的下降，但是负面影响不大，并且能源产业后续产出回升更快、幅度更大。具体来看，在情景 S2 的模拟中 2021 年能源产业产出降低 0.8 个百分点，在情景 S3 的模拟中 2021 年能源产业产出降低 0.4 个百分点，并且在 2021 ~ 2030 年能源产业产出呈现较为平缓的负增长，在 2030 年时能源产业产出分别降低 0.43 个和 0.15 个百分点。

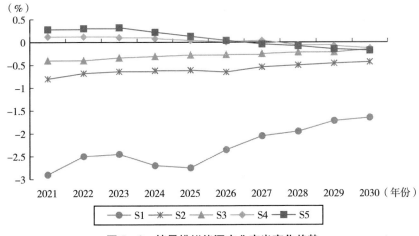

图 5 - 3　情景模拟能源产业产出变化趋势

与此同时，相较于正式环境规制，非正式环境规制对能源产业产出虽然存在正向影响，但是其促进作用不大，考虑到能源产业为低清洁度的行业，居民环保意识的提高使得居民在消费过程中更加倾向选择绿色环保产品，因此在 S4 和 S5 的模拟情景下，2021 年能源产业产出增长 0.12 个和 0.28 个百分点，而 2030 年能源产业产出降低 0.13 个和 0.18 个百分点。同时，观察情景 S4 和情景 S5 的模拟结果发现，社会消费倾向提高 3% 的政策相较于居民消费额增加 10% 的政策，对能源产业产出影响更小，变化幅度也更小。在 2027 ~ 2030 年模拟期间，情景 S5 对能源产业产出甚至出现负面影响，但是其负面影响较小，带来的负面影响主要保持在 0 ~ 0.5% 之间。另外，从情景 S1 ~ 情景 S5 的政策模拟，观察这五种不同情景下对能源产业产出的模拟结果，可以得出在 2021 ~ 2030 年，正式环境规制政策和非正式环境规制政策对能源产业产出的影响都较小，除了直接对该行业实行管制政策（情景 S1），并且能源产业产出与基准情况的差距越来越小。环境规制作为实现保护环境与经济协调发展的重要手段，对我国传统行业企业进行激励，影响产品价格，同时由于高强度环境规制，企业必须加大环境污染治理力度，率先进行技术革新的企业在污染治理上就具有先动优势，有助于企业抢占市场份额、获取竞争优势，同样促进了绿色创新。

（三）环境规制对非能源产业的影响

图 5-4 表示在五种不同情景下模拟的正式环境规制和非正式环境规制对中国非能源产业产出影响变动情况。同样，图中反映的数据变动是与基准相比每年变化情况，并未显示出由于环境规制导致非能源产业产出下降或者增长幅度下降，基准情况是指在没有外生变化冲击，不实行任何环境规制手段下的经济运行情况。同时非能源产业产出为农业、制造业、建筑业、环境治理服务业、科技创新服务业、其他服务业这 6 个部门产出加总进行衡量。如图 5-4 所示，情景 S1 对非能源产业产出具有明显的促进作用，并且在短期内其促进作用更大，从长期来看，针对能源产业征收 10% 的税率的政策对非能源产业产出的促进作用表现出平稳后削弱的特点。而情景 S2 和情景 S3 的模拟结果显示，针对科技创新服务产业征收 10% 的税率政策相较于针对环境治理服务产业征收 10% 的税率的政策，对非能源产业产出的抑制作用更大，其负面影响主要保持在 0.5%~1.5% 之间，而针对环境治理服务产业征收 10% 的税率的政策对非能源产业产出的负面影响较小，上下浮动区间小，主要保持在 0~1% 之间。具体来说，由图 5-4 可知，在实行高强度正式环境规制时，在情景 S2 和 S3 模拟中 2021 年非能源产业产出分别降低 1 个和 0.4 个百分点，并且在 2021~2030 年间呈现波动变化，与 2021 年相比，2030 年非能源产业产出下降幅度有所缓解，在 2030 年情景 S2 和情

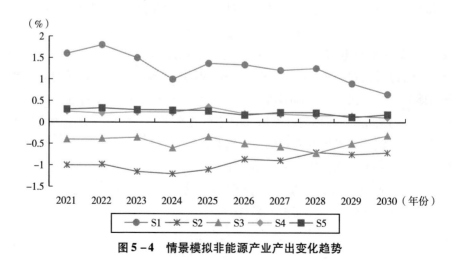

图 5-4　情景模拟非能源产业产出变化趋势

景 S3 模拟中非能源产业产出分别降低 0.71 个和 0.31 个百分点；而在情景 S1 的模拟结果中，2021 年非能源产业产出增加 1.6 个百分点，可见对能源产业加征税收对非能源产业产出增长反而有促进作用，但是这促进作用只在前几年显著，在 2025～2030 年非能源产业产值还存在缓慢下降的趋势，到 2030 年非能源产业产出仅增加 0.65 个百分点。

同时，对比正式环境规制政策与非正式环境规制政策，后者对非能源产业产出表现出正向促进作用，并且在 2021～2030 年之间呈现更为平稳的变化趋势。无论是社会消费倾向提高 3% 的政策，还是居民消费额增加 10% 的政策，两者对非能源产业产出的影响作用相差不大。当实行非正式环境规制时，在 S4 和 S5 的模拟情景下，2021 年非能源产业产出增长 0.25 个和 0.3 个百分点，而 2030 年能源产业产出降低 0.11 个和 0.18 个百分点。另外，从情景 S1 到情景 S5，观察这五种不同情景下对非能源产业产出的模拟结果，可以得出在 2021～2030 年，非能源产业产出呈现波动变化，并且与基准情况的差距逐渐缩小。由此可以看出，非能源产业主要是我国能源消耗、污染排放更低的行业，但是由于在本研究当中，将农业、制造业、建筑业、环境治理服务业、科技创新服务业、其他服务业这 6 个部门一并划入非能源产业，因此导致在模拟过程中正式环境规制政策和非正式环境规制政策的模拟结果差异较大。在现实当中，无论是正式环境规制政策还是非正式环境规制政策，都会更具有针对性，考虑其复杂性，本项目就不做具体展开。总而言之，针对非能源产业制定相关环境规制政策，需要依据某一行业的特征制定相应的环境政策，做到有针对性、特殊性和科学性，这样才能够提升政策实施的效果，才能达到管制目的。

（四）环境规制对科技创新服务业的影响

图 5-5 表示在五种不同情景下模拟的正式环境规制和非正式环境规制对中国科技创新服务业产出影响变动情况。同样，图中反映的数据变动是与基准相比每年变化情况，并未显示出由于环境规制导致科技创新服务业产出增长幅度下降，基准情况是指在没有外生变化冲击，不实行任何环境规制手段下的经济运行情况。如图 5-5 所示，情景 S1、情景 S3、情景 S4 和情景 S5 模拟结果显示，这四种政策模拟对科技创新服务业产出均具有正向促进作用，并且这四种政策所带来的正向促进效果差异不大。具体来看，情景

S3 带来的促进作用最小，其正向影响主要保持在 0 ~ 0.3% 之间，并且短期相较于长期的促进作用更为明显；在五种政策模拟结果中，情景 1 带来的正向促进作用上下波动幅度最大，其正向促进影响维持在 0 ~ 0.5% 之间。同时，情景 S2 政策对科技创新服务业产出具有明显的抑制作用，在 2021 ~ 2030 年，其影响呈现"V"型变化趋势特征，在 2021 ~ 2025 年之间，针对科技创新服务产业征收 10% 的税率政策对科技创新服务业产出的负面影响逐年增大，而在 2025 ~ 2030 年之间，其负面影响有所缓解。从图 5 - 5 中可以得出，实行高强度正式环境规制对我国科技创新服务业具有显著的积极效应，在情景 S1 的模拟中 2021 年科技创新服务业产出将增加 0.3 个百分点，在情景 S2 的模拟中 2021 年科技创新服务业产出仅降低 0.95 个百分点，在情景 S3 的模拟中 2021 年科技创新服务业产出将增加 0.15 个百分点，随着时间的推移，到 2030 年我国科技创新服务业产出在 S1、S2 和 S3 的模拟情景下，分别增加或降低 0.8 个、0.64 个和 0.01 个百分点。由此可以证明，考虑到技术创新和技术转型存在一定的时滞性，针对科技创新服务业实行高强度的正式环境规制政策，在短期内相关科技创新服务业的产出会受到比较大的冲击，但是从长期来看，这种冲击效果会越来越小，并且在较短时间内，科技创新服务业的产出回升较快，这说明在长期中，"创新效应"能够较大程度地弥补高强度的正式环境规制所带来的"成本效应"，企业的创新能力得到较快速度的提升。

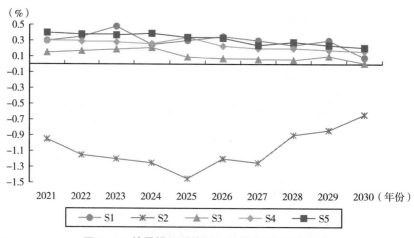

图 5 - 5　情景模拟科技创新服务业产出变化趋势

与此同时，对比正式环境规制政策与非正式环境规制政策对科技创新服务业产出的影响，后者的影响更小也更加稳定。情景S4和情景S5的模拟结果显示，无论是社会消费倾向提高3%的政策，还是居民消费额增加10%的政策，两者对科技创新服务业产出的正向影响保持在0.1%～0.5%之间。在实行非正式环境规制下，由S4和S5的模拟情景模拟结果显示，2021年科技创新服务业产出增长0.3个和0.4个百分点，而2030年科技创新服务业产出增长0.16个和0.21个百分点。由此说明，非正式环境规制手段对于科技创新服务业的冲击效果不如正式环境规制手段。另外，从情景S1到情景S5，观察这五种不同情景下对科技创新服务业产出的模拟结果，可以得出在2021～2030年，除了在情景S2模拟下科技创新服务业产出有下降，在其他模拟情况下均能明显地促进科技创新服务业产出的增加，这是由于环境规制对企业存在威慑效应，高强度环境规制对企业的投资决策产生影响，一方面，倒逼企业增加环境治理投资，并对企业的研发投资产生挤出效应，抑制了绿色创新；另一方面，环境规制也可以促进企业生产技术、生产工艺流程的革新，进而产生创新补偿效应，促进了绿色创新，实现企业绿色转型。

（五）整体模拟结果分析

依据模拟正式环境规制和非正式环境规制对中国GDP、能源产业产出、非能源产业产出和科技创新服务业产出的影响结果，发现正式环境规制和非正式环境规制对中国绿色创新的影响存在很大差异。为了促进技术进步和绿色协调发展，本章节研究表明，虽然不同类型的环境规制对绿色创新的影响程度不同，但是无论从短期还是从长期来看，正式环境规制和非正式环境规制的强度提升都能助于实现绿色创新，同时虽然环境规制强度提高会对中国经济产生影响，但是这个影响在可承受的范围内，这与李钢（2012）研究成果一致，中国可以加强环境规制强度。对正式环境规制和非正式环境规制影响绿色创新的情景模拟，能够为更加科学合理地制定相关环境政策提供参考。

第一，坚持执行正式环境规制和非正式环境规制对我国环境治理的调控手段，并且在经济景气时加大环境规制强度。由情景S1到情景S5的模拟结果可知，相较于不实行正式环境规制与非正式环境规制手段，在实行环境规制时更能够促进社会经济的发展、各产业结构的调整以及技术创新水平的提升，这是因为环境规制强度的提高给生产企业带来压力，使得他们不得不考虑优化生产环节，实现绿色转型。由于环境规制强度提高会对社会总产出的提升产生抑制作用，同时由于税收的增加，又会提高物价水平，特别是绿色商品的价格，而通货膨胀率与经济增长率往往呈正相关关系，因此综合考虑中国目前的发展进程，在提升环境规制强度时应该选择经济高涨时期。目前我国经济发展正处于由高速增长转向中高速增长的阶段，并同时提出高质量发展的转型目标，在此时期提升正式环境规制与非正式环境规制的实施力度，将有助于我国实现绿色发展转型，也将助力我国更加顺利地实现"创新、协调、绿色、开放、共享"的经济高质量发展。

第二，提升正式环境规制地位并选择重点行业进行推进。工业化进程快速发展以来，人们对自然资源环境的过度依赖造成了严重的环境污染与恶化问题，解决环境问题的关键在于使用一定强度的环境规制手段，其中正式环境规制手段主要有征税、排污权、排污费或研发补贴等，其重要思想在于解决外部性，使污染排放的私人成本与社会成本相等，实现外部性的企业内部化。在实行环境规制的过程当中，考虑到不同行业的清洁度不同，实行环境规制对不同行业的影响大小不一，所以在实行高强度环境规制时不能针对市场中的所有行业，而应该进行有选择性地执行相关的环境政策。当加大正式环境规制强度，即对不同行业加征税收时，由 CGE 模型模拟结果可以看出在不同的模拟情景下（情景 S1、情景 S2 和情景 S3）对能源产业实行高强度环境规制效果最好，同时环境规制对能源行业和非能源行业的影响不同，因此在提升正式环境规制强度时应该选择重点行业进行推进，首先应该提升清洁度低行业的环境规制强度，同时针对不同的行业制定实行差别化增值税政策，配合法律法规等其他正式环境规制手段引导经济结构的重心由制造业向服务业偏移。

第三，重视非正式环境规制对正式环境规制的辅助作用。非正式环境规制手段相较于正式环境规制，往往能够间接对污染企业产生影响，并且在执行成本上远远小于正式环境规制，同时非正式环境规制相较于正式环境规制省去了制定实施的时间。由非正式环境规制的情景模拟结果可知（情景 S4 和情景 S5），当居民消费倾向和实际消费能力提升时，伴随着的是居民可支配收入的提高，而在居民生活水平提高后也会逐渐加大对生活质量的要求，因此居民在选择消费商品时会倾向选择绿色环保产品，其中在非能源行业中最为明显。另外，社会整体环保意识和环境理念的转变将有助于降低正式环境规制的管理成本与监督投入，消费者与生产者的环保意识提高了，对政府而言，也能够更低频率地调整正式环境规制手段。对此，政府可以提倡节能环保的生活方式，加大节能环保的宣传力度，提高居民节能环保意识，重视非正式环境规制对正式环境规制的辅助作用，发挥非正式环境规制约束污染企业环保减排、促进绿色创新的作用。

第四节　本章小结

伴随着我国经济社会的快速发展，生态环境污染、资源紧缩困境、区域发展不平衡等问题接踵而至，习近平总书记在党的十九大报告中多次提到"创新、协调、绿色、开放、共享"五大发展理念，并且将创新和协调放在了突出的位置。实施绿色发展转型的关键是实现生产技术的绿色创新，而在提升中国绿色创新能力、提高绿色创新水平的进程当中，正式环境规制与非正式环境规制的影响究竟如何，成为政策制定需要重点攻克的难关。本章基于一般均衡模型，使用 GAMS23.6 软件设定了六种不同的正式环境规制与非正式环境规制政策的模拟情景，实证模拟了正式环境规制、非正式环境规制对中国 GDP、能源产业产出、非能源产业产出和科技创新服务业产出的影响，进而研究其对中国绿色创新的影响，最终的模拟结果显示：

（1）实行环境规制比不实行环境规制更能够促进提升中国绿色创新。对比模拟情景 S0 与情景 S1、情景 S2、情景 S3、情景 S4 和情景 S5 的模拟结果可知，在实行高强度环境规制手段之后，虽然相较于不实行任何环境规制手段有所变化，但是随着社会经济发展，环境规制对中国发展带来的消极影响逐渐削减，而且与基准情况之间的差距越来越小。可见实行环境规制虽然会对经济社会发展造成波动，但是这个波动在可承受的范围之内，这与李钢（2012）研究成果一致，考虑中国目前的发展阶段与发展目标，可以适度地增加环境规制强度，虽然在短期内会对社会发展产生一定的负面影响，但是从长期来看，实行高强度的环境规制所带来的消极影响会逐渐削弱，并且综合搭配实施正式环境规制与非正式环境规制也会更加利于中国绿色创新能力提升，促进经济高质量发展与实现发展的绿色转型。另外，实证模拟结果显示正式环境规制与非正式环境规制对经济社会的影响结果不同，但是正式环境规制和非正式环境规制的双重作用引起经济绩效和环境绩效的变化，促使生产企业转变生产观念，实现生产方式由粗放型向集约型转变，加大技术创新研发投入，提高企业在国内、国际市场上的竞争力，并最终实现企业环境绩效与经济绩效的双赢局面。

（2）正式环境规制政策模拟结果中（情景 S1、情景 S2 和情景 S3），对能源产业实行较高强度的正式环境规制手段最佳。正式环境规制是政府进行环境治理和管控的主要手段之一，政府与环保部门通过颁布相关的环保法律法规、对污染企业进行征税、征收排污费以及限制排污权，或者对清洁企业给予补贴等形式执行正式环境规制政策。而考虑到在政策模拟当中无法准确表示规章制度的发布与执行，所以通过模拟税收增加的情景来模拟正式环境规制的制定与实行。由模拟结果可知，当政府针对能源产业、科技创新服务产业、环境治理服务产业加征税收的情况下，仅针对某一特定行业实行高强度正式环境规制手段时，对其影响会表现出明显的消极影响，而对其他行业的影响则比较小也更加稳定。相较于不实行任何环境规制手段，实行正式环境规制手段使得社会总体经济运行有所下降，能源产业产值和非能源产业产值均有所减少，可见对不同行业实行高强度正式环境规制的影响结果不同，其中能源产业属于清洁度低，而正式环境规制影响较小的行业，因此在对能源产业实行高强度环境规制的情况下，能够促进该行业的企业进行技术革命，实现绿色转型，提高绿色创新水平。

（3）非正式环境规制政策模拟结果显示（情景 S4 和情景 S5），非正式环境规制手段对经济社会发展表现出明显的正向促进作用。随着非正式环境规制强度增加，即消费者消费倾向和消费能力的提升，对中国 GDP 增长、能源产业产出、非能源产业产出和科技创新服务业产出或多或少呈现正向积极并且较为稳定的影响趋势。这种影响特征对于生产企业来说，消费者的绿色偏好会促使生产者实施生产转型，更多地选择生产清洁、绿色和环保的商品，加大企业绿色研发投入，进而对中国绿色创新存在促进作用。非正式环境规制通常是间接影响企业的生产行为，由情景模拟结果可知，当实行高强度的非正式环境规制时，社会总体经济运行有所上升，能源产业和非能源产业产值均有所增加，可见非正式环境规制带来的经济结果与正式环境规制截然不同，无论是对整体经济运行的影响还是对某一行业发展的影响，正式环境规制和非正式环境规制都表现出显著的差异性。但是在非正式环境规制作用下，增强消费者的绿色产品偏好，进而扩大绿色产品的市场需求，会对企业产生需求拉动效应，在追求利润最大化的目标下，企业考虑增加绿色产品供给，促使企业考虑绿色研发，改进生产工艺、生产流程，促进企业进行绿色创新。

第六章

结论与政策建议

第一节　结　　论

经济发展与绿色创新之间表现出相互依存、相互促进的关系。具体来看：一方面，经济社会可持续发展离不开绿色创新驱动；另一方面，绿色创新要以经济社会可持续发展为核心理念展开。本书首先以环境规制及绿色创新作为研究对象，在界定二者衡量指标的基础上，将环境规制定义为正式、非正式环境规制，分别对正式环境规制与绿色创新、非正式环境规制与绿色创新进行时空演变趋势剖析，并分析不同环境规制与绿色创新之间的相关性；然后基于时空异质性视角分析环境规制对绿色创新的影响路径以及动力机制，通过构建空间面板计量模型实证检验正式环境规制、非正式环境规制对绿色创新的影响；最后基于可计算一般均衡模型（CGE 模型）对正式环境规制与非正式环境规制影响绿色创新进行政策模拟，得出以下四点结论。

（1）基于环境规制与绿色创新之间的时空演变分析可以得出：在时间演变过程中，正式环境规制与非正式环境规制强度呈现逐年缓慢上升趋势，正式环境规制强度在 2006 年存在一个转折点，2005～2006 年正式环境规制强度处于下降状态，从 0.0169 下降到 0.0152，2006～2020 年正式环境规制强度呈现出缓慢提升的趋势，从 0.0152 上升到 0.0428，说明这与我国的经济社会发展情况相符合，因此需要适时地考虑实施环境规制的动态均衡，同时在一定程度上说明随着城市化进程的加快，城市环境关注度提高，公众更加关注居住环境与生活质量，倒逼非正式环境规制强度相应提高。非正式环境规制强度从 2005 年的 0.0900 上升至 2020 年的 0.1745，研究期间基本呈现不断上升态势，这说明伴随着经济社会的发展，工业发展体系日渐成熟，城镇化的进程加快，公众收入水平、社会人力资本水平以及公众幸福度的提升，促使在此期间非正式环境规制强度的提高。绿色创新呈现波动上升趋势，就全国整体而言，2005～2020 年全国绿色创新平均值为 0.7110，仅在 2012 年出现了一个较大的波动，这是由于受 2012 年欧美债务危机，导致我国经济发展及经济结构转型受到外部影响，其余时段波动较小；从区域异质性的角度看，区域绿色创新水平表现"东部＞中部＞西部"的特点，东部地区绿色创新平均值为 0.8140，中、西部地区则相对较弱，分别为 0.6766 和 0.6098。在空间演变过程中，正式环境规制强度呈现东高西低的空间分布格局，与经济发展水平具有一定的耦合性，2005～2020 年中西部地区正式环境规制强度提升明显，在此过程中，经济发展相对落后的中、西部地区承接了东部沿海城市淘汰的落后、环境不友好的行业，使得中、西部生态环境污染加重，导致正式环境规制重心开始呈现明显的西移趋势；与正式环境规制类似，东部沿海发达城市的非正式环境规制强于中、西部，省会城市的非正式环境规制要强于周边其他城市，"强省会"措施导致省会城市经济社会发展更好，使得公众更加追求高水平的生活环境，进而导致其非正式环境规制明显强于周边非省会城市，由省会城市向周边呈辐射状扩散。绿色创新的空间分布情况符合"胡焕庸线""马赛克"特征，且省会城市绿色创新水平明显高于其他城市，城市绿色创新已经初步呈现出连片分布特征，形成以"沿海绿色创新带"为核心向中西部地区辐射的空间格局。结合时间、空间演变分析，通过散点图和 lowess 拟合，可以得出正式环境规制、非正式环境规制与绿色创新之间均存在正向关系，同时正式环境规制、非正式环境规制与绿色创新之间均不是单一线性关系，不同强度水平的正式环境规制、非正式环境规制对企业绿色创新水平影响效应不同。与此同时，通过皮尔逊相关系数检验，正式环境规制、非正式环境规制与绿色创新之间均呈现出倒"U"形曲线关系，并且我国目前的绿色创新水平发展状况处于倒"U"形曲线的左侧阶段。

（2）环境规制影响绿色创新的机理研究结果表明：正式环境规制作为政府发挥作用的一种手段，对绿色创新主要通过影响对外直接投资、外商直接投资、国内投资产生作用，同时通过创新补贴、排污税费减免等手段对企业弥补其因进行绿色创新而产生的正外部性损失。非正式环境规制影响绿色创新的因素主要包括企业 R&D 经费、人员、项目等投入，同时通过公众监督、社会舆论和环保 NGO 机构等间接影响企业绿色创新，需求拉动效应及倒逼机制也会促进企业的绿色创新。正式环境规制与非正式环境规制影响绿色创新的机理存在差异性。首先，在正式环境规制影响下的常规路径表明，正式环境规制主要从两个方面影响企业执行生产投资决策：一是政府颁布执行正式环境规制，使得企业生产的额外成本增加，从而挤占产品研发投入和创新技术投入，产生挤出效应而抑制企业绿色创新的动力；二是通过设计科学合理的正式环境规制政策，政府予以创新补贴，在一定程度下能够促进企业生产技术、工艺流程的革新，提高企业生产效率，产生创新补偿效应促进企业绿色创新。其次，在非正式环境规制影响下的非常规路径显示，公众与环保 NGO 参与环境保护的方式主要分为两种，一种是公众与环保 NGO 通过宣传倡导绿色消费，提高消费者对绿色产品的偏好，扩大绿色产品的市场需求，进而对企业产生需求拉动效应；另一种是当企业生产活动无法达到环保要求时，社会公众通过采取信访等形式向地方、省级政府或环保部门反映情况、表达诉求，也可以通过环境民事公益诉讼为环保事业保驾护航，或者通过网络和媒体等宣传媒介及社会舆论向企业施压，公众与环保 NGO 的上述举措将影响企业绿色创新行为及决策。在明晰影响路径的基础上，利用契约理论模型、动态演化博弈模型，分析正式环境规制、非正式环境规制影响绿色创新的动力机理。中央政府与地方政府扮演着不同的角色，在中央政府的政策压力下，地方政府会根据绿色创新不达标情况发生的严重程度来选择不同的环境规制强度。前期的绿色创新不达标情形越严重，则地方政府制定的正式环境规制强度就越高；反之，则正式环境规制强度就越低。财政分权和行政分权的激励范式是地方政府降低环境规制强度根本原因，将公众、环保 NGO 等第三方作为非正式环境规制虽难以从根本上消除地方政府选择低的环境规制强度的冲动，但是迫于第三方告发的压力，能够在很大程度上减弱地方政府的这种冲动。因此，中央政府与地方政府在确定环境规制强度时，要根据实际情况合理分配正式环境规制与非正式环境规制的比重与强度，合理选择正式环境规制与非正式环境规制，坚持"因地制宜"的原则，这样才有益于整个社会经济健康稳定的发展。

（3）基于空间面板计量模型实证检验可以得出：以地理距离权重矩阵和经济—地理嵌套权重矩阵作为所选空间面板计量模型的权重矩阵，在全局自相关检验下，无论是地理距离矩阵还是经济—地理嵌套矩阵下，绿色创新、正式环境规制以及非正式环境规制在研究区域内全局莫兰指数均显且为正，说明我国城市绿色创新、正式环境规制以及非正式环境规制三者在空间上有较强的正相关特征，空间聚集性表现强烈，且仍有不断强化的态势；在局部自相关检验下，我国城市绿色创新在空间上集聚明显加强，正式环境规制和非正式环境规制的集聚情况保持相对稳定，且由于核心城市的辐射效应有限，各城市的结构及功能均存在显著异质性。根据城市之间的相关性，选取空间杜宾模型对正式环境规制、非正式环境与绿色创新之间的关系进行实证检验。

以正式环境规制为研究对象，在地理距离矩阵和经济—地理嵌套矩阵两种空间矩阵下，空间杜宾模型估计的滞后项空间系数的估计值在1%的显著性水平下分别为5.3810和28.7619，绿色创新在空间上存在显著的空间依赖性和空间溢出效应；在地理距离矩阵下，绿色创新的滞后项回归系数估计值在1%的显著性水平下为0.7853，绿色创新表现出较强的"累计效应"，即前期的绿色创新水平会显著促进当期绿色创新发展，在经济—地理镶嵌矩阵下，绿色创新的"累积效应"消失，甚至呈现出一定的抑制作用；从正式环境规制对城市绿色创新主效应和空间滞后效应来看，在地理距离矩阵和经济—地理嵌套矩阵下，正式环境规制对本地绿色创新具有显著促进作用，影响系数分别为0.0207和0.2362，但其对邻近城市的绿色创新具有抑制作用，影响系数分别为 -1.4263和 -6.1424；通过偏微分分解，对直接效应、间接效应和总效应进行分析可知，在地理距离矩阵下，无论是短期间接效应还是长期间接效应，均与短期和长期直接效应保持相一致的方向，在经济—地理嵌套矩阵下，短期直接效应显著为正而间接效应为负但不显著，长期直接效应显著为负而间接效应显著为正。

以非正式环境规制为研究对象，其主效应系数显著为正而空间滞后效应系数为负，说明非正式环境规制会促进本地区绿色创新但会抑制邻近地区绿色创新发展；从其效应分解结果来看，非正式环境规制的总效应显著促进绿色创新，而短期、长期效应不显著，说明当前的非正式环境规制强度有利于绿色创新发展。从控制变量上看，交通条件、金融发展的主效应和滞后效应系数显著为正，外商投资水平的主效应为正，而其空间滞后效应的系数显著为负，产业结构主效应系数与空间滞后系数显著为负。最后采用高斯函数形式的地理加权模型（GWR）对空间异质性进行检验，正式环境规制、非正式环境规制对绿色创新的贡献程度均呈现"北—中—南"逐渐减弱的趋势。同时，非正式环境规制对绿色创新的经济贡献呈现从东部地区向外围逐渐增加的趋势。

（4）CGE 政策模拟结果表明：首先，实行环境规制比不实行环境规制更能够促进提升中国绿色创新。在实行高强度环境规制手段之后，虽然相较于不实行任何环境规制手段有所变化，但是随着社会经济发展，环境规制对中国发展带来的消极影响逐渐削减，而且与基准情况之间的差距越来越小。可见实行环境规制虽然会对经济社会发展造成波动，但是这个波动在可承受的范围之内。并且，正式环境规制和非正式环境规制的双重作用引起经济绩效和环境绩效的变化，促使生产企业转变生产观念，实现生产方式由粗放型向集约型转变，加大技术创新研发投入，提高企业在国内、国际市场上的竞争力，并最终实现企业环境绩效与经济绩效的双赢局面。其次，正式环境规制政策模拟结果中，对能源产业实行较高强度的环境规制手段最佳。相较于不实行任何环境规制手段，实行正式环境规制使得社会总体经济运行有所下降，能源产业产值和非能源产业产值均有所减少，可见对不同行业实行高强度正式环境规制的影响结果不同，其中能源产业属于清洁度低，受正式环境规制的影响较小的行业。因此，能源产业实行高强度环境规制，能够促进该行业的企业进行技术革命，实现绿色转型，提高绿色创新水平。最后，非正式环境规制手段对经济社会发展表现出明显的正向促进作用。非正式环境规制政策模拟结果显示，随着非正式环境规制强度增加，居民消费倾向和消费能力的提升，对中国绿色创新有促进作用。在非正式环境规制作用下，增强消费者的绿色产品偏好，进而扩大绿色产品的市场需求，会对企业产生需求拉动效应。在追求利润最大化的目标下，企业考虑增加绿色产品供给，促使企业考虑绿色研发，改进生产工艺、生产流程，促进企业进行绿色创新。总而言之，政策模拟结果表明，非正式环境规制与正式环境规制带来的经济结果截然不同，无论是对整体经济运行的影响还是对某一行业发展的影响，正式环境规制和非正式环境规制对中国绿色创新的影响都表现出显著的差异性。虽然不同类型的环境规制对中国绿色创新的影响程度不同，但是无论从短期还是从长期来看，正式环境规制与非正式环境规制的强度提升都有助于实现绿色创新，为促进技术进步和绿色协调发展，中国在目前的经济发展阶段中可以选择加强正式环境规制与非正式环境规制强度。同时，虽然正式环境规制与非正式环境规制强度提高会对中国经济产生负面影响，但是这个消极影响在可承受的范围内，针对重点行业实施合理的正式环境规制政策并辅助执行非正式环境规制手段，将有助于企业实现绿色转型，提高社会整体的绿色创新水平。

第二节　政策建议

依据研究结论发现，无论是从影响机理上，还是从实证分析上，正式环境规制和非正式环境规制手段均对绿色创新具有显著的影响，科学合理的环境规制手段能够促进我国绿色创新水平，但正式环境规制与非正式环境规制对绿色创新的影响方式存在不同。因此，各级政府制定环境规制政策时，首先需因地制宜，根据各地区情况制定合适的环境规制政策；其次，目前我国城市绿色创新在空间上集聚明显加强，正式环境规制和非正式环境规制的集聚情况保持相对稳定，各级政府之间的合作应当更紧密，发达地区要主动帮扶欠发达地区；最后，正式环境规制与非正式环境规制发挥作用的各个环节主体应当合作共赢，以"协调"的新发展理念为政策选择原则，充分发挥政府的主导作用，企业的主体作用，市场的导向作用，各级政府需制定环境规制的政府、企业、市场"三位一体"的协调政策。

一、因地制宜优化环境规制

实证检验结果表明正式、非正式环境规制对城市绿色创新的影响关系不是单一线性的，而是存在非线性关系，且正式环境规制和非正式环境规制对城市绿色创新的作用效果存在差异，说明不同类型的环境规制对绿色创新的影响存在异质性，各地方政府通过环境规制工具促进地区绿色创新时不能采用单一规制类型，而应该因地制宜。依据各地区的实际发展情况以及环境规制手段的特点，各级单位应制定有差异的环境规制政策，坚持"一省一策"，甚至"一市一策"的原则，避免"一刀切"的环境规制方案，真正地做到精准施策。创新是发展的第一动力，应该在保护"绿水青山"的基础上谈创新，充分发挥绿色和创新的协同作用。企业作为绿色创新的市场主体，在推动整个社会绿色创新水平提高的过程中发挥着不容忽视的作用。根据"波特假说"可知，只有灵活、适宜的环境规制才能驱使企业进行绿色创新。当前，我国绿色创新的积极性与动力不足，为了避免我国陷入"创新锁定"的状态，我国应该充分利用技术创新的溢出效应，在环境政策上给予企业和地方最大的灵活性。企业在进行投资决策时会衡量创新收益与规制成本，当"创新补偿"效应大于"遵循成本"效应时，即在环境规制政策下，企业进行绿色创新所带来的收益与利润高于企业进行绿色转型的研发投入成本，企业就会主动进行环境保护。随着地区经济的快速发展，环境压力使得传统的"先污染，后治理"发展方式不适于当前地区绿色发展要求，政府则会进一步对企业采取更加严格的环境规制，促使企业进行技术创新，采用清洁能源以及技术替代污染排放较大的生产资料，不仅能减少污染排放，而且能提高企业生产效率，提高企业在市场中的竞争力。同时，企业由于进行环境规制使得额外成本增加，挤占产品研发投入和创新技术投入。为了继续追求利润最大化，企业则会倾向于选择廉价但生产效率低的生产要素来代替价格高昂而生产率高的生产要素，造成"创新补偿"效应小于"遵循成本"效应，即企业进行技术改进所带来的利润小于其投入的成本，企业就会逃避环境政策。由此可见，不适宜的环境规制会导致企业因为进行创新使得成本增加、利益受损，而转身采用高能耗、高污染的生产要素，最终将会造成"公地悲剧"以及"市场失灵"，绿色创新效应失效。因此，各级政府运用环境规制工具时应引入市场机制，利用市场化手段改善生态环境问题，由政策的制定者转变为政策的引导者，引导企业进行绿色技术创新，抢占先进高新技术制高点。采取协同治理政策，发挥非营利组织的作用建立污染物主体协商机制。同时做好各地区环境政策部门评估审计，避免由于政府任期前后工作对接出现脱节现象，根据各地区地理位置、经济发展水平等差异制定差异化生产与排污标准。

二、发挥带动作用，促进均衡发展

目前我国城市绿色创新存在不均衡发展，即发达地区更发达、落后地区更落后，重点城市与省会城市发展更快、其他城市发展更慢的现象，作为国土面积、人口数量均处于世界前列的发展中大国，均衡发展属于我国的发展重点。我国已经出台了一系列相关政策促进各地区均衡发展，如优化生育政策促进人口长期均衡发展、推进义务教育均衡发展、加大对中西部地区的政策支持以促进区域协调发展等，但针对绿色创新的均衡发展，相关针对性政策较少。中央政府及地方政府在制定相关环境规制政策时，需考虑到各地区的绿色创新发展水平、空间溢出水平，发挥先进地区带头作用。在正式环境规制方面，中央政府在制定相关政策时需考虑到先进地区与落后地区的差异，制定帮扶政策，将先进地区的经验推广至其他各地区，使先进地区的空间溢出效应不仅局限于周边地区，扩大其带动作用；落后地区各级政府在制定相关政策时，可以通过实地考察等方式汲取先进地区经验，优化本地区正式环境规制相关政策，使之在符合本地区实际情况的基础上更具创新性及先进性，加快本地区绿色创新发展速度。因为仅依靠市场这只"无形的手"调控，难以真实有效地推进社会整体绿色创新发展，所以需要借助政府这只"有形的手"帮扶企业推进绿色创新活动，给予落后地区政策优惠与创新补贴，推动优势地区形成本地区在绿色创新技术领域的核心竞争力与核心优势，通过区域间的良性互动、优势互补、打破区域之间的市场与体制壁垒，促成由点带面的绿色创新协同发展局面。在非正式环境规制方面，考虑市场需求对于生产型企业来说具有引导作用，因此需要设法提高社会公众等非正式环境规制主体提高环保意识，增强其环保理念，完善公众与环保 NGO 主体参与到环境保护的法律政策，通过绿色消费宣传引导社会公众转变消费观念，提高消费能力，增强社会公众对绿色产品的需求，实现从需求侧带动企业绿色创新发展。另外，交通条件、经济发展水平、外商投资水平、社会舆论、公众环保意识、资金人才链的完善性等都属于非正式环境规制的一部分，因此，各地在通过非正式环境规制促进绿色创新水平时，需全面考虑、发展各方面因素，如完善交通设施建设、利用政策优惠吸引国内外投资、构建高质量高等教育体系、完善人才引进机制，弥补"人口红利"消失的缺口，从各方面提升硬件、软件水平，提高社会公众整体素质，充分利用非正式环境规制的辅助作用，更好地促进绿色创新发展。

三、"三位一体"协调发展绿色创新

影响绿色创新水平的因素众多，涉及经济发展、地域差异、人才素质等多方面。因此，绿色创新的发展不能仅靠单个主体的努力，需要各方协同努力，共同发展。本书以"协调"的新发展理念为政策选择原则，充分发挥政府的主导作用、企业的主体作用、市场的导向作用，提出基于环境规制的政府、企业、市场"三位一体"绿色创新协调政策。首先，政府在发挥主导作用时，要结合上述两点建议，同时考虑因地制宜及均衡发展，通过制定合适的环境规制政策对企业发挥指导作用。通过政府独有手段，如财税金融、政府采购、强制执行力等对企业进行激励和监督，同时对积极进行绿色创新的企业给予绿色创新相关优惠政策、补助等，增强企业绿色创新积极性，使各企业"你追我赶"，形成良性竞争。中央政府应该赋予地方政府与地方环保部门在环境规制上更多的独立性、自主性和行政权力，简化环境规制实施中流程与手续，同时打击各类腐败问题，降低地方政府寻租空间。其次，企业作为绿色创新的主体，是绿色创新水平发展中的重要一环。企业要将绿色创新作为长久发展的核心动力，而不仅仅是完成政府的强制性任务。为了更好地提升绿色创新水平，企业一要加大研发投入、硬件投入，包括资金投入、人才投入等，同时引进先进技术、设备，为绿色创新做好基础。二要在企业范围内营造创新气氛，培养员工绿色创新意识，既能提高绿色创新研发的积极性，又能通过集体意识监督企业的绿色创新活动。三要加强企业间的联系，相互学习新技术、新方法，使绿色创新的知识外溢性得到发挥，带动行业内整体的绿色创新水平进步。最后，市场作为"无形之手"，通过价格机制，解决市场中产品的供求匹配问题，淘汰落后、过剩产能，能够通过供需关系来引导企业的生产方式。各级政府需要利用正式环境规制与非正式环境规制对市场偏好进行指导，使包含绿色创新的产品、服务成为市场主导，以此促使企业产生提高绿色创新水平的动力。

附　录

城市绿色创新

附表 1

地区	2005 年	2006 年	2007 年	2008 年	2009 年	2010 年	2011 年	2012 年	2013 年	2014 年	2015 年	2016 年	2017 年	2018 年	2019 年	2020 年
北京	0.9889	0.9991	0.9888	0.9987	0.9856	0.9862	0.9799	0.9662	0.9761	0.9904	0.9549	0.9868	0.9977	0.9992	0.9955	0.9919
天津	0.8220	0.8414	0.8175	0.8698	0.8587	0.8297	0.9876	0.8202	0.7948	0.8418	0.7981	0.8369	0.9965	0.9884	0.9957	0.9935
石家庄	0.8914	0.8938	0.8762	0.8912	0.8930	0.8935	0.9850	0.8885	0.9073	0.9682	0.9023	0.9184	0.9720	0.9817	0.9906	0.9996
唐山	0.7371	0.7618	0.7326	0.7655	0.7754	0.7757	0.9677	0.7532	0.7635	0.8161	0.7552	0.7876	0.9573	0.9779	0.9967	0.9773
秦皇岛	0.7027	0.7144	0.6863	0.7277	0.7309	0.7384	0.9923	0.7026	0.7184	0.7677	0.7449	0.8057	0.9288	0.9127	0.9203	0.9278
邯郸	0.6908	0.6925	0.6714	0.7072	0.6876	0.7036	0.9501	0.7002	0.7169	0.7692	0.7578	0.8169	0.9224	0.9463	0.9509	0.9556
邢台	0.5694	0.5973	0.5451	0.5862	0.5718	0.6051	0.9688	0.6748	0.6817	0.7591	0.7252	0.7833	0.9291	0.9567	0.9661	0.9756
保定	0.6790	0.7035	0.6963	0.7364	0.7346	0.7735	0.9960	0.7770	0.7957	0.8598	0.7756	0.8053	0.9580	0.9713	0.9982	0.9758
张家口	0.4652	0.4704	0.5095	0.5808	0.5708	0.5749	0.9520	0.5294	0.5760	0.6568	0.6035	0.6561	0.8396	0.8402	0.8396	0.8389
承德	0.5314	0.5739	0.5552	0.6008	0.5380	0.5469	0.9888	0.5214	0.5280	0.5929	0.5510	0.6010	0.8244	0.8377	0.8189	0.8001
沧州	0.5487	0.6075	0.6154	0.6439	0.6495	0.7026	0.9625	0.6781	0.6778	0.7243	0.6706	0.7217	0.9274	0.9613	0.9729	0.9844
廊坊	0.5647	0.5880	0.5868	0.6248	0.6622	0.6626	0.9746	0.6645	0.6829	0.7654	0.7191	0.7731	0.9360	0.9315	0.9939	0.9538
衡水	0.5797	0.6320	0.6270	0.6723	0.6666	0.6841	0.9204	0.6503	0.6568	0.7302	0.6543	0.7026	0.8445	0.8857	0.9132	0.8811
太原	0.8011	0.8026	0.7911	0.8229	0.8249	0.8259	0.9993	0.7890	0.8027	0.8448	0.7850	0.8136	0.9587	0.9569	0.9986	0.9714

续表

地区	2005年	2006年	2007年	2008年	2009年	2010年	2011年	2012年	2013年	2014年	2015年	2016年	2017年	2018年	2019年	2020年
大同	0.5258	0.5178	0.5325	0.6000	0.5824	0.6034	0.9654	0.5666	0.6046	0.6383	0.5852	0.6248	0.8272	0.8280	0.8057	0.8203
阳泉	0.4262	0.4441	0.4580	0.4880	0.5490	0.5771	0.6622	0.5223	0.5591	0.5448	0.5046	0.5645	0.7579	0.7190	0.6344	0.7038
长治	0.4687	0.4873	0.4916	0.5703	0.6208	0.6516	0.9678	0.6424	0.6535	0.6959	0.6024	0.6179	0.8045	0.7834	0.8228	0.8623
晋城	0.4154	0.4351	0.4236	0.5210	0.5895	0.5991	0.9878	0.6163	0.6036	0.6351	0.5717	0.6080	0.7674	0.7696	0.7490	0.7284
朔州	0.2346	0.2514	0.2788	0.4053	0.4617	0.4626	0.8383	0.4770	0.5046	0.5655	0.4502	0.3541	0.5752	0.5889	0.6212	0.6536
晋中	0.4816	0.5347	0.5076	0.5762	0.5894	0.5873	0.9682	0.5918	0.6015	0.6469	0.5923	0.6308	0.8396	0.8233	0.8302	0.8370
运城	0.4278	0.5100	0.4110	0.5106	0.5396	0.5660	0.9703	0.6227	0.6229	0.6984	0.6284	0.6627	0.8497	0.8486	0.8261	0.8037
忻州	0.3501	0.3932	0.3168	0.4456	0.4476	0.5261	0.9863	0.5287	0.5587	0.6130	0.5362	0.5637	0.7494	0.7407	0.7047	0.6688
临汾	0.4285	0.4509	0.4059	0.5171	0.5183	0.5517	0.9761	0.5887	0.5984	0.6652	0.5903	0.6320	0.8359	0.7977	0.7543	0.7110
吕梁	0.3121	0.2521	0.3678	0.3624	0.3788	0.3941	0.8585	0.5021	0.5067	0.5350	0.5034	0.5409	0.7724	0.7576	0.7699	0.7821
呼和浩特	0.7121	0.6907	0.7098	0.7245	0.7245	0.6967	0.9859	0.6680	0.6830	0.7440	0.6776	0.7303	0.8997	0.8683	0.7688	0.8456
包头	0.5994	0.6381	0.6376	0.6739	0.6775	0.6913	0.9500	0.6643	0.6716	0.7472	0.6849	0.7247	0.8807	0.8165	0.6475	0.7816
乌海	0.3326	0.3452	0.4098	0.4130	0.3091	0.3993	0.6502	0.4141	0.3961	0.4554	0.4309	0.4526	0.6272	0.6596	0.5994	0.6288
赤峰	0.5779	0.5859	0.5977	0.6207	0.5888	0.5953	0.9389	0.5617	0.5682	0.6356	0.5569	0.5745	0.7729	0.7853	0.7751	0.7777
通辽	0.4860	0.5081	0.4935	0.5596	0.5416	0.5537	0.8937	0.5117	0.5306	0.5820	0.5494	0.5906	0.4854	0.6947	0.4550	0.5450
鄂尔多斯	0.4171	0.4710	0.5091	0.5157	0.5526	0.5984	0.9883	0.5411	0.6081	0.6427	0.5840	0.6158	0.8324	0.8516	0.8413	0.8309
呼伦贝尔	0.2529	0.3568	0.3382	0.4335	0.4149	0.4439	0.7852	0.4144	0.4348	0.4975	0.4828	0.5027	0.7256	0.6699	0.6449	0.6199

续表

地区	2005年	2006年	2007年	2008年	2009年	2010年	2011年	2012年	2013年	2014年	2015年	2016年	2017年	2018年	2019年	2020年
巴彦淖尔	0.2775	0.4316	0.3904	0.4303	0.4312	0.4561	0.7374	0.4279	0.4407	0.4992	0.4607	0.4937	0.6965	0.7388	0.3463	0.5425
乌兰察布	0.2585	0.2485	0.2054	0.2836	0.2925	0.3443	0.6196	0.3774	0.3970	0.4251	0.4485	0.4948	0.4593	0.5877	0.3323	0.4598
沈阳	0.9638	0.9453	0.9201	0.9367	0.9214	0.9240	0.9990	0.8913	0.8893	0.9027	0.8675	0.8876	0.9750	0.9814	0.9931	0.9831
大连	0.8931	0.9172	0.9205	0.9446	0.9396	0.9464	0.9962	0.9091	0.8980	0.8868	0.8412	0.8636	0.9697	0.9785	0.9929	0.9804
鞍山	0.7638	0.7941	0.7822	0.8255	0.8398	0.8375	0.9896	0.8418	0.8733	0.8827	0.8372	0.8490	0.8986	0.9986	0.8750	0.9241
抚顺	0.5944	0.6327	0.5707	0.6257	0.6424	0.6255	0.9896	0.5887	0.6270	0.6610	0.5748	0.5971	0.7568	0.7521	0.9861	0.8317
本溪	0.5472	0.6185	0.5369	0.6182	0.5844	0.5864	0.9940	0.5850	0.5368	0.5401	0.5035	0.5317	0.7483	0.6855	0.6591	0.6976
丹东	0.5887	0.5972	0.5898	0.6313	0.6407	0.6215	0.8918	0.5812	0.5992	0.6629	0.5992	0.6433	0.8022	0.7991	0.7350	0.7788
锦州	0.6456	0.6573	0.6330	0.6669	0.6725	0.6548	0.9686	0.5897	0.6060	0.6865	0.6350	0.6829	0.8579	0.8454	0.8351	0.8249
营口	0.6099	0.6141	0.5630	0.6109	0.6178	0.6454	0.9950	0.5979	0.6083	0.6570	0.5780	0.6039	0.7822	0.7424	0.7399	0.7373
阜新	0.5899	0.6135	0.4615	0.6310	0.5558	0.4807	0.9957	0.5848	0.5911	0.6234	0.5344	0.5315	0.7132	0.6319	0.6645	0.6971
辽阳	0.5697	0.6324	0.6583	0.5729	0.5841	0.6450	0.9136	0.5514	0.5677	0.6071	0.5367	0.5587	0.7601	0.7684	0.7295	0.6906
盘锦	0.7346	0.6926	0.7384	0.7982	0.6484	0.7338	0.7007	0.5666	0.5983	0.6838	0.5969	0.6313	0.7897	0.7728	0.7512	0.7296
铁岭	0.5392	0.5170	0.4824	0.5584	0.5534	0.6032	0.9629	0.5913	0.5868	0.6398	0.5528	0.5707	0.7580	0.7169	0.7332	0.7496
朝阳	0.5111	0.4973	0.4815	0.5114	0.4630	0.5549	0.9290	0.4952	0.5382	0.5772	0.5209	0.5505	0.7293	0.7177	0.7032	0.6887
葫芦岛	0.5591	0.5763	0.5534	0.5915	0.5769	0.5667	0.9972	0.5267	0.5474	0.5981	0.5442	0.5768	0.3491	0.7870	0.6861	0.5852
长春	0.8850	0.8781	0.8571	0.8850	0.8629	0.8713	0.9946	0.8379	0.8353	0.8744	0.8273	0.8511	0.9674	0.9768	0.9942	0.9795

续表

地区	2005年	2006年	2007年	2008年	2009年	2010年	2011年	2012年	2013年	2014年	2015年	2016年	2017年	2018年	2019年	2020年
吉林	0.6890	0.7039	0.6738	0.7217	0.6925	0.7008	0.9884	0.6543	0.6517	0.7197	0.6673	0.7178	0.8576	0.8368	0.8195	0.8022
四平	0.5752	0.5403	0.5136	0.5668	0.5140	0.5346	0.9306	0.5040	0.5158	0.5814	0.4962	0.4993	0.7350	0.7362	0.6573	0.7095
辽源	0.3860	0.3982	0.3731	0.3891	0.3893	0.3724	0.5432	0.3858	0.3890	0.4581	0.4039	0.3861	0.5843	0.5921	0.5444	0.5736
通化	0.5334	0.5122	0.4643	0.4917	0.4820	0.5188	0.8808	0.4931	0.5294	0.5378	0.5054	0.5107	0.7046	0.7060	0.6919	0.7008
白山	0.4944	0.5056	0.5084	0.5725	0.5257	0.5301	0.7559	0.4829	0.4919	0.5469	0.4536	0.4560	0.5972	0.5323	0.4689	0.5328
松原	0.5337	0.5749	0.4821	0.5599	0.5397	0.4457	0.8281	0.4878	0.4408	0.4700	0.4651	0.5112	0.6099	0.5472	0.6065	0.5878
白城	0.2795	0.3644	0.3637	0.4117	0.3463	0.3980	0.5149	0.4047	0.3930	0.4690	0.4176	0.4292	0.6437	0.6658	0.6403	0.6499
哈尔滨	0.9083	0.9133	0.8953	0.9115	0.8921	0.8906	0.9994	0.9381	0.9429	0.9427	0.9114	0.9264	0.9676	0.9823	0.9951	0.9817
齐齐哈尔	0.6031	0.6367	0.6178	0.6966	0.6630	0.6448	0.7230	0.6853	0.6939	0.7371	0.6533	0.6660	0.7196	0.7869	0.7144	0.7403
鸡西	0.4532	0.4486	0.4326	0.4659	0.4538	0.4230	0.7501	0.5840	0.5278	0.5835	0.4446	0.5080	0.6797	0.6475	0.5836	0.6369
鹤岗	0.4272	0.4196	0.4118	0.4985	0.4193	0.4420	0.6633	0.5476	0.5434	0.4173	0.3854	0.4240	0.4834	0.5856	0.4869	0.5186
双鸭山	0.4503	0.4229	0.3523	0.4707	0.3374	0.3856	0.8520	0.6246	0.5754	0.5628	0.4896	0.4655	0.1815	0.2785	0.2777	0.2459
大庆	0.9559	0.5613	0.7585	0.7822	0.7665	0.7482	0.9954	0.7931	0.7758	0.8530	0.5073	0.7225	0.6828	0.8484	0.8732	0.8980
伊春	0.4433	0.5057	0.4910	0.4844	0.4674	0.4607	0.6461	0.5312	0.5418	0.5261	0.4967	0.5304	0.5478	0.5531	0.5555	0.5578
佳木斯	0.5284	0.5883	0.5303	0.6439	0.5984	0.5851	0.8021	0.6222	0.6048	0.5417	0.5599	0.5905	0.6905	0.6683	0.7050	0.7417
七台河	0.4070	0.4050	0.3718	0.4333	0.3495	0.3618	0.5358	0.4244	0.3855	0.4458	0.3686	0.3678	0.5517	0.5569	0.5442	0.5315
牡丹江	0.5858	0.6397	0.6343	0.6486	0.6064	0.6191	0.8579	0.6950	0.7008	0.6788	0.5587	0.5603	0.7639	0.7469	0.7097	0.6725

续表

地区	2005 年	2006 年	2007 年	2008 年	2009 年	2010 年	2011 年	2012 年	2013 年	2014 年	2015 年	2016 年	2017 年	2018 年	2019 年	2020 年
黑河	0.2717	0.1898	0.2965	0.2234	0.3209	0.2405	0.6065	0.5559	0.5763	0.5588	0.3614	0.3853	0.5878	0.5272	0.4903	0.4534
绥化	0.4619	0.4794	0.4456	0.4865	0.4782	0.4352	0.4573	0.5037	0.5085	0.4895	0.4419	0.5130	0.7334	0.5947	0.5933	0.5919
上海	0.9483	0.9574	0.9413	0.9757	0.9767	0.9628	0.9987	0.9597	0.9349	0.9520	0.9533	0.9708	0.9989	0.9927	0.9976	0.9964
南京	0.9567	0.9605	0.9545	0.9829	0.9804	0.9852	0.9997	0.9827	0.9765	0.9896	0.9827	0.9870	0.9991	0.9959	0.9997	0.9982
无锡	0.9161	0.9169	0.9277	0.9562	0.9717	0.9391	0.9472	0.8729	0.8626	0.9967	0.9251	0.9252	0.9990	0.9987	0.9874	0.9761
徐州	0.7653	0.8088	0.7862	0.8220	0.8137	0.8542	0.9933	0.9291	0.9284	0.9281	0.8702	0.8704	0.9772	0.9782	0.9905	0.9820
常州	0.3587	0.3708	0.3351	0.4598	0.5190	0.5768	0.9583	0.5961	0.5933	0.6105	0.5680	0.6052	0.9872	0.9918	0.9882	0.9845
苏州	0.8852	0.9123	0.9091	0.9615	0.9922	0.9882	0.7865	0.7603	0.6885	0.9488	0.8042	0.7946	0.9885	0.9698	0.9844	0.9990
南通	0.7207	0.7809	0.8514	0.8656	0.9211	0.9749	0.9674	0.8895	0.9479	0.9471	0.9922	0.9465	0.9892	0.9904	0.9997	0.9931
连云港	0.6158	0.6314	0.6140	0.6613	0.7538	0.7385	0.9816	0.8211	0.8202	0.8879	0.8097	0.8123	0.9623	0.9667	0.9743	0.9819
淮安	0.6963	0.7117	0.6899	0.7549	0.8066	0.7918	0.9667	0.8164	0.8893	0.9177	0.8973	0.9186	0.9615	0.9717	0.9989	0.9774
盐城	0.6074	0.6719	0.6771	0.7466	0.7637	0.7463	0.9441	0.8263	0.8409	0.8500	0.8449	0.8872	0.9714	0.9836	0.9993	0.9847
扬州	0.7971	0.8246	0.7959	0.8290	0.8435	0.8558	0.9810	0.9081	0.9447	0.9596	0.9230	0.9371	0.9810	0.9900	0.9965	0.9892
镇江	0.6687	0.7220	0.7625	0.8256	0.8582	0.8728	0.9926	0.9228	0.9179	0.9863	0.9207	0.9282	0.9819	0.9803	0.9986	0.9869
泰州	0.6397	0.6204	0.6915	0.7262	0.7715	0.7839	0.9813	0.8795	0.9118	0.9544	0.9043	0.9292	0.9688	0.9814	0.9984	0.9829
宿迁	0.4250	0.5376	0.5076	0.5994	0.6302	0.6627	0.8300	0.7321	0.8238	0.8336	0.7935	0.8312	0.9457	0.9706	0.9969	0.9711
杭州	0.9962	0.9920	0.9909	0.9827	0.9634	0.9330	0.9508	0.8954	0.8652	0.9612	0.8782	0.8620	1.0000	0.9917	0.9973	0.9963

续表

地区	2005年	2006年	2007年	2008年	2009年	2010年	2011年	2012年	2013年	2014年	2015年	2016年	2017年	2018年	2019年	2020年
宁波	0.9222	0.9429	0.9638	0.9931	0.9946	0.9633	0.9456	0.8625	0.8597	0.9988	0.8760	0.8958	0.9972	0.9956	0.9986	0.9971
温州	0.9124	0.9032	0.9132	0.9226	0.9029	0.9242	0.9895	0.9593	0.9789	0.9961	0.9894	0.9739	0.9993	0.9985	0.9301	0.8617
嘉兴	0.6596	0.7236	0.7367	0.8148	0.8474	0.8754	0.9899	0.9322	0.9591	1.0000	0.9415	0.9369	0.9901	0.9918	0.9945	0.9973
湖州	0.6500	0.6895	0.7004	0.7826	0.8496	0.8875	0.9852	0.9322	0.9249	0.9965	0.9338	0.9474	0.9793	0.9868	0.9912	0.9956
绍兴	0.6011	0.8115	0.9050	0.9995	0.9956	0.9195	0.9836	0.8982	0.9302	0.9585	0.9987	0.9382	0.9979	0.9992	0.9869	0.9745
金华	0.7156	0.7024	0.7028	0.7676	0.7955	0.8335	0.9818	0.9508	0.9244	0.9354	0.9029	0.9113	0.9884	0.9903	0.9845	0.9787
衢州	0.4363	0.5382	0.5985	0.6727	0.7270	0.7058	0.9787	0.7722	0.7972	0.8036	0.7621	0.8007	0.9478	0.9692	0.9696	0.9699
舟山	0.4562	0.5467	0.5419	0.5953	0.5857	0.6204	0.8162	0.6417	0.7071	0.7788	0.7128	0.7382	0.8345	0.8520	0.8588	0.8657
台州	0.8771	0.9435	0.9420	0.9515	0.9669	0.9668	0.9931	0.9560	0.9549	0.9870	0.9558	0.9476	0.9888	0.9918	0.9860	0.9801
丽水	0.5434	0.6111	0.6104	0.6567	0.6580	0.6985	0.9128	0.7731	0.8147	0.8290	0.7684	0.7954	0.9512	0.9660	0.9989	0.9721
合肥	0.7898	0.7872	0.7976	0.8330	0.8641	0.8727	0.9977	0.9228	0.9435	0.9619	0.9479	0.9296	0.9862	0.9938	0.9985	0.9928
芜湖	0.6149	0.6264	0.7373	0.8002	0.8571	0.8620	0.9492	0.9217	0.9279	0.9206	0.8584	0.8600	0.9661	0.9768	0.9938	0.9789
蚌埠	0.5787	0.5929	0.5910	0.6092	0.6554	0.6982	0.8800	0.7785	0.8047	0.8270	0.7360	0.7490	0.8713	0.8868	0.9347	0.9825
淮南	0.5031	0.5645	0.5281	0.6406	0.6706	0.7133	0.9948	0.7480	0.7349	0.7891	0.7180	0.7564	0.9105	0.8943	0.8725	0.8506
马鞍山	0.5793	0.6286	0.5796	0.6464	0.6754	0.7069	0.9992	0.7507	0.8201	0.8268	0.7837	0.8216	0.9503	0.9715	0.9786	0.9857
淮北	0.4342	0.4791	0.4504	0.5550	0.5613	0.5847	0.9537	0.6980	0.7206	0.7406	0.6299	0.6213	0.8287	0.8287	0.8083	0.7879
铜陵	0.4740	0.4696	0.4858	0.5550	0.6191	0.6893	0.9486	0.7158	0.7387	0.7415	0.6553	0.6666	0.8361	0.8546	0.8661	0.8775

续表

地区	2005 年	2006 年	2007 年	2008 年	2009 年	2010 年	2011 年	2012 年	2013 年	2014 年	2015 年	2016 年	2017 年	2018 年	2019 年	2020 年
安庆	0.5069	0.4902	0.5152	0.4900	0.5415	0.5944	0.8127	0.6084	0.6773	0.7940	0.7400	0.7868	0.8985	0.9172	0.9211	0.9250
黄山	0.3971	0.3854	0.4487	0.5255	0.5587	0.5739	0.6257	0.5755	0.6507	0.6911	0.5875	0.6366	0.7891	0.8001	0.7954	0.7908
滁州	0.4291	0.4078	0.4237	0.4975	0.5494	0.6405	0.8631	0.7179	0.7777	0.8132	0.7402	0.7610	0.9160	0.8960	0.9264	0.9568
阜阳	0.4975	0.5212	0.5235	0.5794	0.5469	0.5981	0.8572	0.6533	0.7267	0.7330	0.7105	0.7760	0.9026	0.9559	0.9783	1.0007
宿州	0.4675	0.4371	0.4640	0.4982	0.5086	0.5605	0.8613	0.5823	0.6363	0.7159	0.6642	0.7185	0.8200	0.8448	0.8481	0.8515
六安	0.3824	0.4372	0.4899	0.4670	0.4941	0.5397	0.7600	0.6785	0.7636	0.7835	0.7241	0.7485	0.8649	0.8428	0.9224	0.8767
亳州	0.3631	0.3814	0.3483	0.3263	0.4221	0.4883	0.7864	0.6098	0.6396	0.6893	0.6265	0.6777	0.8483	0.8654	0.8838	0.9021
池州	0.2504	0.3091	0.3178	0.3183	0.4268	0.5019	0.8214	0.6132	0.6617	0.7288	0.6549	0.6992	0.8670	0.8602	0.8571	0.8539
宣城	0.2616	0.2494	0.2653	0.3880	0.5115	0.5011	0.8622	0.7202	0.7542	0.6948	0.7084	0.7142	0.8826	0.7842	0.9153	0.8607
福州	0.8347	0.8542	0.8289	0.8697	0.8726	0.8841	0.9980	0.8842	0.8967	0.9181	0.9023	0.9255	0.9797	0.9883	0.9856	0.9846
厦门	0.9854	0.9875	0.9354	0.8801	0.9150	0.9473	0.9073	0.8818	0.8912	0.9210	0.8604	0.8622	0.9412	0.8864	0.9655	0.9310
莆田	0.5077	0.5405	0.5803	0.5959	0.6184	0.6393	0.7641	0.6524	0.6930	0.7890	0.6870	0.7059	0.8534	0.8890	0.9299	0.9707
三明	0.4432	0.5181	0.4940	0.5696	0.5646	0.5976	0.9520	0.6068	0.6378	0.7485	0.7301	0.7860	0.9184	0.9152	0.8806	0.8460
泉州	0.8033	0.8252	0.8023	0.8111	0.8226	0.8550	0.9868	0.9064	0.9534	0.9887	0.9860	0.9725	0.9986	0.9992	0.9016	0.8041
漳州	0.6465	0.6454	0.6593	0.6864	0.7320	0.7700	0.9311	0.7250	0.7833	0.8102	0.7528	0.7856	0.9542	0.9751	0.9944	0.9746
南平	0.5639	0.5206	0.5109	0.5012	0.5271	0.5678	0.8503	0.5902	0.6284	0.7199	0.6733	0.7256	0.8603	0.8579	0.8716	0.8853
龙岩	0.4484	0.5318	0.5366	0.5824	0.6213	0.6614	0.9071	0.6633	0.7107	0.7568	0.7206	0.7753	0.9308	0.9529	0.9564	0.9599

续表

地区	2005年	2006年	2007年	2008年	2009年	2010年	2011年	2012年	2013年	2014年	2015年	2016年	2017年	2018年	2019年	2020年
宁德	0.3537	0.4191	0.4154	0.4269	0.4608	0.5117	0.8031	0.6093	0.6675	0.7164	0.6566	0.7158	0.8897	0.8935	0.9165	0.9396
南昌	0.8576	0.8417	0.8072	0.8522	0.8614	0.8544	0.9753	0.8416	0.8651	0.9064	0.8671	0.8870	0.9672	0.9788	0.9963	0.9808
景德镇	0.4553	0.6158	0.5553	0.5944	0.6390	0.6235	0.8981	0.5902	0.5949	0.7199	0.6385	0.6852	0.6522	0.8601	0.7627	0.6653
萍乡	0.5657	0.5547	0.5423	0.5835	0.5883	0.6176	0.9869	0.5828	0.5804	0.6891	0.6517	0.7062	0.8861	0.8956	0.8673	0.8390
九江	0.4568	0.5452	0.5849	0.6402	0.6478	0.6780	0.9841	0.6724	0.6742	0.7756	0.7462	0.7980	0.9301	0.9707	0.9977	0.9662
新余	0.5025	0.5203	0.5175	0.5784	0.5959	0.6131	0.9997	0.6068	0.5790	0.7028	0.6876	0.7471	0.8352	0.8279	0.8136	0.7994
鹰潭	0.5297	0.5808	0.5188	0.5592	0.6182	0.5155	0.7581	0.5743	0.7109	0.7977	0.7734	0.7950	0.7809	0.8902	0.8584	0.8267
赣州	0.4530	0.4745	0.5186	0.5685	0.6223	0.6039	0.9763	0.6297	0.6616	0.7689	0.7500	0.8063	0.9611	0.9761	0.9912	0.9761
吉安	0.4537	0.5390	0.4837	0.5754	0.5934	0.6147	0.9423	0.6377	0.6573	0.7686	0.6875	0.7046	0.9213	0.9477	0.9676	0.9875
宜春	0.4642	0.4744	0.5078	0.5583	0.5873	0.5834	0.9917	0.6323	0.6387	0.7350	0.7081	0.7560	0.9189	0.9413	0.9775	0.9459
抚州	0.3319	0.3464	0.4174	0.5478	0.5951	0.6065	0.8178	0.5860	0.6183	0.7182	0.6723	0.7266	0.9072	0.9457	0.9854	0.9461
上饶	0.5644	0.5716	0.6745	0.6205	0.6242	0.4775	0.8918	0.5571	0.5397	0.6501	0.6599	0.7239	0.9090	0.9481	0.9762	0.9444
济南	0.9841	0.9907	0.9881	0.9968	0.9765	0.9728	0.9707	0.9522	0.9657	0.9997	0.9971	0.9866	0.9874	0.9887	0.9956	0.9906
青岛	0.9787	0.9900	0.9750	1.0000	0.9895	0.9880	0.9838	0.9444	0.8719	0.9956	0.9002	0.9819	0.9848	0.9797	0.9932	0.9859
淄博	0.8877	0.9218	0.8688	0.9040	0.9219	0.9150	0.9926	0.8944	0.8793	0.9033	0.8632	0.8830	0.9665	0.9752	0.9329	0.9582
枣庄	0.6794	0.7178	0.7341	0.7721	0.7886	0.7768	0.9981	0.7587	0.7495	0.8002	0.7432	0.7878	0.9009	0.9128	0.9318	0.9508
东营	0.8873	0.9178	0.9022	0.9100	0.8715	0.8282	0.9294	0.7971	0.8026	0.8426	0.7733	0.8000	0.9087	0.9305	0.9470	0.9634

续表

地区	2005年	2006年	2007年	2008年	2009年	2010年	2011年	2012年	2013年	2014年	2015年	2016年	2017年	2018年	2019年	2020年
烟台	0.8425	0.8586	0.8661	0.8916	0.9036	0.9030	0.9899	0.9050	0.8853	0.9112	0.8523	0.8595	0.9641	0.9731	0.9955	0.9776
潍坊	0.8570	0.8900	0.8835	0.9182	0.9010	0.8957	0.9868	0.9277	0.9321	0.9429	0.9246	0.9406	0.9759	0.9835	0.9892	0.9829
济宁	0.7808	0.8359	0.8737	0.8934	0.8810	0.8710	0.9865	0.8695	0.8558	0.8848	0.8396	0.8631	0.9655	0.9755	0.9952	0.9787
泰安	0.7726	0.7888	0.8042	0.8374	0.8373	0.8422	0.9938	0.8474	0.8072	0.8398	0.7787	0.8104	0.9309	0.9438	0.9567	0.9696
威海	0.7402	0.7925	0.7571	0.8233	0.8543	0.8470	0.9252	0.8221	0.8162	0.8622	0.8200	0.8546	0.9359	0.9538	0.9758	0.9979
日照	0.6578	0.7256	0.7612	0.7725	0.7771	0.8230	0.9862	0.7504	0.7334	0.7723	0.7342	0.7858	0.8739	0.8964	0.8952	0.8941
莱芜	0.6539	0.6957	0.7574	0.7976	0.8249	0.8218	0.6770	0.7504	0.7243	0.7835	0.7222	0.7557	0.7732	0.7736	0.7867	0.7998
临沂	0.8157	0.8584	0.8180	0.8707	0.8432	0.8440	0.9870	0.8046	0.8162	0.8596	0.8290	0.8648	0.9682	0.9765	0.9972	0.9806
德州	0.6733	0.7013	0.7410	0.7766	0.8009	0.7955	0.9782	0.7932	0.7826	0.8101	0.7584	0.7916	0.9310	0.9422	0.9704	0.9985
聊城	0.7039	0.7499	0.7557	0.7773	0.8022	0.7928	0.9821	0.7401	0.7542	0.8037	0.7521	0.7923	0.9318	0.9300	0.9460	0.9620
滨州	0.6472	0.6956	0.7192	0.7806	0.7691	0.8096	0.9949	0.8173	0.7935	0.8243	0.7764	0.8126	0.9258	0.9341	0.9340	0.9340
菏泽	0.6262	0.6663	0.6938	0.7573	0.7764	0.7800	0.9885	0.7700	0.7555	0.8166	0.7470	0.7727	0.9120	0.9536	0.9722	0.9909
郑州	0.9420	0.9640	0.9146	0.9546	0.9478	0.9607	0.9996	0.9794	0.9827	0.9940	0.9722	0.9673	0.9933	0.9964	0.9991	0.9963
开封	0.5804	0.6082	0.5849	0.6227	0.6590	0.6755	0.9567	0.6210	0.6348	0.7129	0.6494	0.6883	0.8145	0.8297	0.8482	0.8667
洛阳	0.8472	0.8532	0.8378	0.8978	0.8859	0.8902	0.9963	0.8817	0.8900	0.9500	0.8524	0.8328	0.9597	0.9731	0.9966	0.9765
平顶山	0.5823	0.6564	0.5782	0.7308	0.7433	0.7389	0.9922	0.7309	0.7094	0.8160	0.7181	0.7130	0.8830	0.8992	0.8946	0.8900
安阳	0.6893	0.7122	0.6539	0.7410	0.7379	0.7581	0.9949	0.7406	0.7291	0.7659	0.6917	0.7134	0.8756	0.8850	0.9042	0.9234

地区	2005年	2006年	2007年	2008年	2009年	2010年	2011年	2012年	2013年	2014年	2015年	2016年	2017年	2018年	2019年	2020年
鹤壁	0.5560	0.5700	0.5561	0.6176	0.6206	0.6259	0.9354	0.5879	0.5844	0.6414	0.5605	0.5901	0.7580	0.7783	0.7741	0.7699
新乡	0.7840	0.7709	0.7534	0.8104	0.7977	0.7954	0.9992	0.7760	0.7966	0.8479	0.8345	0.8769	0.9418	0.9670	0.9988	0.9692
焦作	0.6527	0.7009	0.6552	0.7240	0.7336	0.7657	0.9972	0.7469	0.7607	0.8055	0.7277	0.7512	0.9098	0.9243	0.9451	0.9660
濮阳	0.6574	0.6671	0.6635	0.6891	0.6959	0.7385	0.8738	0.6461	0.6497	0.7229	0.6450	0.6751	0.7930	0.7981	0.8029	0.8077
许昌	0.5711	0.5989	0.5574	0.6855	0.6955	0.7112	0.9732	0.7236	0.7471	0.8178	0.7698	0.8063	0.9464	0.9639	0.9834	0.9646
漯河	0.5417	0.6270	0.5811	0.6511	0.6394	0.5819	0.7750	0.5693	0.5816	0.6742	0.6059	0.5907	0.7705	0.7910	0.7452	0.6993
三门峡	0.5632	0.6242	0.5270	0.6080	0.6706	0.7174	0.9940	0.6789	0.6833	0.7224	0.6386	0.6653	0.7657	0.7678	0.7550	0.7423
南阳	0.7437	0.7721	0.7413	0.7861	0.7778	0.7823	0.9966	0.7320	0.7496	0.8060	0.7750	0.8200	0.9194	0.9505	0.9835	0.9511
商丘	0.5695	0.5627	0.5578	0.6323	0.6485	0.6704	0.9264	0.6266	0.6385	0.7006	0.6228	0.6505	0.8698	0.8857	0.8874	0.8891
信阳	0.4637	0.5025	0.5290	0.5598	0.5781	0.6166	0.9154	0.5981	0.6096	0.6757	0.6166	0.6586	0.8558	0.8528	0.8685	0.8843
周口	0.4326	0.4439	0.4676	0.5193	0.5739	0.5709	0.8425	0.5941	0.5899	0.6606	0.6182	0.6682	0.8180	0.8315	0.8657	0.8998
驻马店	0.5609	0.5581	0.5058	0.5497	0.5847	0.6312	0.9099	0.5816	0.6223	0.6839	0.6468	0.7003	0.8281	0.8682	0.8951	0.9220
武汉	0.9760	0.9816	0.9757	0.9768	0.9606	0.9579	0.9676	0.9405	0.9374	0.9726	0.9492	0.9954	0.9980	0.9971	0.9976	0.9982
黄石	0.6495	0.7027	0.4906	0.6011	0.5911	0.7501	0.9940	0.7389	0.7311	0.7811	0.6944	0.7212	0.8699	0.9070	0.9136	0.9202
十堰	0.6743	0.6772	0.6279	0.7097	0.7349	0.6830	0.8742	0.6718	0.6952	0.7525	0.6771	0.7142	0.8562	0.8527	0.8904	0.9281
宜昌	0.7376	0.7827	0.7505	0.8128	0.8195	0.7978	0.9981	0.8208	0.7980	0.8540	0.7914	0.8117	0.9570	0.9714	0.9979	0.9754
襄樊	0.1899	0.1897	0.1863	0.1858	0.2433	0.3661	0.9974	0.6623	0.6487	0.7467	0.6259	0.6015	0.9074	0.9383	0.9507	0.9631

续表

地区	2005 年	2006 年	2007 年	2008 年	2009 年	2010 年	2011 年	2012 年	2013 年	2014 年	2015 年	2016 年	2017 年	2018 年	2019 年	2020 年
鄂州	0.5486	0.5673	0.5356	0.6124	0.5963	0.5134	0.8747	0.5450	0.5826	0.6645	0.5487	0.5179	0.7541	0.7543	0.7495	0.7447
荆门	0.5667	0.6522	0.6218	0.6291	0.6338	0.6448	0.9436	0.6549	0.6706	0.7418	0.6766	0.7139	0.8567	0.8806	0.8997	0.9188
孝感	0.4929	0.5612	0.5266	0.6217	0.6481	0.6874	0.9605	0.6709	0.6908	0.7526	0.7097	0.7611	0.8898	0.9135	0.9220	0.9305
荆州	0.6529	0.6409	0.5474	0.7131	0.7069	0.6877	0.9905	0.6732	0.6809	0.7489	0.7084	0.7526	0.8859	0.9148	0.9376	0.9605
黄冈	0.3884	0.5083	0.5370	0.5397	0.6044	0.6249	0.8694	0.6329	0.6579	0.7390	0.6613	0.6915	0.8531	0.8724	0.8977	0.9231
咸宁	0.3647	0.5260	0.5245	0.6073	0.4809	0.5409	0.8086	0.5557	0.5864	0.6825	0.6351	0.6853	0.8466	0.8602	0.8705	0.8808
随州	0.4055	0.4936	0.4367	0.5238	0.5597	0.5546	0.6778	0.5486	0.5659	0.6346	0.5537	0.5481	0.6715	0.6823	0.7515	0.8208
长沙	0.9962	0.9989	0.9576	0.9828	0.9784	0.9889	0.9928	0.9714	0.9936	0.9769	0.9659	0.9235	0.9663	0.9722	0.9896	0.9760
株洲	0.7972	0.8007	0.7911	0.8154	0.8182	0.8177	0.9628	0.8037	0.8238	0.8623	0.7950	0.7930	0.9388	0.9588	0.9800	0.9592
湘潭	0.7419	0.7778	0.7208	0.7825	0.7862	0.7980	0.9972	0.7939	0.7659	0.8188	0.7402	0.7645	0.9082	0.9166	0.7981	0.6795
衡阳	0.6608	0.6767	0.6539	0.6764	0.7423	0.7388	0.9925	0.7368	0.7444	0.8046	0.7298	0.7586	0.9192	0.9235	0.9275	0.9315
邵阳	0.5409	0.5937	0.5961	0.6128	0.5961	0.6020	0.8236	0.6019	0.6279	0.7258	0.6639	0.7173	0.8765	0.8939	0.9425	0.9911
岳阳	0.6953	0.6721	0.6538	0.7076	0.7224	0.7387	0.9998	0.7111	0.7028	0.7656	0.6914	0.7241	0.8849	0.8844	0.8919	0.8994
常德	0.6649	0.6955	0.6513	0.7067	0.7050	0.7437	0.9914	0.7152	0.7160	0.7698	0.6723	0.6915	0.8692	0.8785	0.8794	0.8803
张家界	0.4660	0.4168	0.3825	0.5097	0.4518	0.4596	0.5853	0.4183	0.4359	0.5569	0.4761	0.4887	0.8712	0.8898	0.6040	0.7883
益阳	0.5219	0.5914	0.5870	0.6564	0.6525	0.6825	0.9966	0.6838	0.6752	0.7459	0.6837	0.7274	0.8595	0.8740	0.9014	0.9289
郴州	0.5622	0.6215	0.5944	0.6273	0.6556	0.6522	0.9671	0.6822	0.6627	0.7396	0.6571	0.6843	0.8487	0.8550	0.8679	0.8807

地区	2005年	2006年	2007年	2008年	2009年	2010年	2011年	2012年	2013年	2014年	2015年	2016年	2017年	2018年	2019年	2020年
永州	0.5440	0.5833	0.5390	0.5641	0.6134	0.6385	0.8811	0.6308	0.6559	0.7303	0.6405	0.6621	0.8371	0.8418	0.8456	0.8495
怀化	0.5116	0.5609	0.5126	0.5320	0.5554	0.5402	0.9143	0.5661	0.5660	0.6775	0.6002	0.6336	0.8130	0.8193	0.8459	0.8725
娄底	0.5943	0.6355	0.5324	0.6362	0.6241	0.6241	0.9979	0.6574	0.6574	0.7335	0.6563	0.7057	0.8517	0.8647	0.8557	0.8466
广州	0.9843	0.9663	0.9773	0.9894	0.9735	0.9503	0.9625	0.9093	0.9215	0.9952	0.8782	0.8962	0.9962	0.9891	0.9987	0.9946
韶关	0.7046	0.7284	0.6689	0.6844	0.6940	0.7106	0.9596	0.7232	0.7256	0.7942	0.7266	0.7660	0.8831	0.9375	0.9275	0.9175
深圳	0.9999	0.9992	0.9987	0.9954	0.9885	0.9867	0.9865	0.9837	0.9838	0.9643	0.9819	0.9989	0.9947	0.9948	0.9844	0.9739
珠海	0.9389	0.9176	0.8827	0.9065	0.8902	0.8949	0.9658	0.9104	0.9049	0.9244	0.8859	0.8590	0.9718	0.9737	0.9901	0.9785
汕头	0.9697	0.9537	0.9254	0.8555	0.9417	0.9157	0.9079	0.9149	0.9136	0.9998	0.8347	0.8432	0.9846	0.9348	0.9688	0.9627
佛山	0.9700	0.9551	0.9634	0.9773	0.9514	0.9435	0.9588	0.9410	0.9272	0.9960	0.9027	0.8950	0.9998	0.9933	0.9902	0.9871
江门	0.8879	0.8973	0.8600	0.8960	0.8977	0.8935	0.9811	0.8768	0.8722	0.9463	0.8469	0.8647	0.9690	0.9783	0.9950	0.9808
湛江	0.7104	0.7366	0.6997	0.7430	0.7342	0.6957	0.9178	0.6447	0.6804	0.7766	0.7241	0.7772	0.9305	0.9623	0.9360	0.9096
茂名	0.5952	0.5823	0.5685	0.6271	0.6064	0.6081	0.9234	0.6474	0.6970	0.8877	0.6868	0.7072	0.8773	0.8874	0.8917	0.8960
肇庆	0.6059	0.6252	0.5809	0.6598	0.6743	0.6943	0.9168	0.6963	0.7049	0.7556	0.6955	0.7375	0.9072	0.9426	0.9637	0.9848
惠州	0.8910	0.7530	0.7980	0.8101	0.8299	0.8693	0.9744	0.9016	0.9208	0.9481	0.9172	0.9277	0.9732	0.9823	0.9936	0.9830
梅州	0.5108	0.5162	0.5116	0.5263	0.5991	0.6083	0.7905	0.6305	0.6573	0.8136	0.7206	0.7530	0.8635	0.8790	0.8972	0.9154
汕尾	0.4620	0.4226	0.4239	0.4193	0.4404	0.5173	0.4874	0.5834	0.5814	0.5612	0.5461	0.5273	0.6962	0.9773	0.8472	0.7170
河源	0.4314	0.4650	0.5759	0.5667	0.5720	0.6066	0.7617	0.5302	0.5821	0.6639	0.6080	0.6750	0.8417	0.8715	0.9070	0.9425

续表

地区	2005年	2006年	2007年	2008年	2009年	2010年	2011年	2012年	2013年	2014年	2015年	2016年	2017年	2018年	2019年	2020年
阳江	0.7598	0.7503	0.7362	0.7519	0.7718	0.7175	0.8710	0.6416	0.6641	0.6914	0.6511	0.6992	0.8967	0.9178	0.9179	0.9179
清远	0.5325	0.5302	0.5232	0.5669	0.5965	0.6639	0.9355	0.6172	0.6284	0.6935	0.6598	0.7252	0.8930	0.9291	0.9200	0.9109
东莞	0.9545	0.9648	0.8040	0.9911	0.8714	0.8561	0.9267	0.8916	0.9219	0.9957	0.8718	0.8555	0.9369	0.8856	0.9935	0.9387
中山	0.7448	0.7834	0.7168	0.7705	0.6090	0.7744	0.8915	0.7541	0.7750	0.8112	0.7256	0.7497	0.9864	0.9963	0.9976	0.9989
潮州	0.9080	0.6832	0.6524	0.6990	0.6761	0.6665	0.8014	0.6986	0.6120	0.8974	0.6628	0.7154	0.9835	0.9778	0.9864	0.9951
揭阳	0.5021	0.4719	0.4356	0.5176	0.5520	0.4897	0.6486	0.5448	0.5540	0.6450	0.5750	0.6186	0.9383	0.9538	0.9953	0.9625
云浮	0.9931	0.9486	0.9779	0.9841	0.9838	0.9749	0.9733	0.9664	0.9954	0.9679	0.9445	0.9972	0.8219	0.8360	0.8193	0.8026
南宁	0.7549	0.7776	0.7578	0.7941	0.8101	0.8058	0.9582	0.8266	0.8670	0.9516	0.8818	0.8830	0.8581	0.9681	0.8632	0.8965
柳州	0.7302	0.7481	0.7233	0.7731	0.7737	0.7650	0.9988	0.7982	0.8619	0.9747	0.8641	0.8841	0.9091	0.9377	0.9563	0.9750
桂林	0.7663	0.7760	0.7912	0.8119	0.7799	0.7682	0.9814	0.7880	0.8360	0.9327	0.8259	0.8248	0.9054	0.9080	0.9044	0.9007
梧州	0.5724	0.5886	0.4874	0.5225	0.4815	0.4948	0.5285	0.6038	0.6491	0.7208	0.6398	0.6869	0.7734	0.7937	0.7787	0.7820
北海	0.5495	0.5981	0.5421	0.5495	0.5001	0.4975	0.7058	0.5846	0.6988	0.6887	0.5403	0.6774	0.7525	0.7466	0.7121	0.7370
防城港	0.2286	0.3177	0.2523	0.2722	0.3216	0.4014	0.8388	0.5754	0.6016	0.6979	0.4520	0.5724	0.5643	0.5720	0.5244	0.5535
钦州	0.3858	0.3773	0.3963	0.4224	0.4547	0.4942	0.7672	0.5388	0.5996	0.7212	0.6011	0.5954	0.5660	0.7827	0.7081	0.6856
贵港	0.2650	0.4872	0.4170	0.4794	0.4054	0.4032	0.6744	0.5251	0.5826	0.6711	0.6186	0.6676	0.7507	0.7642	0.8184	0.8727
玉林	0.6322	0.6804	0.6071	0.6959	0.6614	0.6544	0.7625	0.6412	0.7353	0.7868	0.7254	0.7658	0.7134	0.8514	0.8723	0.8933
百色	0.3409	0.3958	0.3491	0.4416	0.4139	0.4425	0.5023	0.5925	0.5856	0.6839	0.6586	0.7214	0.5575	0.7693	0.7300	0.6907

续表

地区	2005 年	2006 年	2007 年	2008 年	2009 年	2010 年	2011 年	2012 年	2013 年	2014 年	2015 年	2016 年	2017 年	2018 年	2019 年	2020 年
贺州	0.4440	0.4122	0.3689	0.4230	0.4500	0.4726	0.7585	0.5185	0.5866	0.7032	0.5893	0.5759	0.7293	0.7300	0.6422	0.7005
河池	0.3080	0.3261	0.3201	0.3632	0.3066	0.3836	0.6700	0.5079	0.5764	0.6661	0.6033	0.6375	0.7477	0.7488	0.6929	0.7298
来宾	0.3459	0.3039	0.2658	0.3872	0.4017	0.3930	0.8335	0.5106	0.5341	0.6089	0.5318	0.5554	0.6047	0.6409	0.6020	0.6159
崇左	0.1844	0.2374	0.2906	0.2126	0.3104	0.3074	0.5315	0.4306	0.4824	0.6249	0.5604	0.6126	0.5110	0.6880	0.6493	0.6106
海口	0.5625	0.8768	0.8799	0.9283	0.8996	0.9450	0.5172	0.5009	0.6062	0.5817	0.5099	0.6553	0.7078	0.7122	0.7520	0.7918
三亚	0.2403	0.2437	0.1989	0.2010	0.2231	0.4012	0.1485	0.1510	0.0000	0.0000	0.3477	0.7462	0.8097	0.8791	0.9219	0.9646
重庆	0.6487	0.7080	0.6879	0.7681	0.7799	0.7823	0.9478	0.7944	0.7685	0.8163	0.7877	0.8344	0.9967	0.9915	0.9778	0.9641
成都	0.9577	0.9742	0.9690	0.9847	0.7791	0.9625	0.9691	0.9209	0.8790	0.9996	0.8576	0.9359	0.9981	0.9972	0.9958	0.9945
自贡	0.5784	0.6063	0.5897	0.6335	0.6562	0.6549	0.7261	0.6310	0.6604	0.7342	0.6438	0.6707	0.8166	0.8141	0.8535	0.8929
攀枝花	0.5774	0.6125	0.6649	0.6740	0.7370	0.7481	0.9997	0.7245	0.7320	0.7863	0.6874	0.7007	0.8646	0.8381	0.8267	0.8153
泸州	0.5948	0.5847	0.5700	0.5843	0.6297	0.6243	0.9928	0.6154	0.6223	0.7193	0.6576	0.7081	0.8604	0.8615	0.8634	0.8654
德阳	0.6077	0.6667	0.6040	0.6688	0.7077	0.7312	0.9181	0.7174	0.7342	0.7985	0.7276	0.7638	0.9308	0.9294	0.9413	0.9532
绵阳	0.7352	0.7842	0.7551	0.7910	0.8128	0.8153	0.9782	0.8113	0.8273	0.8777	0.8190	0.8335	0.9531	0.9653	0.9998	0.9727
广元	0.4178	0.5312	0.4941	0.5288	0.5644	0.5629	0.8421	0.4740	0.5367	0.6261	0.5704	0.6224	0.8107	0.7797	0.7229	0.7711
遂宁	0.4455	0.4202	0.4263	0.5399	0.5028	0.5177	0.7177	0.5719	0.5807	0.6425	0.5765	0.6286	0.8015	0.7733	0.8160	0.8587
内江	0.6570	0.6712	0.6032	0.6665	0.5248	0.5451	0.9869	0.5815	0.5754	0.6672	0.6101	0.6618	0.8102	0.8419	0.8280	0.8142
乐山	0.5653	0.6823	0.6122	0.6634	0.6697	0.6498	0.9998	0.6324	0.6407	0.7142	0.6398	0.6868	0.8601	0.8442	0.8336	0.8231

续表

地区	2005年	2006年	2007年	2008年	2009年	2010年	2011年	2012年	2013年	2014年	2015年	2016年	2017年	2018年	2019年	2020年
南充	0.5076	0.4880	0.5338	0.5237	0.5257	0.5554	0.7600	0.5754	0.6171	0.7003	0.6157	0.6767	0.8163	0.8076	0.8241	0.8406
眉山	0.5603	0.5899	0.5613	0.6112	0.6128	0.5980	0.8888	0.6158	0.6167	0.7112	0.6035	0.6282	0.7893	0.8115	0.7745	0.7917
宜宾	0.7210	0.7100	0.7005	0.7030	0.7462	0.6992	0.9940	0.6957	0.6957	0.7613	0.6906	0.7301	0.8803	0.8639	0.8704	0.8769
广安	0.2958	0.2569	0.3420	0.3683	0.3723	0.4587	0.0000	0.5249	0.5457	0.6295	0.5755	0.6299	0.7674	0.7543	0.7533	0.7524
达州	0.4139	0.4573	0.4050	0.4761	0.4735	0.5258	0.9068	0.4228	0.5662	0.6911	0.6182	0.6660	0.8399	0.8374	0.8146	0.7919
雅安	0.3735	0.3957	0.4240	0.4703	0.5015	0.5323	0.6972	0.5698	0.6085	0.6657	0.5778	0.6235	0.7684	0.7992	0.7491	0.7722
巴中	0.3260	0.3590	0.3048	0.4037	0.4263	0.4414	0.4608	0.3624	0.4241	0.5167	0.4565	0.6793	0.6234	0.9800	0.6405	0.7479
资阳	0.4315	0.5944	0.4592	0.5726	0.5905	0.6248	0.6847	0.5846	0.6063	0.6830	0.5940	0.6514	0.7597	0.7201	0.6418	0.7072
贵阳	0.9217	0.9069	0.8539	0.8816	0.8846	0.8557	0.8922	0.8459	0.8647	0.9557	0.8163	0.5768	0.9651	0.9756	0.9938	0.9782
六盘水	0.3608	0.4586	0.3594	0.4021	0.4592	0.4542	0.9911	0.5608	0.5898	0.6026	0.5954	0.6503	0.7213	0.7979	0.8193	0.8406
遵义	0.6182	0.6740	0.6629	0.6933	0.7061	0.6913	0.9340	0.7301	0.7543	0.8139	0.7289	0.7458	0.8936	0.8919	0.9534	0.9130
安顺	0.4832	0.4938	0.5119	0.5479	0.5915	0.5466	0.9095	0.6330	0.6542	0.7119	0.6022	0.5998	0.7919	0.8093	0.8319	0.8545
昆明	0.8490	0.8455	0.8320	0.8456	0.8437	0.8416	0.9754	0.8179	0.8320	0.8745	0.8305	0.8607	0.7696	0.9831	0.9896	0.9961
曲靖	0.4137	0.4961	0.4773	0.5059	0.5061	0.4659	0.9947	0.5065	0.5599	0.6188	0.6075	0.6685	0.8054	0.8463	0.8362	0.8261
玉溪	0.4824	0.4357	0.5130	0.5740	0.6147	0.6170	0.7519	0.6017	0.6215	0.6806	0.6196	0.6675	0.9576	0.8565	0.8367	0.8168
保山	0.2257	0.2892	0.1832	0.2920	0.2213	0.3091	0.4975	0.4055	0.4242	0.4794	0.5069	0.5880	0.8297	0.6846	0.5776	0.6973
昭通	0.3243	0.3299	0.2778	0.1766	0.3565	0.3604	0.3948	0.3727	0.4080	0.5000	0.4717	0.5169	0.8286	0.6895	0.6899	0.7360

续表

地区	2005 年	2006 年	2007 年	2008 年	2009 年	2010 年	2011 年	2012 年	2013 年	2014 年	2015 年	2016 年	2017 年	2018 年	2019 年	2020 年
丽江	0.2966	0.2905	0.3617	0.3360	0.4844	0.3050	0.4550	0.3902	0.4275	0.4899	0.4329	0.4834	0.6711	0.6584	0.4473	0.5923
普洱	0.2370	0.2129	0.2345	0.3026	0.3568	0.3978	0.4698	0.3940	0.4090	0.4201	0.4199	0.4758	0.6620	0.7027	0.6383	0.6677
临沧	0.1588	0.2102	0.2463	0.2066	0.1981	0.2281	0.3453	0.3289	0.3291	0.4215	0.4232	0.4748	0.6798	0.6606	0.5801	0.6402
西安	0.8952	0.9081	0.9046	0.9424	0.9450	0.9680	0.9958	0.9596	0.9900	0.9789	0.9910	0.9356	0.9678	0.9825	0.9967	0.9824
铜川	0.1835	0.2737	0.2975	0.2518	0.3916	0.3711	0.3695	0.2981	0.3181	0.5027	0.4359	0.4522	0.6436	0.5563	0.5038	0.5679
宝鸡	0.6143	0.6103	0.6076	0.6836	0.6750	0.6934	0.9622	0.6306	0.6869	0.7260	0.6678	0.7160	0.8846	0.8760	0.8539	0.8318
咸阳	0.6468	0.6882	0.6402	0.6465	0.6675	0.6721	0.9914	0.6306	0.6480	0.7439	0.6899	0.7411	0.8629	0.8568	0.8850	0.9132
渭南	0.3943	0.4506	0.3783	0.5249	0.5130	0.5101	0.9627	0.5391	0.5825	0.6608	0.5960	0.6377	0.8263	0.8012	0.7692	0.7371
延安	0.3721	0.3141	0.3656	0.4587	0.4336	0.4901	0.7035	0.4586	0.5403	0.5820	0.5642	0.6296	0.7678	0.7557	0.7160	0.6762
汉中	0.4044	0.4116	0.4814	0.5608	0.5675	0.5812	0.8505	0.5709	0.6256	0.7012	0.6046	0.6339	0.8595	0.7962	0.8019	0.8075
榆林	0.2823	0.2734	0.3325	0.3680	0.4513	0.4441	0.8501	0.4663	0.5272	0.6368	0.6324	0.6953	0.8441	0.8306	0.8089	0.7873
安康	0.2365	0.2715	0.3283	0.3710	0.3673	0.3341	0.3599	0.3361	0.3766	0.5266	0.4845	0.5302	0.7599	0.7227	0.6569	0.7132
商洛	0.2715	0.2496	0.2570	0.3227	0.3877	0.3964	0.6510	0.4128	0.4157	0.5056	0.5026	0.5561	0.7941	0.7568	0.6572	0.7360
兰州	0.7259	0.7633	0.7375	0.7463	0.7389	0.7404	0.9813	0.7235	0.7424	0.8073	0.7411	0.7748	0.9567	0.9699	0.9996	0.9754
嘉峪关	0.0699	0.3445	0.2142	0.2014	0.2669	0.2649	0.5091	0.3244	0.3449	0.4792	0.4278	0.4517	0.1582	0.6233	0.6102	0.5972
金昌	0.3500	0.2989	0.3693	0.4977	0.3528	0.4023	0.4988	0.4622	0.4407	0.5795	0.4660	0.4947	0.6299	0.6571	0.6366	0.6161
白银	0.2505	0.2772	0.3006	0.2878	0.3859	0.4860	0.8707	0.5206	0.5262	0.6148	0.5240	0.5421	0.6758	0.7584	0.7076	0.6569

续表

地区	2005 年	2006 年	2007 年	2008 年	2009 年	2010 年	2011 年	2012 年	2013 年	2014 年	2015 年	2016 年	2017 年	2018 年	2019 年	2020 年
天水	0.4635	0.4500	0.5384	0.5486	0.5643	0.5367	0.6140	0.4771	0.5161	0.6173	0.4966	0.5125	0.7557	0.7367	0.7752	0.8136
武威	0.2650	0.2349	0.3481	0.3424	0.2728	0.3267	0.4350	0.3202	0.4824	0.5512	0.5425	0.5917	0.5784	0.7822	0.7014	0.6207
张掖	0.1775	0.3601	0.3832	0.3836	0.3581	0.3328	0.5787	0.4146	0.4544	0.5175	0.5284	0.5880	0.7832	0.7606	0.8061	0.8517
平凉	0.0000	0.1815	0.2091	0.3286	0.3982	0.3565	0.5146	0.3387	0.3694	0.4855	0.4457	0.4612	0.6987	0.6570	0.6297	0.6024
酒泉	0.3175	0.2641	0.3609	0.4214	0.3107	0.4402	0.5997	0.5201	0.5371	0.5928	0.5525	0.6058	0.3450	0.8171	0.7278	0.6385
庆阳	0.1324	0.2153	0.1968	0.1834	0.2593	0.2700	0.3093	0.4457	0.4968	0.5039	0.4258	0.4659	0.7501	0.7655	0.7134	0.6613
定西	0.0000	0.1598	0.1793	0.1626	0.2666	0.3605	0.4470	0.3721	0.4302	0.5080	0.4210	0.4479	0.6870	0.6835	0.6495	0.6154
陇南	0.0000	0.0000	0.1488	0.2242	0.2296	0.2085	0.1987	0.3160	0.3078	0.3799	0.3330	0.4068	0.5744	0.7227	0.5837	0.6269
西宁	0.5085	0.5341	0.5772	0.6439	0.6413	0.5944	0.9830	0.5973	0.5714	0.6648	0.6235	0.6873	0.8587	0.8784	0.7775	0.8382
银川	0.5755	0.6234	0.7032	0.7303	0.7276	0.6803	0.9893	0.6152	0.7516	0.7937	0.6898	0.7030	0.8983	0.8789	0.9076	0.9363
石嘴山	0.3817	0.4704	0.3775	0.6044	0.4781	0.4536	0.9538	0.5555	0.5477	0.5739	0.5051	0.5221	0.7173	0.7964	0.7507	0.7051
吴忠	0.3225	0.4216	0.4482	0.6246	0.5959	0.3965	0.7363	0.5116	0.5266	0.5638	0.5180	0.5618	0.7826	0.8015	0.7421	0.7754
固原	0.2851	0.2490	0.2866	0.4535	0.4996	0.3555	0.3563	0.4549	0.3655	0.4197	0.4071	0.4350	0.4847	0.5370	0.5890	0.5369
中卫	0.1712	0.1040	0.2804	0.2241	0.3225	0.3166	0.3195	0.2599	0.3314	0.4359	0.3936	0.4073	0.6463	0.7738	0.7968	0.8198
乌鲁木齐	0.7406	0.7809	0.7363	0.7671	0.7661	0.7751	0.9778	0.7393	0.7599	0.8119	0.7862	0.8390	0.9487	0.9522	0.9472	0.9422
克拉玛依	0.5019	0.5354	0.5772	0.6111	0.6151	0.6181	0.6623	0.5114	0.5362	0.6072	0.5461	0.6008	0.7461	0.7437	0.6983	0.6529

附表2

城市正式环境规制

地区	2005年	2006年	2007年	2008年	2009年	2010年	2011年	2012年	2013年	2014年	2015年	2016年	2017年	2018年	2019年	2020年
北京	0.1108	0.1136	0.1085	0.1148	0.1321	0.1424	0.2926	0.2918	0.4230	0.6058	0.4417	0.7437	0.5807	0.5553	0.6072	0.6591
天津	0.0752	0.0726	0.0794	0.0935	0.1108	0.1227	0.1592	0.1569	0.1373	0.1905	0.1519	0.1405	0.1428	0.1315	0.1776	0.2237
石家庄	0.0286	0.0296	0.0279	0.0285	0.0297	0.0410	0.0558	0.0478	0.0448	0.0552	0.0516	0.0563	0.0532	0.0511	0.0686	0.0861
唐山	0.0388	0.0391	0.0395	0.0354	0.0448	0.0445	0.0615	0.0465	0.0381	0.0349	0.0367	0.0375	0.0631	0.0457	0.0505	0.0553
秦皇岛	0.0317	0.0309	0.0321	0.0359	0.0413	0.0402	0.0378	0.0359	0.0360	0.0335	0.0379	0.0408	0.0325	0.0367	0.0282	0.0325
邯郸	0.0245	0.0242	0.0253	0.0312	0.0332	0.0349	0.0444	0.0435	0.0364	0.0384	0.0373	0.0440	0.0407	0.0467	0.0450	0.0432
邢台	0.0215	0.0084	0.0215	0.0084	0.0089	0.0107	0.0116	0.0108	0.0104	0.0315	0.0264	0.0261	0.0378	0.0146	0.0182	0.0218
保定	0.0178	0.0153	0.0192	0.0201	0.0217	0.0264	0.0234	0.0232	0.0209	0.0216	0.0333	0.0321	0.0281	0.0284	0.0313	0.0341
张家口	0.0170	0.0062	0.0178	0.0215	0.0227	0.0235	0.0281	0.0284	0.0286	0.0287	0.0244	0.0323	0.0305	0.0310	0.0308	0.0307
承德	0.0032	0.0030	0.0029	0.0200	0.0264	0.0262	0.0299	0.0301	0.0235	0.0258	0.0238	0.0245	0.0243	0.0269	0.0278	0.0288
沧州	0.0130	0.0121	0.0151	0.0163	0.0190	0.0217	0.0290	0.0217	0.0244	0.0214	0.0268	0.0243	0.0268	0.0212	0.0302	0.0393
廊坊	0.0174	0.0165	0.0177	0.0189	0.0200	0.0230	0.0283	0.0094	0.0081	0.0086	0.0222	0.0249	0.0310	0.0348	0.0318	0.0288
衡水	0.0058	0.0052	0.0055	0.0059	0.0168	0.0188	0.0078	0.0071	0.0071	0.0172	0.0185	0.0248	0.0290	0.0246	0.0381	0.0516
太原	0.0295	0.0323	0.0258	0.0394	0.0269	0.0452	0.0423	0.0381	0.0290	0.0421	0.0577	0.0569	0.0613	0.0838	0.0781	0.0725
大同	0.0062	0.0063	0.0061	0.0078	0.0266	0.0324	0.0352	0.0288	0.0261	0.0271	0.0287	0.0259	0.0250	0.0266	0.0290	0.0313
阳泉	0.0153	0.0053	0.0140	0.0140	0.0164	0.0169	0.0167	0.0190	0.0175	0.0198	0.0229	0.0240	0.0148	0.0148	0.0150	0.0153
长治	0.0159	0.0156	0.0165	0.0173	0.0177	0.0230	0.0265	0.0208	0.0193	0.0215	0.0241	0.0104	0.0234	0.0237	0.0252	0.0267
晋城	0.0184	0.0183	0.0184	0.0189	0.0190	0.0203	0.0200	0.0183	0.0194	0.0193	0.0188	0.0188	0.0197	0.0197	0.0190	0.0184

续表

地区	2005 年	2006 年	2007 年	2008 年	2009 年	2010 年	2011 年	2012 年	2013 年	2014 年	2015 年	2016 年	2017 年	2018 年	2019 年	2020 年
朔州	0.0153	0.0189	0.0218	0.0220	0.0234	0.0254	0.0232	0.0279	0.0278	0.0261	0.0261	0.0269	0.0247	0.0256	0.0258	0.0260
晋中	0.0046	0.0054	0.0065	0.0185	0.0216	0.0232	0.0244	0.0255	0.0267	0.0280	0.0288	0.0251	0.0255	0.0234	0.0282	0.0330
运城	0.0108	0.0156	0.0129	0.0161	0.0167	0.0207	0.0209	0.0222	0.0201	0.0207	0.0203	0.0201	0.0198	0.0197	0.0213	0.0228
忻州	0.0035	0.0036	0.0032	0.0042	0.0044	0.0051	0.0058	0.0076	0.0085	0.0091	0.0207	0.0228	0.0244	0.0267	0.0285	0.0302
临汾	0.0043	0.0047	0.0049	0.0139	0.0153	0.0146	0.0141	0.0162	0.0144	0.0149	0.0155	0.0159	0.0152	0.0181	0.0201	0.0221
吕梁	0.0165	0.0062	0.0170	0.0164	0.0159	0.0190	0.0229	0.0224	0.0199	0.0208	0.0207	0.0212	0.0238	0.0225	0.0243	0.0262
呼和浩特	0.0158	0.0163	0.0164	0.0178	0.0230	0.0255	0.0315	0.0439	0.0427	0.0509	0.0616	0.0505	0.0429	0.0523	0.0325	0.0426
包头	0.0251	0.0235	0.0273	0.0288	0.0291	0.0292	0.0675	0.0526	0.0553	0.0780	0.0749	0.0704	0.0743	0.0398	0.0485	0.0542
乌海	0.0103	0.0114	0.0136	0.0150	0.0154	0.0195	0.0242	0.0234	0.0212	0.0273	0.0305	0.0302	0.0283	0.0275	0.0257	0.0239
赤峰	0.0126	0.0125	0.0137	0.0179	0.0186	0.0238	0.0240	0.0267	0.0283	0.0289	0.0303	0.0311	0.0332	0.0321	0.0428	0.0360
通辽	0.0078	0.0079	0.0086	0.0090	0.0081	0.0089	0.0099	0.0284	0.0275	0.0297	0.0309	0.0315	0.0298	0.0257	0.0275	0.0292
鄂尔多斯	0.0155	0.0056	0.0197	0.0211	0.0229	0.0478	0.0494	0.0426	0.0344	0.0392	0.0377	0.0479	0.0299	0.0286	0.0352	0.0419
呼伦贝尔	0.0063	0.0065	0.0066	0.0069	0.0178	0.0187	0.0208	0.0211	0.0215	0.0236	0.0281	0.0231	0.0234	0.0200	0.0206	0.0212
巴彦淖尔	0.0164	0.0168	0.0187	0.0193	0.0190	0.0208	0.0258	0.0280	0.0466	0.0349	0.0399	0.0381	0.0332	0.0226	0.0223	0.0220
乌兰察布	0.0063	0.0068	0.0069	0.0069	0.0179	0.0194	0.0381	0.0475	0.0387	0.0289	0.0286	0.0278	0.0306	0.0295	0.0311	0.0327
沈阳	0.0378	0.0363	0.0397	0.0371	0.0353	0.0334	0.0822	0.1371	0.0728	0.0547	0.0586	0.0749	0.0647	0.0751	0.0669	0.0586
大连	0.0354	0.0331	0.0373	0.0448	0.0448	0.0457	0.0475	0.0525	0.0501	0.0471	0.0482	0.0533	0.0605	0.0710	0.0758	0.0807
鞍山	0.0153	0.0136	0.0157	0.0163	0.0275	0.0342	0.0299	0.0281	0.0269	0.0287	0.0305	0.0256	0.0972	0.0271	0.0320	0.0369

续表

地区	2005年	2006年	2007年	2008年	2009年	2010年	2011年	2012年	2013年	2014年	2015年	2016年	2017年	2018年	2019年	2020年
抚顺	0.0052	0.0053	0.0054	0.0054	0.0057	0.0072	0.0086	0.0292	0.0272	0.0204	0.0221	0.0212	0.0273	0.0276	0.0265	0.0255
本溪	0.0050	0.0051	0.0051	0.0056	0.0060	0.0213	0.0246	0.0272	0.0247	0.0236	0.0219	0.0155	0.0226	0.0229	0.0249	0.0268
丹东	0.0023	0.0023	0.0025	0.0024	0.0063	0.0196	0.0228	0.0229	0.0222	0.0221	0.0183	0.0168	0.0137	0.0146	0.0169	0.0192
锦州	0.0144	0.0146	0.0146	0.0173	0.0171	0.0184	0.0222	0.0223	0.0271	0.0247	0.0226	0.0227	0.0187	0.0207	0.0204	0.0201
营口	0.0049	0.0050	0.0049	0.0081	0.0062	0.0073	0.0070	0.0079	0.0067	0.0180	0.0182	0.0177	0.0233	0.0228	0.0247	0.0265
阜新	0.0046	0.0042	0.0044	0.0047	0.0053	0.0139	0.0150	0.0157	0.0162	0.0139	0.0202	0.0221	0.0202	0.0202	0.0204	0.0206
辽阳	0.0211	0.0207	0.0213	0.0261	0.0255	0.0267	0.0272	0.0298	0.0298	0.0286	0.0289	0.0274	0.0272	0.0274	0.0274	0.0273
盘锦	0.0139	0.0133	0.0147	0.0162	0.0173	0.0209	0.0221	0.0220	0.0214	0.0249	0.0212	0.0193	0.0265	0.0263	0.0270	0.0277
铁岭	0.0133	0.0143	0.0168	0.0181	0.0190	0.0187	0.0189	0.0186	0.0186	0.0178	0.0178	0.0174	0.0213	0.0204	0.0190	0.0175
朝阳	0.0046	0.0049	0.0053	0.0129	0.0152	0.0170	0.0181	0.0222	0.0212	0.0221	0.0220	0.0221	0.0207	0.0200	0.0213	0.0227
葫芦岛	0.0072	0.0072	0.0056	0.0074	0.0091	0.0082	0.0089	0.0088	0.0093	0.0295	0.0253	0.0250	0.0227	0.0169	0.0214	0.0260
长春	0.0259	0.0244	0.0293	0.0322	0.0383	0.0373	0.0352	0.0344	0.0382	0.0466	0.0663	0.0433	0.0535	0.0562	0.0456	0.0350
吉林	0.0126	0.0047	0.0066	0.0101	0.0276	0.0298	0.0268	0.0231	0.0203	0.0358	0.0207	0.0359	0.0231	0.0291	0.0300	0.0309
四平	0.0019	0.0018	0.0021	0.0045	0.0062	0.0060	0.0048	0.0136	0.0138	0.0143	0.0142	0.0142	0.0222	0.0193	0.0219	0.0244
辽源	0.0037	0.0031	0.0045	0.0030	0.0047	0.0048	0.0050	0.0049	0.0054	0.0058	0.0152	0.0155	0.0161	0.0159	0.0217	0.0275
通化	0.0041	0.0021	0.0042	0.0046	0.0048	0.0118	0.0148	0.0150	0.0154	0.0057	0.0160	0.0198	0.0248	0.0239	0.0087	0.0191
白山	0.0018	0.0015	0.0017	0.0014	0.0025	0.0044	0.0064	0.0056	0.0053	0.0055	0.0056	0.0166	0.0153	0.0154	0.0171	0.0187
松原	0.0147	0.0043	0.0049	0.0137	0.0166	0.0200	0.0190	0.0177	0.0177	0.0190	0.0202	0.0202	0.0191	0.0227	0.0258	0.0290

续表

地区	2005年	2006年	2007年	2008年	2009年	2010年	2011年	2012年	2013年	2014年	2015年	2016年	2017年	2018年	2019年	2020年
白城	0.0043	0.0023	0.0046	0.0023	0.0023	0.0041	0.0049	0.0052	0.0057	0.0174	0.0175	0.0185	0.0202	0.0191	0.0191	0.0191
哈尔滨	0.0222	0.0224	0.0201	0.0275	0.0280	0.0382	0.0473	0.0485	0.0517	0.0455	0.0428	0.0433	0.0534	0.0580	0.0637	0.0693
齐齐哈尔	0.0180	0.0179	0.0183	0.0188	0.0201	0.0242	0.0239	0.0215	0.0197	0.0191	0.0212	0.0233	0.0221	0.0213	0.0249	0.0285
鸡西	0.0042	0.0041	0.0040	0.0042	0.0043	0.0120	0.0125	0.0127	0.0144	0.0124	0.0261	0.0224	0.0261	0.0251	0.0295	0.0338
鹤岗	0.0021	0.0022	0.0022	0.0024	0.0028	0.0051	0.0059	0.0059	0.0055	0.0064	0.0066	0.0183	0.0190	0.0183	0.0194	0.0204
双鸭山	0.0040	0.0044	0.0044	0.0023	0.0051	0.0126	0.0157	0.0160	0.0139	0.0063	0.0177	0.0185	0.0166	0.0140	0.0185	0.0231
大庆	0.0258	0.0240	0.0278	0.0329	0.0327	0.0347	0.0334	0.0316	0.0394	0.0322	0.0301	0.0284	0.0304	0.0306	0.0314	0.0323
伊春	0.0016	0.0016	0.0018	0.0020	0.0025	0.0049	0.0064	0.0069	0.0070	0.0215	0.0317	0.0371	0.0349	0.0372	0.0289	0.0206
佳木斯	0.0119	0.0116	0.0139	0.0151	0.0147	0.0152	0.0136	0.0152	0.0172	0.0186	0.0199	0.0212	0.0187	0.0207	0.0215	0.0223
七台河	0.0027	0.0030	0.0032	0.0035	0.0041	0.0114	0.0114	0.0124	0.0126	0.0134	0.0167	0.0159	0.0195	0.0176	0.0171	0.0166
牡丹江	0.0147	0.0128	0.0145	0.0140	0.0071	0.0140	0.0157	0.0173	0.0159	0.0141	0.0150	0.0185	0.0169	0.0167	0.0180	0.0193
黑河	0.0020	0.0022	0.0023	0.0026	0.0068	0.0165	0.0163	0.0167	0.0161	0.0166	0.0164	0.0164	0.0167	0.0166	0.0169	0.0172
绥化	0.0021	0.0021	0.0021	0.0023	0.0025	0.0045	0.0145	0.0061	0.0172	0.0196	0.0161	0.0162	0.0148	0.0149	0.0150	0.0150
上海	0.1088	0.1060	0.1114	0.0439	0.0452	0.1272	0.1397	0.1668	0.1662	0.1882	0.2064	0.1645	0.2299	0.2786	0.2368	0.2484
南京	0.0556	0.0544	0.0554	0.0638	0.0705	0.0791	0.0875	0.0989	0.1888	0.1717	0.1473	0.1213	0.1072	0.1508	0.1328	0.1303
无锡	0.0710	0.0688	0.0745	0.0839	0.0874	0.0873	0.0705	0.0690	0.0723	0.0641	0.0670	0.0667	0.0682	0.0664	0.0628	0.0591
徐州	0.0243	0.0233	0.0240	0.0278	0.0345	0.0393	0.0423	0.0438	0.0534	0.0460	0.0445	0.0441	0.0471	0.0570	0.0443	0.0495
常州	0.0543	0.0468	0.0582	0.0609	0.0637	0.0633	0.0727	0.0838	0.0777	0.0788	0.0699	0.0643	0.0734	0.0580	0.0588	0.0596

续表

地区	2005年	2006年	2007年	2008年	2009年	2010年	2011年	2012年	2013年	2014年	2015年	2016年	2017年	2018年	2019年	2020年
苏州	0.0643	0.0615	0.0669	0.0579	0.0381	0.0657	0.0744	0.0845	0.0835	0.1108	0.0828	0.0976	0.1073	0.0911	0.0784	0.0847
南通	0.0252	0.0315	0.0273	0.0321	0.0347	0.0420	0.0487	0.0574	0.0711	0.0964	0.0868	0.0688	0.0554	0.0651	0.0452	0.0552
连云港	0.0172	0.0199	0.0203	0.0220	0.0226	0.0272	0.0307	0.0340	0.0367	0.0352	0.0384	0.0438	0.0472	0.0524	0.0535	0.0546
淮安	0.0217	0.0219	0.0206	0.0223	0.0225	0.0296	0.0328	0.0361	0.0321	0.0359	0.0323	0.0413	0.0424	0.0507	0.0570	0.0633
盐城	0.0187	0.0135	0.0181	0.0081	0.0224	0.0097	0.0257	0.0253	0.0254	0.0358	0.0418	0.0397	0.0309	0.0384	0.0628	0.0440
扬州	0.0257	0.0231	0.0226	0.0276	0.0293	0.0336	0.0371	0.0389	0.0383	0.0413	0.0639	0.0457	0.0470	0.0486	0.0498	0.0509
镇江	0.0269	0.0288	0.0254	0.0280	0.0322	0.0358	0.0476	0.0574	0.0784	0.0827	0.0990	0.0980	0.0604	0.0579	0.0533	0.0486
泰州	0.0264	0.0268	0.0242	0.0270	0.0245	0.0280	0.0294	0.0309	0.0389	0.0365	0.0376	0.0439	0.0458	0.0387	0.0399	0.0412
宿迁	0.0213	0.0162	0.0189	0.0241	0.0280	0.0299	0.0348	0.0382	0.0362	0.0420	0.0464	0.0475	0.0529	0.0466	0.0463	0.0459
杭州	0.0366	0.0330	0.0393	0.0477	0.0539	0.0568	0.0485	0.0382	0.0432	0.0415	0.0655	0.0684	0.0808	0.0719	0.0731	0.0743
宁波	0.0398	0.0343	0.0378	0.0441	0.0437	0.0451	0.0420	0.0391	0.0447	0.0556	0.0477	0.0799	0.0626	0.0752	0.0858	0.0964
温州	0.0234	0.0214	0.0229	0.0276	0.0325	0.0324	0.0406	0.0575	0.0456	0.0539	0.0609	0.0643	0.0394	0.0580	0.0517	0.0455
嘉兴	0.0182	0.0187	0.0174	0.0192	0.0221	0.0226	0.0219	0.0196	0.0223	0.0203	0.0221	0.0244	0.0209	0.0327	0.0381	0.0435
湖州	0.0308	0.0328	0.0361	0.0384	0.0382	0.0394	0.0396	0.0395	0.0419	0.0435	0.0371	0.0417	0.0489	0.0539	0.0438	0.0489
绍兴	0.0112	0.0101	0.0094	0.0094	0.0105	0.0105	0.0101	0.0098	0.0389	0.0416	0.0527	0.0485	0.0484	0.0550	0.0343	0.0459
金华	0.0232	0.0228	0.0227	0.0249	0.0263	0.0309	0.0323	0.0321	0.0323	0.0358	0.0358	0.0345	0.0364	0.0369	0.0534	0.0422
衢州	0.0238	0.0264	0.0273	0.0271	0.0275	0.0295	0.0295	0.0309	0.0303	0.0336	0.0331	0.0318	0.0341	0.0477	0.0488	0.0500
舟山	0.0142	0.0183	0.0194	0.0220	0.0257	0.0252	0.0241	0.0242	0.0264	0.0339	0.0290	0.0294	0.0344	0.0348	0.0361	0.0374

续表

地区	2005年	2006年	2007年	2008年	2009年	2010年	2011年	2012年	2013年	2014年	2015年	2016年	2017年	2018年	2019年	2020年
台州	0.0255	0.0245	0.0243	0.0267	0.0276	0.0313	0.0340	0.0380	0.0335	0.0404	0.0384	0.0379	0.0280	0.0291	0.0295	0.0299
丽水	0.0155	0.0172	0.0174	0.0182	0.0204	0.0226	0.0235	0.0252	0.0286	0.0261	0.0263	0.0279	0.0309	0.0308	0.0320	0.0333
合肥	0.0234	0.0218	0.0275	0.0370	0.0503	0.0496	0.0477	0.0493	0.0554	0.0684	0.0738	0.0700	0.0533	0.0653	0.0740	0.0827
芜湖	0.0185	0.0159	0.0215	0.0320	0.0356	0.0341	0.0363	0.0342	0.0438	0.0432	0.0393	0.0384	0.0374	0.0399	0.0367	0.0335
蚌埠	0.0134	0.0133	0.0139	0.0168	0.0192	0.0201	0.0270	0.0341	0.0301	0.0387	0.0294	0.0325	0.0434	0.0360	0.0287	0.0361
淮南	0.0057	0.0058	0.0066	0.0086	0.0101	0.0244	0.0303	0.0388	0.0381	0.0254	0.0285	0.0267	0.0272	0.0354	0.0409	0.0464
马鞍山	0.0208	0.0202	0.0208	0.0228	0.0220	0.0254	0.0363	0.0413	0.0410	0.0370	0.0427	0.0444	0.0397	0.0406	0.0502	0.0599
淮北	0.0136	0.0047	0.0152	0.0137	0.0140	0.0176	0.0194	0.0214	0.0273	0.0260	0.0312	0.0294	0.0293	0.0346	0.0439	0.0533
铜陵	0.0126	0.0048	0.0146	0.0138	0.0155	0.0192	0.0215	0.0257	0.0329	0.0323	0.0327	0.0309	0.0317	0.0325	0.0339	0.0353
安庆	0.0065	0.0046	0.0072	0.0067	0.0076	0.0087	0.0238	0.0260	0.0279	0.0278	0.0269	0.0264	0.0235	0.0265	0.0299	0.0332
黄山	0.0153	0.0181	0.0146	0.0181	0.0221	0.0290	0.0249	0.0269	0.0277	0.0273	0.0271	0.0290	0.0397	0.0343	0.0317	0.0352
滁州	0.0025	0.0024	0.0028	0.0151	0.0197	0.0238	0.0248	0.0287	0.0318	0.0332	0.0343	0.0393	0.0442	0.0401	0.0504	0.0449
阜阳	0.0048	0.0045	0.0053	0.0054	0.0061	0.0069	0.0185	0.0196	0.0199	0.0294	0.0322	0.0358	0.0335	0.0545	0.0346	0.0409
宿州	0.0051	0.0041	0.0070	0.0177	0.0172	0.0189	0.0194	0.0206	0.0244	0.0236	0.0270	0.0320	0.0194	0.0263	0.0221	0.0226
六安	0.0127	0.0040	0.0121	0.0123	0.0148	0.0171	0.0173	0.0182	0.0209	0.0220	0.0249	0.0260	0.0250	0.0262	0.0264	0.0265
亳州	0.0131	0.0056	0.0175	0.0196	0.0213	0.0230	0.0257	0.0137	0.0334	0.0308	0.0347	0.0299	0.0357	0.0285	0.0328	0.0371
池州	0.0142	0.0060	0.0190	0.0212	0.0205	0.0229	0.0258	0.0286	0.0266	0.0269	0.0269	0.0290	0.0311	0.0317	0.0332	0.0347
宣城	0.0026	0.0028	0.0031	0.0035	0.0040	0.0087	0.0232	0.0275	0.0292	0.0351	0.0400	0.0325	0.0485	0.0352	0.0392	0.0431

续表

地区	2005 年	2006 年	2007 年	2008 年	2009 年	2010 年	2011 年	2012 年	2013 年	2014 年	2015 年	2016 年	2017 年	2018 年	2019 年	2020 年
福州	0.0244	0.0097	0.0190	0.0327	0.0340	0.0429	0.0425	0.0438	0.0422	0.0424	0.0482	0.0475	0.0519	0.0522	0.0501	0.0479
厦门	0.0396	0.0350	0.0386	0.0383	0.0398	0.0381	0.0434	0.0475	0.0523	0.0506	0.0571	0.0461	0.0923	0.1291	0.0842	0.1019
莆田	0.0195	0.0191	0.0196	0.0087	0.0238	0.0331	0.0401	0.0425	0.0416	0.0446	0.0357	0.0340	0.0331	0.0294	0.0264	0.0234
三明	0.0149	0.0128	0.0140	0.0156	0.0181	0.0182	0.0169	0.0167	0.0188	0.0191	0.0216	0.0209	0.0229	0.0267	0.0273	0.0279
泉州	0.0176	0.0164	0.0173	0.0205	0.0218	0.0258	0.0293	0.0311	0.0101	0.0281	0.0297	0.0270	0.0262	0.0273	0.0301	0.0329
漳州	0.0192	0.0198	0.0203	0.0227	0.0258	0.0264	0.0291	0.0338	0.0315	0.0261	0.0312	0.0240	0.0266	0.0254	0.0443	0.0321
南平	0.0141	0.0151	0.0135	0.0143	0.0170	0.0177	0.0161	0.0167	0.0186	0.0204	0.0224	0.0239	0.0235	0.0234	0.0212	0.0227
龙岩	0.0160	0.0184	0.0151	0.0157	0.0167	0.0186	0.0200	0.0213	0.0204	0.0165	0.0204	0.0230	0.0248	0.0295	0.0292	0.0289
宁德	0.0026	0.0027	0.0029	0.0049	0.0066	0.0087	0.0214	0.0197	0.0179	0.0189	0.0181	0.0180	0.0187	0.0202	0.0244	0.0285
南昌	0.0217	0.0194	0.0237	0.0258	0.0268	0.0290	0.0412	0.0527	0.0431	0.0403	0.0502	0.0588	0.0429	0.0296	0.0411	0.0379
景德镇	0.0049	0.0046	0.0050	0.0170	0.0214	0.0219	0.0202	0.0223	0.0218	0.0228	0.0229	0.0204	0.0239	0.0218	0.0286	0.0248
萍乡	0.0052	0.0029	0.0060	0.0147	0.0180	0.0207	0.0213	0.0207	0.0209	0.0135	0.0140	0.0160	0.0142	0.0169	0.0236	0.0182
九江	0.0152	0.0151	0.0163	0.0175	0.0197	0.0296	0.0309	0.0297	0.0258	0.0320	0.0294	0.0280	0.0332	0.0437	0.0748	0.0506
新余	0.0157	0.0075	0.0212	0.0207	0.0215	0.0223	0.0261	0.0283	0.0256	0.0243	0.0242	0.0244	0.0236	0.0245	0.0244	0.0243
鹰潭	0.0129	0.0130	0.0053	0.0167	0.0181	0.0177	0.0168	0.0157	0.0180	0.0186	0.0190	0.0164	0.0217	0.0230	0.0278	0.0327
赣州	0.0057	0.0055	0.0061	0.0063	0.0058	0.0067	0.0173	0.0166	0.0161	0.0240	0.0270	0.0358	0.0527	0.0832	0.0956	0.1081
吉安	0.0118	0.0045	0.0131	0.0174	0.0199	0.0203	0.0253	0.0258	0.0258	0.0257	0.0262	0.0260	0.0253	0.0258	0.0414	0.0308
宜春	0.0159	0.0172	0.0175	0.0183	0.0192	0.0200	0.0230	0.0260	0.0278	0.0251	0.0258	0.0242	0.0274	0.0345	0.0372	0.0398

续表

地区	2005年	2006年	2007年	2008年	2009年	2010年	2011年	2012年	2013年	2014年	2015年	2016年	2017年	2018年	2019年	2020年
抚州	0.0115	0.0025	0.0137	0.0159	0.0252	0.0271	0.0307	0.0317	0.0325	0.0317	0.0350	0.0348	0.0366	0.0480	0.0503	0.0525
上饶	0.0056	0.0061	0.0066	0.0194	0.0214	0.0254	0.0245	0.0239	0.0245	0.0234	0.0249	0.0262	0.0253	0.0332	0.0373	0.0413
济南	0.0245	0.0243	0.0261	0.0578	0.0563	0.0637	0.0516	0.0380	0.0466	0.0453	0.0602	0.0693	0.0607	0.0902	0.1146	0.0885
青岛	0.0478	0.0491	0.0499	0.0552	0.0696	0.0663	0.0798	0.0905	0.0702	0.0642	0.0623	0.0558	0.0685	0.1038	0.0763	0.0829
淄博	0.0308	0.0307	0.0344	0.0351	0.0376	0.0388	0.0410	0.0409	0.0395	0.0474	0.0443	0.0476	0.0594	0.0609	0.0532	0.0578
枣庄	0.0205	0.0064	0.0265	0.0291	0.0356	0.0364	0.0387	0.0411	0.0418	0.0419	0.0414	0.0384	0.0414	0.0431	0.0491	0.0552
东营	0.0294	0.0207	0.0263	0.0280	0.0280	0.0253	0.0333	0.0402	0.0440	0.0408	0.0337	0.0572	0.0588	0.0612	0.0494	0.0565
烟台	0.0249	0.0247	0.0288	0.0309	0.0339	0.0375	0.0374	0.0370	0.0429	0.0323	0.0330	0.0324	0.0387	0.0387	0.0426	0.0464
潍坊	0.0208	0.0209	0.0214	0.0238	0.0292	0.0301	0.0301	0.0310	0.0349	0.0401	0.0404	0.0423	0.0458	0.0493	0.0492	0.0492
济宁	0.0212	0.0221	0.0247	0.0177	0.0089	0.0246	0.0243	0.0262	0.0401	0.0325	0.0310	0.0385	0.0361	0.0424	0.0457	0.0489
泰安	0.0193	0.0194	0.0225	0.0231	0.0281	0.0275	0.0267	0.0244	0.0276	0.0270	0.0308	0.0377	0.0323	0.0332	0.0344	0.0357
威海	0.0256	0.0275	0.0339	0.0330	0.0353	0.0295	0.0396	0.0416	0.0393	0.0510	0.0499	0.0487	0.0523	0.0440	0.0540	0.0641
日照	0.0235	0.0257	0.0261	0.0279	0.0317	0.0338	0.0415	0.0492	0.0453	0.0471	0.0521	0.0417	0.0544	0.0607	0.0568	0.0528
莱芜	0.0194	0.0217	0.0239	0.0255	0.0272	0.0281	0.0291	0.0288	0.0299	0.0339	0.0286	0.0287	0.0335	0.0294	0.0256	0.0295
临沂	0.0241	0.0277	0.0120	0.0379	0.0393	0.0408	0.0372	0.0417	0.0401	0.0608	0.0438	0.0448	0.0515	0.0585	0.0600	0.0614
德州	0.0189	0.0231	0.0244	0.0250	0.0269	0.0294	0.0289	0.0286	0.0295	0.0304	0.0419	0.0373	0.0347	0.0413	0.0419	0.0426
聊城	0.0194	0.0185	0.0236	0.0259	0.0292	0.0286	0.0285	0.0271	0.0405	0.0383	0.0347	0.0346	0.0351	0.0377	0.0375	0.0372
滨州	0.0158	0.0054	0.0200	0.0249	0.0270	0.0287	0.0300	0.0303	0.0297	0.0311	0.0354	0.0374	0.0367	0.0396	0.0427	0.0457

续表

地区	2005 年	2006 年	2007 年	2008 年	2009 年	2010 年	2011 年	2012 年	2013 年	2014 年	2015 年	2016 年	2017 年	2018 年	2019 年	2020 年
菏泽	0.0127	0.0049	0.0157	0.0150	0.0177	0.0194	0.0214	0.0209	0.0235	0.0269	0.0282	0.0321	0.0269	0.0322	0.0335	0.0348
郑州	0.0247	0.0243	0.0257	0.0285	0.0304	0.0316	0.0326	0.0334	0.0352	0.0480	0.0578	0.0459	0.0775	0.0771	0.0847	0.0798
开封	0.0038	0.0037	0.0038	0.0058	0.0078	0.0085	0.0087	0.0092	0.0261	0.0090	0.0269	0.0269	0.0276	0.0342	0.0323	0.0314
洛阳	0.0228	0.0219	0.0203	0.0211	0.0225	0.0216	0.0229	0.0269	0.0271	0.0278	0.0267	0.0283	0.0323	0.0275	0.0367	0.0322
平顶山	0.0046	0.0047	0.0053	0.0152	0.0182	0.0173	0.0189	0.0190	0.0205	0.0198	0.0191	0.0225	0.0238	0.0252	0.0256	0.0259
安阳	0.0205	0.0206	0.0222	0.0234	0.0243	0.0248	0.0253	0.0255	0.0229	0.0234	0.0240	0.0253	0.0269	0.0292	0.0285	0.0277
鹤壁	0.0156	0.0153	0.0170	0.0175	0.0182	0.0197	0.0212	0.0208	0.0204	0.0202	0.0230	0.0226	0.0247	0.0256	0.0286	0.0317
新乡	0.0174	0.0155	0.0197	0.0192	0.0200	0.0209	0.0198	0.0192	0.0194	0.0191	0.0197	0.0197	0.0196	0.0180	0.0276	0.0217
焦作	0.0200	0.0182	0.0200	0.0203	0.0221	0.0245	0.0250	0.0237	0.0231	0.0265	0.0240	0.0258	0.0261	0.0260	0.0301	0.0274
濮阳	0.0160	0.0065	0.0142	0.0151	0.0157	0.0161	0.0192	0.0198	0.0195	0.0189	0.0203	0.0218	0.0246	0.0253	0.0261	0.0269
许昌	0.0178	0.0173	0.0169	0.0173	0.0192	0.0198	0.0210	0.0212	0.0213	0.0203	0.0224	0.0276	0.0313	0.0310	0.0473	0.0365
漯河	0.0162	0.0163	0.0169	0.0164	0.0189	0.0181	0.0182	0.0184	0.0188	0.0194	0.0186	0.0238	0.0278	0.0339	0.0341	0.0342
三门峡	0.0162	0.0062	0.0175	0.0181	0.0182	0.0182	0.0187	0.0192	0.0179	0.0196	0.0165	0.0178	0.0201	0.0187	0.0188	0.0190
南阳	0.0154	0.0143	0.0156	0.0166	0.0167	0.0183	0.0225	0.0267	0.0230	0.0228	0.0259	0.0373	0.0358	0.0388	0.0319	0.0355
商丘	0.0120	0.0104	0.0134	0.0138	0.0154	0.0154	0.0180	0.0199	0.0196	0.0196	0.0212	0.0216	0.0423	0.0422	0.0546	0.0464
信阳	0.0127	0.0148	0.0103	0.0151	0.0163	0.0170	0.0171	0.0170	0.0194	0.0182	0.0160	0.0201	0.0174	0.0173	0.0192	0.0180
周口	0.0144	0.0057	0.0167	0.0065	0.0062	0.0069	0.0071	0.0191	0.0198	0.0219	0.0217	0.0216	0.0227	0.0268	0.0274	0.0280
驻马店	0.0153	0.0059	0.0171	0.0178	0.0189	0.0195	0.0218	0.0225	0.0238	0.0217	0.0236	0.0238	0.0344	0.0325	0.0241	0.0303

续表

地区	2005 年	2006 年	2007 年	2008 年	2009 年	2010 年	2011 年	2012 年	2013 年	2014 年	2015 年	2016 年	2017 年	2018 年	2019 年	2020 年
武汉	0.0338	0.0298	0.0479	0.0444	0.0410	0.0464	0.1063	0.1660	0.1245	0.1489	0.1290	0.2011	0.1345	0.1853	0.2052	0.2251
黄石	0.0181	0.0183	0.0187	0.0187	0.0212	0.0212	0.0280	0.0296	0.0312	0.0334	0.0368	0.0420	0.0368	0.0396	0.0451	0.0405
十堰	0.0133	0.0132	0.0142	0.0140	0.0184	0.0189	0.0209	0.0247	0.0226	0.0259	0.0297	0.0305	0.0428	0.0331	0.0346	0.0361
宜昌	0.0234	0.0218	0.0256	0.0260	0.0271	0.0248	0.0279	0.0287	0.0286	0.0320	0.0305	0.0340	0.0410	0.0467	0.0432	0.0436
襄樊	0.0167	0.0182	0.0158	0.0175	0.0186	0.0224	0.0249	0.0281	0.0217	0.0216	0.0212	0.0214	0.0288	0.0266	0.0461	0.0338
鄂州	0.0138	0.0145	0.0057	0.0174	0.0189	0.0220	0.0197	0.0206	0.0215	0.0205	0.0206	0.0227	0.0302	0.0268	0.0360	0.0310
荆门	0.0178	0.0191	0.0193	0.0183	0.0184	0.0193	0.0217	0.0222	0.0246	0.0240	0.0249	0.0242	0.0289	0.0312	0.0310	0.0307
孝感	0.0138	0.0059	0.0156	0.0171	0.0170	0.0178	0.0072	0.0206	0.0229	0.0176	0.0212	0.0258	0.0277	0.0249	0.0266	0.0284
荆州	0.0039	0.0041	0.0044	0.0049	0.0053	0.0063	0.0178	0.0197	0.0220	0.0227	0.0211	0.0216	0.0217	0.0237	0.0292	0.0249
黄冈	0.0030	0.0028	0.0030	0.0056	0.0068	0.0077	0.0072	0.0067	0.0064	0.0207	0.0197	0.0182	0.0190	0.0190	0.0174	0.0184
咸宁	0.0018	0.0019	0.0018	0.0045	0.0048	0.0071	0.0072	0.0177	0.0172	0.0166	0.0172	0.0185	0.0188	0.0181	0.0230	0.0279
随州	0.0047	0.0043	0.0023	0.0024	0.0031	0.0027	0.0059	0.0064	0.0173	0.0200	0.0176	0.0172	0.0181	0.0178	0.0217	0.0255
长沙	0.0239	0.0234	0.0249	0.0374	0.0323	0.0384	0.0490	0.0593	0.0808	0.0768	0.0510	0.0710	0.0650	0.0391	0.0492	0.0511
株洲	0.0178	0.0184	0.0179	0.0179	0.0187	0.0198	0.0261	0.0233	0.0308	0.0324	0.0336	0.0277	0.0308	0.0348	0.0338	0.0328
湘潭	0.0147	0.0159	0.0166	0.0164	0.0176	0.0190	0.0238	0.0263	0.0266	0.0289	0.0238	0.0262	0.0259	0.0241	0.0292	0.0343
衡阳	0.0103	0.0039	0.0135	0.0152	0.0167	0.0178	0.0192	0.0194	0.0288	0.0315	0.0294	0.0273	0.0273	0.0266	0.0270	0.0274
邵阳	0.0015	0.0027	0.0030	0.0057	0.0065	0.0092	0.0278	0.0248	0.0258	0.0269	0.0256	0.0246	0.0233	0.0209	0.0221	0.0232
岳阳	0.0134	0.0136	0.0057	0.0162	0.0194	0.0245	0.0288	0.0123	0.0349	0.0327	0.0383	0.0398	0.0129	0.0115	0.0157	0.0198

续表

地区	2005 年	2006 年	2007 年	2008 年	2009 年	2010 年	2011 年	2012 年	2013 年	2014 年	2015 年	2016 年	2017 年	2018 年	2019 年	2020 年
常德	0.0158	0.0151	0.0153	0.0150	0.0161	0.0181	0.0210	0.0228	0.0224	0.0225	0.0218	0.0251	0.0366	0.0448	0.0405	0.0407
张家界	0.0137	0.0054	0.0056	0.0069	0.0076	0.0099	0.0095	0.0205	0.0199	0.0216	0.0236	0.0255	0.0193	0.0221	0.0232	0.0244
益阳	0.0159	0.0166	0.0152	0.0170	0.0169	0.0165	0.0165	0.0166	0.0172	0.0200	0.0186	0.0234	0.0247	0.0293	0.0282	0.0271
郴州	0.0148	0.0134	0.0143	0.0141	0.0146	0.0156	0.0223	0.0268	0.0334	0.0315	0.0424	0.0261	0.0284	0.0271	0.0255	0.0270
永州	0.0113	0.0040	0.0121	0.0045	0.0048	0.0148	0.0187	0.0205	0.0233	0.0251	0.0240	0.0227	0.0315	0.0090	0.0087	0.0084
怀化	0.0093	0.0018	0.0110	0.0119	0.0131	0.0139	0.0152	0.0173	0.0194	0.0157	0.0193	0.0231	0.0219	0.0194	0.0193	0.0193
娄底	0.0135	0.0027	0.0141	0.0154	0.0161	0.0181	0.0201	0.0203	0.0214	0.0235	0.0296	0.0218	0.0199	0.0210	0.0191	0.0200
广州	0.0621	0.0490	0.0723	0.0484	0.0623	0.0764	0.0797	0.0863	0.0827	0.0924	0.1174	0.1489	0.1522	0.2427	0.3007	0.2319
韶关	0.0158	0.0104	0.0204	0.0185	0.0187	0.0192	0.0195	0.0193	0.0198	0.0208	0.0243	0.0246	0.0228	0.0242	0.0235	0.0228
深圳	0.0631	0.0603	0.0657	0.0653	0.0703	0.0796	0.0805	0.0846	0.0832	0.0914	0.0916	0.0878	0.0965	0.1212	0.1923	0.1367
珠海	0.0380	0.0262	0.0404	0.0375	0.0365	0.0406	0.0441	0.0484	0.0471	0.0474	0.0555	0.0687	0.0645	0.0726	0.0814	0.0903
汕头	0.0178	0.0172	0.0187	0.0201	0.0212	0.0273	0.0279	0.0272	0.0275	0.0299	0.0342	0.0328	0.0410	0.0497	0.0465	0.0433
佛山	0.0463	0.0389	0.0500	0.0460	0.0300	0.0404	0.0454	0.0493	0.0467	0.0627	0.0590	0.0624	0.0480	0.0540	0.0621	0.0547
江门	0.0192	0.0186	0.0218	0.0196	0.0229	0.0244	0.0303	0.0338	0.0345	0.0294	0.0267	0.0287	0.0327	0.0343	0.0401	0.0357
湛江	0.0160	0.0145	0.0137	0.0183	0.0232	0.0280	0.0247	0.0218	0.0208	0.0235	0.0243	0.0259	0.0254	0.0264	0.0293	0.0271
茂名	0.0053	0.0053	0.0048	0.0052	0.0054	0.0058	0.0048	0.0053	0.0167	0.0180	0.0183	0.0206	0.0185	0.0205	0.0243	0.0211
肇庆	0.0168	0.0193	0.0073	0.0204	0.0213	0.0250	0.0266	0.0261	0.0258	0.0273	0.0282	0.0270	0.0323	0.0350	0.0450	0.0374
惠州	0.0190	0.0201	0.0187	0.0242	0.0277	0.0305	0.0408	0.0426	0.0449	0.0546	0.0626	0.0579	0.0554	0.0546	0.0588	0.0563

续表

地区	2005年	2006年	2007年	2008年	2009年	2010年	2011年	2012年	2013年	2014年	2015年	2016年	2017年	2018年	2019年	2020年
梅州	0.0060	0.0062	0.0070	0.0178	0.0167	0.0183	0.0187	0.0179	0.0215	0.0218	0.0218	0.0240	0.0342	0.0267	0.0319	0.0372
汕尾	0.0029	0.0029	0.0032	0.0035	0.0043	0.0045	0.0212	0.0255	0.0251	0.0249	0.0254	0.0239	0.0224	0.0244	0.0251	0.0259
河源	0.0210	0.0162	0.0055	0.0048	0.0060	0.0241	0.0219	0.0228	0.0231	0.0231	0.0229	0.0216	0.0251	0.0246	0.0252	0.0259
阳江	0.0131	0.0010	0.0031	0.0170	0.0187	0.0182	0.0175	0.0208	0.0210	0.0205	0.0298	0.0307	0.0327	0.0339	0.0409	0.0358
清远	0.0119	0.0114	0.0130	0.0124	0.0149	0.0137	0.0053	0.0202	0.0281	0.0303	0.0382	0.0290	0.0291	0.0425	0.0251	0.0077
东莞	0.0375	0.0325	0.0449	0.0175	0.0609	0.0760	0.0900	0.0997	0.0955	0.0937	0.0970	0.0948	0.1032	0.1048	0.1104	0.1160
中山	0.0298	0.0152	0.0169	0.0195	0.0221	0.0238	0.0244	0.0262	0.0306	0.0303	0.0296	0.0330	0.0360	0.0087	0.0414	0.0287
潮州	0.0159	0.0163	0.0165	0.0167	0.0174	0.0175	0.0178	0.0181	0.0184	0.0173	0.0177	0.0188	0.0162	0.0172	0.0263	0.0199
揭阳	0.0106	0.0024	0.0112	0.0120	0.0106	0.0135	0.0145	0.0168	0.0136	0.0140	0.0168	0.0216	0.0227	0.0175	0.0299	0.0234
云浮	0.0124	0.0114	0.0134	0.0140	0.0066	0.0150	0.0155	0.0157	0.0076	0.0187	0.0195	0.0277	0.0283	0.0255	0.0301	0.0347
南宁	0.0266	0.0266	0.0280	0.0270	0.0254	0.0282	0.0246	0.0249	0.0488	0.0563	0.0613	0.0725	0.0435	0.0290	0.0449	0.0392
柳州	0.0157	0.0161	0.0161	0.0197	0.0227	0.0247	0.0261	0.0320	0.0288	0.0290	0.0249	0.0271	0.0298	0.0324	0.0325	0.0326
桂林	0.0238	0.0234	0.0242	0.0245	0.0229	0.0274	0.0338	0.0393	0.0311	0.0296	0.0306	0.0318	0.0288	0.0275	0.0268	0.0262
梧州	0.0021	0.0019	0.0019	0.0096	0.0124	0.0160	0.0196	0.0191	0.0209	0.0228	0.0245	0.0261	0.0295	0.0309	0.0426	0.0343
北海	0.0136	0.0137	0.0140	0.0121	0.0155	0.0160	0.0178	0.0179	0.0231	0.0221	0.0224	0.0225	0.0237	0.0233	0.0204	0.0225
防城港	0.0036	0.0039	0.0041	0.0049	0.0045	0.0061	0.0185	0.0194	0.0196	0.0203	0.0204	0.0233	0.0245	0.0249	0.0263	0.0277
钦州	0.0115	0.0046	0.0116	0.0055	0.0151	0.0147	0.0186	0.0213	0.0221	0.0207	0.0222	0.0319	0.0280	0.0274	0.0280	0.0286
贵港	0.0041	0.0023	0.0040	0.0055	0.0059	0.0063	0.0138	0.0153	0.0155	0.0170	0.0251	0.0228	0.0195	0.0277	0.0285	0.0293

续表

地区	2005年	2006年	2007年	2008年	2009年	2010年	2011年	2012年	2013年	2014年	2015年	2016年	2017年	2018年	2019年	2020年
玉林	0.0050	0.0052	0.0056	0.0181	0.0192	0.0251	0.0237	0.0214	0.0246	0.0268	0.0237	0.0287	0.0242	0.0253	0.0291	0.0329
百色	0.0035	0.0016	0.0037	0.0038	0.0049	0.0054	0.0157	0.0163	0.0155	0.0198	0.0177	0.0213	0.0181	0.0212	0.0210	0.0209
贺州	0.0025	0.0023	0.0021	0.0045	0.0039	0.0053	0.0160	0.0192	0.0205	0.0203	0.0236	0.0244	0.0326	0.0320	0.0280	0.0309
河池	0.0057	0.0057	0.0058	0.0165	0.0174	0.0260	0.0239	0.0237	0.0179	0.0180	0.0203	0.0203	0.0292	0.0276	0.0275	0.0273
来宾	0.0013	0.0016	0.0012	0.0024	0.0049	0.0060	0.0196	0.0254	0.0202	0.0229	0.0200	0.0241	0.0268	0.0252	0.0248	0.0245
崇左	0.0018	0.0022	0.0021	0.0024	0.0037	0.0037	0.0110	0.0125	0.0134	0.0141	0.0173	0.0181	0.0206	0.0227	0.0254	0.0280
海口	0.0205	0.0201	0.0205	0.0214	0.0226	0.0253	0.0350	0.0444	0.0347	0.0320	0.0392	0.0300	0.0438	0.0330	0.0309	0.0359
三亚	0.0215	0.0250	0.0243	0.0248	0.0201	0.0300	0.0266	0.0307	0.0335	0.0425	0.0417	0.0551	0.0663	0.0640	0.0629	0.0618
重庆	0.0835	0.0768	0.0909	0.1033	0.1162	0.1227	0.1437	0.1644	0.1610	0.1562	0.1729	0.1991	0.2107	0.2752	0.2709	0.2666
成都	0.0505	0.0462	0.0539	0.0596	0.0602	0.0594	0.0578	0.0554	0.0655	0.0576	0.0647	0.1115	0.1028	0.1270	0.1340	0.1410
自贡	0.0169	0.0174	0.0175	0.0175	0.0171	0.0176	0.0211	0.0230	0.0209	0.0194	0.0205	0.0191	0.0204	0.0257	0.0260	0.0263
攀枝花	0.0231	0.0215	0.0216	0.0212	0.0213	0.0214	0.0242	0.0236	0.0283	0.0296	0.0303	0.0321	0.0325	0.0336	0.0301	0.0321
泸州	0.0154	0.0063	0.0190	0.0175	0.0163	0.0169	0.0227	0.0246	0.0308	0.0350	0.0364	0.0431	0.0408	0.0379	0.0472	0.0419
德阳	0.0138	0.0144	0.0154	0.0153	0.0155	0.0178	0.0175	0.0173	0.0169	0.0170	0.0175	0.0179	0.0240	0.0335	0.0442	0.0339
绵阳	0.0213	0.0229	0.0231	0.0237	0.0246	0.0265	0.0252	0.0220	0.0278	0.0296	0.0282	0.0363	0.0474	0.0492	0.0427	0.0464
广元	0.0131	0.0157	0.0162	0.0158	0.0165	0.0169	0.0204	0.0222	0.0241	0.0278	0.0302	0.0334	0.0368	0.0350	0.0368	0.0362
遂宁	0.0137	0.0135	0.0184	0.0192	0.0192	0.0208	0.0221	0.0243	0.0229	0.0236	0.0229	0.0300	0.0344	0.0405	0.0338	0.0362
内江	0.0125	0.0105	0.0037	0.0106	0.0121	0.0146	0.0162	0.0171	0.0168	0.0166	0.0172	0.0198	0.0242	0.0258	0.0482	0.0327

续表

地区	2005年	2006年	2007年	2008年	2009年	2010年	2011年	2012年	2013年	2014年	2015年	2016年	2017年	2018年	2019年	2020年
乐山	0.0126	0.0149	0.0152	0.0157	0.0158	0.0163	0.0222	0.0257	0.0276	0.0264	0.0286	0.0294	0.0317	0.0354	0.0403	0.0451
南充	0.0166	0.0160	0.0158	0.0179	0.0208	0.0251	0.0254	0.0269	0.0269	0.0332	0.0286	0.0271	0.0266	0.0411	0.0416	0.0422
眉山	0.0046	0.0046	0.0054	0.0147	0.0151	0.0154	0.0154	0.0185	0.0240	0.0251	0.0226	0.0287	0.0313	0.0204	0.0300	0.0396
宜宾	0.0098	0.0042	0.0111	0.0119	0.0119	0.0124	0.0167	0.0218	0.0184	0.0181	0.0248	0.0298	0.0292	0.0104	0.0123	0.0143
广安	0.0045	0.0064	0.0073	0.0200	0.0197	0.0076	0.0193	0.0191	0.0179	0.0071	0.0217	0.0225	0.0092	0.0101	0.0114	0.0126
达州	0.0031	0.0031	0.0044	0.0151	0.0157	0.0177	0.0151	0.0184	0.0115	0.0116	0.0118	0.0134	0.0113	0.0190	0.0314	0.0206
雅安	0.0126	0.0117	0.0118	0.0143	0.0148	0.0172	0.0169	0.0163	0.0170	0.0184	0.0241	0.0197	0.0229	0.0246	0.0276	0.0250
巴中	0.0135	0.0140	0.0158	0.0168	0.0166	0.0187	0.0180	0.0202	0.0182	0.0174	0.0208	0.0174	0.0159	0.0177	0.0187	0.0174
资阳	0.0052	0.0051	0.0052	0.0151	0.0169	0.0181	0.0178	0.0165	0.0231	0.0187	0.0180	0.0190	0.0241	0.0284	0.0277	0.0269
贵阳	0.0274	0.0239	0.0251	0.0099	0.0282	0.0343	0.0346	0.0332	0.0436	0.0525	0.0381	0.0495	0.0460	0.0534	0.0566	0.0597
六盘水	0.0090	0.0081	0.0094	0.0098	0.0109	0.0113	0.0122	0.0117	0.0136	0.0164	0.0290	0.0164	0.0269	0.0301	0.0244	0.0271
遵义	0.0156	0.0065	0.0139	0.0132	0.0143	0.0137	0.0158	0.0174	0.0216	0.0218	0.0232	0.0261	0.0288	0.0366	0.0370	0.0375
安顺	0.0019	0.0020	0.0022	0.0023	0.0020	0.0058	0.0153	0.0157	0.0173	0.0182	0.0270	0.0267	0.0298	0.0322	0.0327	0.0331
昆明	0.0273	0.0250	0.0269	0.0209	0.0374	0.0370	0.0369	0.0441	0.0400	0.0429	0.0411	0.0449	0.0406	0.0521	0.0580	0.0640
曲靖	0.0162	0.0164	0.0190	0.0190	0.0176	0.0184	0.0077	0.0083	0.0081	0.0234	0.0121	0.0404	0.0226	0.0318	0.0450	0.0331
玉溪	0.0191	0.0076	0.0192	0.0216	0.0231	0.0258	0.0085	0.0192	0.0072	0.0215	0.0189	0.0261	0.0416	0.0262	0.0300	0.0338
保山	0.0118	0.0107	0.0150	0.0150	0.0151	0.0164	0.0164	0.0056	0.0154	0.0166	0.0162	0.0172	0.0504	0.0266	0.0387	0.0386
昭通	0.0048	0.0041	0.0050	0.0040	0.0040	0.0050	0.0051	0.0053	0.0053	0.0054	0.0063	0.0067	0.0188	0.0203	0.0204	0.0204

续表

地区	2005年	2006年	2007年	2008年	2009年	2010年	2011年	2012年	2013年	2014年	2015年	2016年	2017年	2018年	2019年	2020年
丽江	0.0167	0.0184	0.0081	0.0065	0.0073	0.0082	0.0209	0.0215	0.0278	0.0267	0.0306	0.0308	0.0337	0.0332	0.0351	0.0370
普洱	0.0106	0.0122	0.0046	0.0047	0.0058	0.0165	0.0166	0.0176	0.0235	0.0240	0.0236	0.0242	0.0286	0.0291	0.0117	0.0232
临沧	0.0036	0.0039	0.0044	0.0044	0.0049	0.0038	0.0072	0.0079	0.0210	0.0218	0.0194	0.0215	0.0214	0.0214	0.0213	0.0212
西安	0.0299	0.0235	0.0345	0.0450	0.0573	0.0560	0.0549	0.0525	0.0558	0.0633	0.0571	0.0757	0.1027	0.0784	0.1218	0.1010
铜川	0.0050	0.0053	0.0059	0.0156	0.0146	0.0196	0.0201	0.0187	0.0213	0.0258	0.0227	0.0261	0.0222	0.0243	0.0249	0.0256
宝鸡	0.0151	0.0156	0.0155	0.0184	0.0199	0.0223	0.0231	0.0244	0.0233	0.0260	0.0265	0.0246	0.0309	0.0222	0.0266	0.0266
咸阳	0.0050	0.0050	0.0053	0.0050	0.0048	0.0199	0.0208	0.0211	0.0230	0.0332	0.0297	0.0300	0.0283	0.0258	0.0230	0.0257
渭南	0.0114	0.0145	0.0160	0.0169	0.0163	0.0164	0.0198	0.0214	0.0218	0.0224	0.0300	0.0282	0.0294	0.0265	0.0277	0.0289
延安	0.0125	0.0150	0.0123	0.0113	0.0142	0.0152	0.0144	0.0143	0.0143	0.0145	0.0143	0.0190	0.0203	0.0259	0.0088	0.0183
汉中	0.0042	0.0065	0.0071	0.0158	0.0164	0.0166	0.0172	0.0065	0.0198	0.0179	0.0179	0.0173	0.0194	0.0214	0.0214	0.0213
榆林	0.0025	0.0024	0.0029	0.0154	0.0185	0.0211	0.0220	0.0228	0.0308	0.0285	0.0250	0.0266	0.0262	0.0244	0.0266	0.0287
安康	0.0120	0.0157	0.0037	0.0019	0.0056	0.0081	0.0223	0.0238	0.0229	0.0302	0.0285	0.0288	0.0295	0.0242	0.0259	0.0276
商洛	0.0050	0.0053	0.0056	0.0053	0.0062	0.0088	0.0160	0.0166	0.0175	0.0136	0.0139	0.0133	0.0175	0.0172	0.0190	0.0208
兰州	0.0063	0.0054	0.0065	0.0063	0.0056	0.0052	0.0091	0.0133	0.0122	0.0340	0.0504	0.0453	0.0417	0.0490	0.0385	0.0431
嘉峪关	0.0195	0.0177	0.0176	0.0165	0.0175	0.0175	0.0177	0.0169	0.0174	0.0181	0.0211	0.0210	0.0231	0.0244	0.0237	0.0238
金昌	0.0110	0.0013	0.0112	0.0127	0.0143	0.0146	0.0146	0.0148	0.0169	0.0229	0.0173	0.0172	0.0178	0.0185	0.0177	0.0180
白银	0.0095	0.0028	0.0107	0.0102	0.0105	0.0105	0.0114	0.0121	0.0140	0.0151	0.0174	0.0176	0.0268	0.0183	0.0168	0.0206
天水	0.0057	0.0052	0.0059	0.0053	0.0054	0.0055	0.0067	0.0069	0.0067	0.0163	0.0190	0.0228	0.0174	0.0200	0.0221	0.0242

续表

地区	2005年	2006年	2007年	2008年	2009年	2010年	2011年	2012年	2013年	2014年	2015年	2016年	2017年	2018年	2019年	2020年
武威	0.0044	0.0046	0.0048	0.0134	0.0132	0.0133	0.0132	0.0157	0.0162	0.0184	0.0167	0.0184	0.0186	0.0193	0.0262	0.0214
张掖	0.0115	0.0121	0.0137	0.0156	0.0175	0.0160	0.0145	0.0178	0.0248	0.0290	0.0222	0.0211	0.0256	0.0219	0.0239	0.0238
平凉	0.0103	0.0098	0.0137	0.0147	0.0161	0.0169	0.0175	0.0181	0.0210	0.0195	0.0192	0.0192	0.0208	0.0218	0.0229	0.0218
酒泉	0.0130	0.0049	0.0121	0.0149	0.0143	0.0149	0.0164	0.0158	0.0162	0.0167	0.0171	0.0167	0.0186	0.0190	0.0191	0.0189
庆阳	0.0040	0.0038	0.0043	0.0116	0.0156	0.0196	0.0184	0.0169	0.0169	0.0168	0.0170	0.0184	0.0170	0.0173	0.0193	0.0179
定西	0.0029	0.0028	0.0036	0.0044	0.0049	0.0133	0.0147	0.0156	0.0162	0.0158	0.0163	0.0168	0.0168	0.0189	0.0170	0.0151
陇南	0.0043	0.0043	0.0023	0.0043	0.0040	0.0059	0.0053	0.0046	0.0048	0.0050	0.0054	0.0053	0.0354	0.0162	0.0208	0.0255
西宁	0.0175	0.0186	0.0194	0.0223	0.0235	0.0258	0.0260	0.0277	0.0256	0.0259	0.0357	0.0323	0.0466	0.0325	0.0362	0.0385
银川	0.0191	0.0194	0.0202	0.0097	0.0221	0.0225	0.0237	0.0234	0.0240	0.0216	0.0336	0.0304	0.0322	0.0299	0.0329	0.0317
石嘴山	0.0050	0.0043	0.0056	0.0047	0.0144	0.0155	0.0165	0.0165	0.0175	0.0252	0.0198	0.0196	0.0270	0.0264	0.0290	0.0275
吴忠	0.0117	0.0139	0.0137	0.0155	0.0061	0.0171	0.0167	0.0166	0.0169	0.0173	0.0168	0.0165	0.0195	0.0231	0.0216	0.0200
固原	0.0109	0.0120	0.0123	0.0123	0.0045	0.0135	0.0135	0.0140	0.0152	0.0148	0.0144	0.0176	0.0222	0.0226	0.0250	0.0233
中卫	0.0041	0.0059	0.0058	0.0060	0.0056	0.0143	0.0142	0.0060	0.0641	0.0404	0.0523	0.0481	0.0905	0.0370	0.0306	0.0527
乌鲁木齐	0.0215	0.0195	0.0217	0.0207	0.0234	0.0261	0.0387	0.0507	0.0497	0.0473	0.0650	0.0601	0.0440	0.0742	0.0891	0.0691
克拉玛依	0.0258	0.0245	0.0236	0.0249	0.0279	0.0270	0.0291	0.0298	0.0318	0.0335	0.0314	0.0302	0.0283	0.0287	0.0260	0.0277

附表 3

城市非正式环境规制

地区	2005年	2006年	2007年	2008年	2009年	2010年	2011年	2012年	2013年	2014年	2015年	2016年	2017年	2018年	2019年	2020年
北京	0.2731	0.2801	0.2858	0.2843	0.2903	0.2928	0.2963	0.2996	0.3046	0.3095	0.3128	0.3180	0.3233	0.3254	0.3365	0.3475
天津	0.2306	0.2450	0.2540	0.2631	0.2720	0.2857	0.2943	0.3098	0.3165	0.3292	0.3304	0.3301	0.3349	0.3368	0.3400	0.3431
石家庄	0.1845	0.1955	0.2068	0.2108	0.2300	0.2334	0.2408	0.2446	0.2491	0.2567	0.2708	0.2824	0.3061	0.3243	0.3270	0.3297
唐山	0.1003	0.1062	0.1098	0.1193	0.1195	0.1254	0.1325	0.1452	0.1379	0.1392	0.1423	0.1465	0.1526	0.1617	0.1714	0.1811
秦皇岛	0.1570	0.1654	0.1709	0.1705	0.1849	0.1859	0.1877	0.2888	0.3102	0.2882	0.2905	0.2891	0.2931	0.2901	0.2113	0.1324
邯郸	0.0930	0.0964	0.0999	0.1075	0.1084	0.1120	0.1150	0.1163	0.1265	0.1174	0.1212	0.1229	0.1281	0.1328	0.1376	0.1423
邢台	0.0761	0.0788	0.0825	0.0907	0.0916	0.0937	0.0986	0.1006	0.1010	0.1009	0.1046	0.1075	0.1138	0.1167	0.1197	0.1228
保定	0.1030	0.1091	0.1128	0.1188	0.1235	0.1253	0.1255	0.1174	0.1660	0.1285	0.1370	0.1540	0.1428	0.1459	0.1519	0.1580
张家口	0.0520	0.0549	0.0588	0.0695	0.0726	0.0745	0.0755	0.0762	0.0498	0.0791	0.1026	0.0582	0.0974	0.1041	0.1117	0.1193
承德	0.0502	0.0546	0.0607	0.0671	0.0700	0.0734	0.0766	0.0776	0.0820	0.0814	0.0842	0.0888	0.0947	0.1007	0.1089	0.1170
沧州	0.0666	0.0709	0.0765	0.0809	0.0910	0.0912	0.0941	0.0978	0.1005	0.1178	0.1073	0.1212	0.1159	0.1236	0.1338	0.1440
廊坊	0.1316	0.1296	0.1429	0.1580	0.1797	0.1742	0.1814	0.1834	0.1687	0.1721	0.2380	0.2247	0.2121	0.2196	0.2309	0.2422
衡水	0.0567	0.0595	0.0670	0.0722	0.0725	0.0749	0.0766	0.0772	0.0782	0.0913	0.0954	0.0860	0.0967	0.0960	0.0994	0.1028
太原	0.3895	0.3809	0.4205	0.4394	0.4457	0.4555	0.4728	0.4937	0.5175	0.5439	0.5721	0.5838	0.5985	0.5965	0.6552	0.7139
大同	0.0676	0.0726	0.0761	0.0838	0.0883	0.0874	0.0927	0.0968	0.0877	0.0899	0.0912	0.0882	0.0902	0.0923	0.0967	0.1012
阳泉	0.0548	0.0562	0.0628	0.0678	0.0698	0.0841	0.0878	0.0941	0.0923	0.0964	0.0964	0.0985	0.1055	0.1136	0.1161	0.1187
长治	0.0634	0.0637	0.0655	0.0678	0.0765	0.0869	0.0814	0.0838	0.0858	0.0985	0.0980	0.0964	0.0977	0.0982	0.1029	0.1076
晋城	0.0501	0.0423	0.0481	0.0562	0.0560	0.0581	0.0561	0.0601	0.0604	0.0608	0.0608	0.0617	0.0638	0.0642	0.0627	0.0612

续表

地区	2005年	2006年	2007年	2008年	2009年	2010年	2011年	2012年	2013年	2014年	2015年	2016年	2017年	2018年	2019年	2020年
朔州	0.0794	0.0828	0.0872	0.0937	0.0928	0.0953	0.1070	0.1104	0.1121	0.1167	0.1091	0.1089	0.1133	0.0784	0.0815	0.0846
晋中	0.0737	0.0788	0.0836	0.0999	0.1037	0.1108	0.1199	0.1309	0.1980	0.2254	0.2583	0.2757	0.2887	0.3022	0.3140	0.3257
运城	0.0520	0.0532	0.0551	0.0557	0.0574	0.0586	0.0622	0.0650	0.0869	0.0874	0.1004	0.1038	0.1085	0.1114	0.1135	0.1157
忻州	0.0291	0.0306	0.0322	0.0341	0.0390	0.0534	0.0562	0.0619	0.0608	0.0620	0.0672	0.0771	0.0801	0.0737	0.0876	0.1015
临汾	0.0543	0.0531	0.0641	0.0667	0.0702	0.0718	0.0750	0.0801	0.0837	0.0850	0.0907	0.0941	0.0939	0.0961	0.0968	0.0975
吕梁	0.0387	0.0453	0.0449	0.0453	0.0460	0.0513	0.0560	0.0588	0.0649	0.0672	0.0718	0.0732	0.0720	0.0756	0.0770	0.0783
呼和浩特	0.3017	0.3303	0.3528	0.3914	0.4215	0.4411	0.4515	0.4752	0.4650	0.4640	0.4698	0.4711	0.4740	0.4744	0.4807	0.4869
包头	0.1191	0.1365	0.1475	0.1648	0.1955	0.1993	0.1679	0.1714	0.1744	0.1768	0.1823	0.1997	0.1943	0.1980	0.2008	0.2036
乌海	0.0844	0.0650	0.0670	0.0674	0.0799	0.0832	0.0814	0.0853	0.0810	0.0793	0.0883	0.1028	0.1096	0.1150	0.1276	0.1401
赤峰	0.0249	0.0279	0.0311	0.0368	0.0380	0.0412	0.0465	0.0504	0.0538	0.0563	0.0576	0.0610	0.0640	0.0683	0.0717	0.0750
通辽	0.0398	0.0397	0.0417	0.0524	0.0585	0.0729	0.0702	0.0810	0.0713	0.0937	0.0872	0.0789	0.0709	0.0810	0.0923	0.1037
鄂尔多斯	0.0239	0.0262	0.0284	0.0311	0.0350	0.0393	0.0454	0.0500	0.0526	0.0534	0.0595	0.0654	0.0701	0.0834	0.0904	0.0975
呼伦贝尔	0.0314	0.0337	0.0377	0.0430	0.0448	0.0427	0.0538	0.0517	0.0577	0.0578	0.0673	0.0686	0.0520	0.0558	0.0583	0.0608
巴彦淖尔	0.0267	0.0263	0.0311	0.0341	0.0400	0.0416	0.0432	0.0474	0.0511	0.0527	0.0586	0.0622	0.0697	0.0549	0.0756	0.0963
乌兰察布	0.0362	0.0386	0.0509	0.0522	0.0543	0.0553	0.0521	0.0552	0.0656	0.0682	0.0714	0.0766	0.0785	0.0824	0.0896	0.0968
沈阳	0.3148	0.2533	0.2549	0.2633	0.2734	0.2783	0.2951	0.2932	0.3024	0.3137	0.3192	0.3208	0.3201	0.3173	0.3360	0.3547
大连	0.1893	0.2043	0.2178	0.2286	0.2352	0.2441	0.2536	0.2613	0.2722	0.2813	0.2873	0.2889	0.2888	0.2883	0.2990	0.3097
鞍山	0.0799	0.0847	0.0884	0.0924	0.0942	0.0940	0.0961	0.0965	0.0992	0.1003	0.0999	0.1009	0.1016	0.1015	0.1057	0.1099

续表

地区	2005 年	2006 年	2007 年	2008 年	2009 年	2010 年	2011 年	2012 年	2013 年	2014 年	2015 年	2016 年	2017 年	2018 年	2019 年	2020 年
抚顺	0.0822	0.0901	0.0965	0.1062	0.1111	0.1232	0.1260	0.1285	0.1284	0.1308	0.1374	0.1368	0.1317	0.1380	0.1424	0.1467
本溪	0.0605	0.0667	0.0691	0.0638	0.0787	0.0804	0.0885	0.0844	0.0840	0.1008	0.0944	0.1263	0.1408	0.1427	0.1645	0.1864
丹东	0.0653	0.0660	0.0678	0.0731	0.0811	0.0756	0.0867	0.0850	0.0864	0.0872	0.0888	0.0886	0.0885	0.0905	0.1033	0.1161
锦州	0.1228	0.1324	0.1398	0.1504	0.1552	0.1589	0.1607	0.1646	0.1677	0.1722	0.1763	0.1730	0.1693	0.1699	0.1781	0.1864
营口	0.0613	0.0656	0.0727	0.0705	0.0773	0.0854	0.0868	0.0956	0.0988	0.1010	0.1033	0.1023	0.1048	0.1040	0.1174	0.1308
阜新	0.1016	0.0913	0.1161	0.1115	0.1146	0.1270	0.1397	0.1373	0.1444	0.1429	0.1383	0.1340	0.1336	0.1348	0.1489	0.1631
辽阳	0.0693	0.0654	0.0800	0.0927	0.0942	0.0974	0.0989	0.0995	0.0964	0.0985	0.1244	0.1029	0.1049	0.1086	0.1205	0.1324
盘锦	0.0480	0.0509	0.0547	0.0682	0.0616	0.0615	0.0614	0.0653	0.0694	0.0731	0.0738	0.0743	0.0746	0.0790	0.0839	0.0887
铁岭	0.0360	0.0390	0.0428	0.0472	0.0507	0.0623	0.0620	0.0662	0.0681	0.0674	0.0712	0.0735	0.0759	0.0788	0.0952	0.1116
朝阳	0.0330	0.0364	0.0359	0.0387	0.0370	0.0376	0.0410	0.0428	0.0429	0.0461	0.0483	0.0494	0.0535	0.0575	0.0642	0.0709
葫芦岛	0.0423	0.0440	0.0490	0.0519	0.0507	0.0507	0.0548	0.0569	0.0588	0.0611	0.0647	0.0845	0.0687	0.0711	0.0752	0.0793
长春	0.2128	0.2247	0.2388	0.2510	0.2556	0.2610	0.2689	0.2795	0.2913	0.3005	0.3100	0.3180	0.3237	0.3312	0.3451	0.3590
吉林	0.0918	0.0904	0.0987	0.1112	0.1210	0.1241	0.1301	0.1354	0.1415	0.1454	0.1489	0.1510	0.1546	0.1603	0.1712	0.1821
四平	0.0543	0.0600	0.0604	0.0720	0.0752	0.1044	0.0826	0.0860	0.0891	0.0927	0.0972	0.1007	0.1036	0.1051	0.1097	0.1142
辽源	0.0350	0.0357	0.0409	0.0558	0.0635	0.0685	0.0575	0.0606	0.0645	0.0658	0.0668	0.0682	0.0675	0.0733	0.0818	0.0902
通化	0.0421	0.0415	0.0430	0.0470	0.0498	0.0509	0.0539	0.0566	0.0590	0.0615	0.0643	0.0657	0.0689	0.0717	0.0727	0.0736
白山	0.0240	0.0241	0.0280	0.0260	0.0357	0.0376	0.0325	0.0323	0.0333	0.0358	0.0396	0.0420	0.0424	0.0438	0.0496	0.0553
松原	0.0275	0.0291	0.0301	0.0390	0.0351	0.0354	0.0380	0.0394	0.0425	0.0428	0.0440	0.0452	0.0482	0.0525	0.0583	0.0641

续表

地区	2005年	2006年	2007年	2008年	2009年	2010年	2011年	2012年	2013年	2014年	2015年	2016年	2017年	2018年	2019年	2020年
白城	0.0231	0.0283	0.0311	0.0324	0.0358	0.0605	0.0649	0.0678	0.0685	0.0713	0.0758	0.0795	0.0822	0.0849	0.0957	0.1064
哈尔滨	0.1872	0.1988	0.1996	0.2301	0.2389	0.2460	0.2475	0.2508	0.2583	0.2682	0.3480	0.3374	0.2844	0.2854	0.3256	0.3658
齐齐哈尔	0.0509	0.0509	0.0532	0.0631	0.0659	0.0686	0.0703	0.0727	0.0754	0.0811	0.0908	0.0863	0.0893	0.0919	0.0948	0.0978
鸡西	0.0447	0.0467	0.0462	0.0474	0.0525	0.0562	0.0579	0.0604	0.0643	0.0576	0.0543	0.0597	0.0474	0.0644	0.0677	0.0711
鹤岗	0.0276	0.0319	0.0343	0.0351	0.0373	0.0378	0.0538	0.0589	0.0562	0.0400	0.0424	0.0461	0.0503	0.0490	0.0484	0.0479
双鸭山	0.0311	0.0298	0.0253	0.0290	0.0259	0.0272	0.0315	0.0346	0.0378	0.0416	0.0962	0.1044	0.1459	0.1107	0.1159	0.1211
大庆	0.1176	0.1175	0.1226	0.1283	0.1378	0.1390	0.1404	0.1457	0.1565	0.1488	0.1517	0.1488	0.1281	0.1605	0.1642	0.1679
伊春	0.0207	0.0240	0.0214	0.0235	0.0259	0.0254	0.0273	0.0263	0.0266	0.0278	0.0314	0.0346	0.0363	0.0444	0.0403	0.0362
佳木斯	0.0642	0.0681	0.0683	0.0740	0.0809	0.0797	0.0830	0.1111	0.1116	0.1127	0.0976	0.0957	0.0821	0.1114	0.1337	0.1561
七台河	0.0369	0.0338	0.0385	0.0404	0.0415	0.0396	0.0413	0.0435	0.0458	0.0494	0.0536	0.0587	0.0624	0.0629	0.0701	0.0774
牡丹江	0.0765	0.0838	0.0936	0.0974	0.1088	0.1117	0.1134	0.1133	0.1139	0.1110	0.1204	0.1072	0.1514	0.1270	0.1353	0.1436
黑河	0.0301	0.0330	0.0344	0.0436	0.0388	0.0419	0.0414	0.0442	0.0510	0.0544	0.0567	0.0603	0.0614	0.0587	0.0635	0.0683
绥化	0.0305	0.0310	0.0333	0.0340	0.0352	0.0374	0.0380	0.0397	0.0417	0.0434	0.0436	0.0488	0.0514	0.0551	0.0572	0.0594
上海	0.3245	0.3421	0.3521	0.3613	0.3678	0.3728	0.3741	0.3744	0.3793	0.3805	0.3865	0.3971	0.4023	0.4087	0.4199	0.4310
南京	0.4974	0.5348	0.5722	0.6006	0.6314	0.6452	0.6552	0.5521	0.6558	0.6554	0.6577	0.6657	0.5907	0.5892	0.6830	0.7767
无锡	0.1673	0.1803	0.1934	0.2022	0.2063	0.2075	0.2087	0.2118	0.2148	0.2203	0.2254	0.2280	0.2288	0.2231	0.2429	0.2627
徐州	0.1231	0.1297	0.1349	0.1426	0.1434	0.1420	0.1497	0.1449	0.1547	0.1534	0.1561	0.1587	0.1579	0.1629	0.1689	0.1749
常州	0.1832	0.1968	0.2078	0.2142	0.2394	0.2163	0.2180	0.2011	0.2306	0.2296	0.2246	0.2527	0.2295	0.2351	0.2695	0.3040

续表

地区	2005 年	2006 年	2007 年	2008 年	2009 年	2010 年	2011 年	2012 年	2013 年	2014 年	2015 年	2016 年	2017 年	2018 年	2019 年	2020 年
苏州	0.1515	0.1656	0.1833	0.1964	0.2108	0.2063	0.2092	0.2208	0.2270	0.2328	0.2378	0.2433	0.2397	0.2468	0.2678	0.2889
南通	0.1256	0.1314	0.1372	0.1488	0.1509	0.1494	0.1476	0.1501	0.1498	0.1360	0.1394	0.1487	0.1479	0.1528	0.1663	0.1797
连云港	0.0885	0.0901	0.0936	0.0963	0.0961	0.1034	0.1049	0.1067	0.1111	0.1151	0.1172	0.1195	0.1251	0.1296	0.1371	0.1446
淮安	0.0916	0.1004	0.1085	0.1158	0.1248	0.1177	0.1184	0.1202	0.1214	0.1246	0.1268	0.1301	0.1336	0.1386	0.1451	0.1517
盐城	0.0675	0.0703	0.0760	0.0850	0.0849	0.0867	0.0884	0.0905	0.0924	0.0947	0.0978	0.1068	0.1059	0.1109	0.1194	0.1280
扬州	0.1271	0.1350	0.1428	0.1488	0.1456	0.1494	0.1520	0.1610	0.1613	0.1620	0.1660	0.1665	0.1641	0.1698	0.1806	0.1913
镇江	0.1736	0.1882	0.1999	0.2101	0.2141	0.2156	0.2200	0.2133	0.2182	0.2210	0.2254	0.2316	0.2239	0.2312	0.2616	0.2921
泰州	0.0959	0.1037	0.1127	0.1211	0.1248	0.1298	0.1321	0.1350	0.1370	0.1401	0.1481	0.1523	0.1565	0.1609	0.1676	0.1742
宿迁	0.0680	0.0686	0.0796	0.0841	0.0872	0.0860	0.0893	0.0909	0.0912	0.0937	0.0965	0.1003	0.1036	0.1064	0.1050	0.1036
杭州	0.2672	0.2803	0.2906	0.2999	0.3083	0.3330	0.3403	0.3472	0.3574	0.3583	0.3594	0.3318	0.3302	0.3327	0.3421	0.3515
宁波	0.1526	0.1598	0.1629	0.1685	0.1726	0.1781	0.1846	0.1871	0.1922	0.1961	0.2022	0.2055	0.2089	0.2086	0.2167	0.2248
温州	0.0932	0.0980	0.1038	0.1123	0.1136	0.1158	0.1181	0.1214	0.1265	0.1287	0.1321	0.1364	0.1402	0.1441	0.1562	0.1684
嘉兴	0.1106	0.1169	0.1247	0.1354	0.1388	0.1578	0.1668	0.1734	0.1799	0.1856	0.1730	0.1867	0.1901	0.1900	0.1890	0.1880
湖州	0.0805	0.0855	0.0906	0.0954	0.0976	0.0995	0.1026	0.1065	0.1102	0.1117	0.1232	0.1157	0.1182	0.1240	0.1305	0.1370
绍兴	0.0902	0.0985	0.1053	0.1110	0.1156	0.1170	0.1209	0.1280	0.1475	0.1519	0.1569	0.1642	0.1737	0.1795	0.1868	0.1941
金华	0.0948	0.0994	0.1095	0.1195	0.1259	0.1289	0.1308	0.1344	0.1402	0.1454	0.1036	0.1065	0.1466	0.1506	0.1543	0.1579
衢州	0.0588	0.0589	0.0616	0.0643	0.0656	0.0682	0.0719	0.0753	0.0795	0.0832	0.0880	0.0930	0.1025	0.1036	0.1130	0.1224
舟山	0.1315	0.1502	0.1679	0.1792	0.1785	0.1787	0.1856	0.1874	0.1913	0.1916	0.1980	0.2061	0.2005	0.2074	0.2171	0.2268

续表

地区	2005年	2006年	2007年	2008年	2009年	2010年	2011年	2012年	2013年	2014年	2015年	2016年	2017年	2018年	2019年	2020年
台州	0.0820	0.0850	0.0885	0.0904	0.0940	0.0965	0.0982	0.1009	0.1032	0.1041	0.1056	0.1101	0.1133	0.1170	0.1226	0.1282
丽水	0.0641	0.0698	0.0904	0.0981	0.0968	0.1001	0.1051	0.1085	0.1125	0.1149	0.1165	0.1188	0.0968	0.1008	0.1043	0.1077
合肥	0.2965	0.3209	0.3398	0.3647	0.3873	0.4051	0.3278	0.3333	0.3500	0.3847	0.4033	0.3855	0.3863	0.3837	0.4046	0.4256
芜湖	0.2378	0.2773	0.2818	0.2961	0.3089	0.3302	0.2352	0.2459	0.2518	0.2238	0.2298	0.2704	0.2747	0.2397	0.2504	0.2610
蚌埠	0.1054	0.1120	0.1158	0.1183	0.1285	0.1329	0.1316	0.1417	0.1486	0.1474	0.1509	0.1520	0.1551	0.1600	0.1659	0.1718
淮南	0.1714	0.1817	0.1885	0.1997	0.2064	0.2147	0.2205	0.2269	0.2524	0.2509	0.2467	0.1791	0.1456	0.1296	0.0136	-0.1024
马鞍山	0.1488	0.1648	0.1807	0.2230	0.2173	0.2278	0.1586	0.1683	0.1725	0.1806	0.1851	0.1829	0.1859	0.1952	0.2063	0.2174
淮北	0.1210	0.1230	0.1343	0.1414	0.1447	0.1500	0.1556	0.1607	0.1607	0.1636	0.1707	0.1716	0.1770	0.1787	0.1919	0.2052
铜陵	0.1580	0.1867	0.2060	0.2137	0.2186	0.2277	0.2441	0.2547	0.2675	0.2792	0.2906	0.1719	0.1699	0.1654	0.1635	0.1615
安庆	0.0551	0.0578	0.0642	0.0690	0.0703	0.0779	0.0815	0.0862	0.0867	0.0887	0.0904	0.0952	0.0937	0.0975	0.1022	0.1070
黄山	0.0566	0.0620	0.0683	0.0703	0.0730	0.0779	0.0838	0.0893	0.0950	0.1034	0.1107	0.1136	0.1194	0.1204	0.1213	0.1223
滁州	0.0662	0.0674	0.0706	0.0772	0.0799	0.0832	0.0877	0.0983	0.0964	0.1020	0.1067	0.1111	0.1161	0.1193	0.1230	0.1267
阜阳	0.0928	0.1026	0.1007	0.1043	0.1100	0.1108	0.1149	0.1204	0.1214	0.1213	0.1233	0.1274	0.1295	0.1358	0.1428	0.1498
宿州	0.0724	0.0760	0.0790	0.0866	0.0831	0.0869	0.0972	0.0996	0.0893	0.0885	0.0938	0.0954	0.1032	0.1045	0.1093	0.1142
六安	0.0539	0.0571	0.0614	0.0656	0.0687	0.0719	0.0753	0.0792	0.0814	0.0834	0.0887	0.0961	0.0942	0.0981	0.1028	0.1076
亳州	0.0643	0.0674	0.0723	0.0767	0.0801	0.0814	0.0856	0.0901	0.0994	0.0931	0.0961	0.0961	0.1008	0.1066	0.1116	0.1165
池州	0.0491	0.0511	0.0519	0.0685	0.0873	0.1040	0.1132	0.1202	0.0988	0.1010	0.1061	0.1126	0.1198	0.1246	0.1382	0.1518
宣城	0.0331	0.0358	0.0387	0.0407	0.0443	0.0480	0.0526	0.0597	0.0688	0.0588	0.0618	0.0652	0.0684	0.0704	0.0722	0.0741

续表

地区	2005 年	2006 年	2007 年	2008 年	2009 年	2010 年	2011 年	2012 年	2013 年	2014 年	2015 年	2016 年	2017 年	2018 年	2019 年	2020 年
福州	0.1913	0.2063	0.2176	0.2288	0.2386	0.2494	0.2586	0.2684	0.2797	0.2788	0.2811	0.2795	0.2799	0.2853	0.2987	0.3122
厦门	0.2757	0.3137	0.3753	0.3794	0.4330	0.4224	0.4360	0.4518	0.4659	0.4726	0.4295	0.4204	0.4110	0.4466	0.4270	0.4073
莆田	0.0885	0.0905	0.0951	0.0936	0.0993	0.1017	0.1044	0.1082	0.1118	0.1192	0.1212	0.1234	0.1314	0.1349	0.1370	0.1392
三明	0.0483	0.0495	0.0523	0.0550	0.0537	0.0565	0.0690	0.0701	0.0745	0.0771	0.0811	0.0832	0.0877	0.0942	0.1066	0.1190
泉州	0.1035	0.1096	0.1166	0.1245	0.1306	0.1366	0.1425	0.1449	0.1471	0.1509	0.1544	0.1570	0.1583	0.1624	0.1788	0.1951
漳州	0.0729	0.0792	0.0855	0.0946	0.0978	0.1030	0.1056	0.1099	0.1165	0.1200	0.1237	0.1272	0.1297	0.1380	0.1573	0.1766
南平	0.0444	0.0420	0.0424	0.0500	0.0565	0.0594	0.0638	0.0677	0.0702	0.0717	0.0762	0.0786	0.0820	0.0861	0.0938	0.1014
龙岩	0.0454	0.0479	0.0490	0.0525	0.0517	0.0528	0.0553	0.0596	0.0629	0.0634	0.0698	0.0715	0.0732	0.0778	0.0868	0.0958
宁德	0.0386	0.0398	0.0412	0.0486	0.0497	0.0509	0.0542	0.0563	0.0580	0.0604	0.0659	0.0691	0.0740	0.0766	0.0850	0.0935
南昌	0.4236	0.5174	0.4918	0.4633	0.4946	0.4982	0.4977	0.5149	0.5238	0.5486	0.5769	0.5989	0.5990	0.5984	0.6117	0.6250
景德镇	0.0936	0.1071	0.1484	0.1154	0.1166	0.1181	0.1110	0.1128	0.1169	0.1267	0.1379	0.1462	0.1498	0.1171	0.1602	0.2033
萍乡	0.0652	0.0685	0.0734	0.0763	0.0778	0.0778	0.0772	0.0868	0.0869	0.0937	0.0953	0.0979	0.1364	0.1437	0.1548	0.1659
九江	0.1049	0.1095	0.1083	0.1076	0.1103	0.1078	0.1121	0.1122	0.1160	0.1208	0.1261	0.1320	0.1342	0.1388	0.1455	0.1521
新余	0.0714	0.0849	0.0901	0.1260	0.0913	0.0976	0.1496	0.1637	0.1605	0.1749	0.1972	0.2019	0.1994	0.1936	0.2115	0.2294
鹰潭	0.0497	0.0497	0.0563	0.0592	0.0583	0.0595	0.0642	0.0686	0.0716	0.0780	0.0893	0.0918	0.0967	0.0998	0.1057	0.1115
赣州	0.0620	0.0669	0.0718	0.0781	0.0778	0.0796	0.0831	0.0842	0.0895	0.0918	0.0929	0.1156	0.0999	0.1039	0.1095	0.1152
吉安	0.0411	0.0426	0.0451	0.0485	0.0471	0.0481	0.0508	0.0525	0.0552	0.0586	0.0608	0.0757	0.0761	0.0851	0.0905	0.0959
宜春	0.0581	0.0618	0.0627	0.0667	0.0753	0.0766	0.0763	0.0792	0.0867	0.0881	0.0878	0.0898	0.0921	0.0993	0.1073	0.1154

续表

地区	2005年	2006年	2007年	2008年	2009年	2010年	2011年	2012年	2013年	2014年	2015年	2016年	2017年	2018年	2019年	2020年
抚州	0.0518	0.0719	0.0735	0.0799	0.0859	0.0949	0.0989	0.0705	0.0720	0.0783	0.0820	0.0833	0.0841	0.0889	0.0766	0.0643
上饶	0.0476	0.0568	0.0581	0.0593	0.0627	0.0638	0.0584	0.0656	0.0715	0.0671	0.0775	0.0801	0.0831	0.0871	0.0931	0.0991
济南	0.4258	0.4680	0.4846	0.5144	0.5347	0.5422	0.5408	0.5552	0.6023	0.5817	0.5914	0.5989	0.4728	0.4860	0.4102	0.3345
青岛	0.2077	0.2188	0.2225	0.2295	0.2278	0.2389	0.2449	0.2486	0.2535	0.2634	0.2715	0.2842	0.2880	0.3160	0.3284	0.3409
淄博	0.1297	0.1528	0.1574	0.1800	0.1786	0.1823	0.1788	0.1754	0.1755	0.1822	0.1927	0.1988	0.2006	0.2036	0.2150	0.2265
枣庄	0.0871	0.0905	0.0955	0.1040	0.1077	0.1107	0.1136	0.1140	0.1174	0.1231	0.1300	0.1365	0.1413	0.1485	0.1528	0.1571
东营	0.2156	0.1409	0.1466	0.1576	0.1605	0.1656	0.1632	0.1084	0.1092	0.1139	0.1234	0.1319	0.1338	0.1359	0.1468	0.1578
烟台	0.1373	0.1227	0.1320	0.1387	0.1479	0.1567	0.1585	0.1673	0.1767	0.1830	0.1929	0.2030	0.1974	0.2345	0.2350	0.2356
潍坊	0.0947	0.1021	0.1096	0.1162	0.1217	0.1244	0.1252	0.1272	0.1320	0.1417	0.1724	0.1612	0.1681	0.1711	0.1827	0.1944
济宁	0.0972	0.1042	0.1098	0.1164	0.1193	0.1227	0.1232	0.1285	0.1318	0.1372	0.1434	0.1483	0.1516	0.1552	0.1619	0.1686
泰安	0.1224	0.1313	0.1332	0.1426	0.1461	0.1498	0.1540	0.1586	0.1601	0.1645	0.1694	0.1882	0.1839	0.1861	0.1957	0.2053
威海	0.0969	0.1190	0.1257	0.1342	0.1545	0.1545	0.1555	0.1592	0.1627	0.1704	0.1832	0.2101	0.2002	0.2199	0.2395	0.2591
日照	0.1441	0.0747	0.0827	0.0886	0.1004	0.0922	0.0950	0.0988	0.1012	0.1085	0.1168	0.1187	0.1127	0.1157	0.1293	0.1428
莱芜	0.0721	0.0804	0.0869	0.0954	0.1052	0.1004	0.0919	0.0877	0.0888	0.0978	0.1066	0.1132	0.1155	0.1180	0.1203	0.1225
临沂	0.0759	0.0779	0.0791	0.0841	0.0875	0.0902	0.0941	0.0974	0.0971	0.1033	0.1097	0.1139	0.1194	0.1236	0.1324	0.1412
德州	0.0743	0.0806	0.0847	0.0892	0.0893	0.0903	0.0920	0.0944	0.0976	0.1022	0.1107	0.1189	0.1248	0.1264	0.1361	0.1457
聊城	0.0919	0.0942	0.0937	0.0969	0.0963	0.0995	0.1029	0.1084	0.1060	0.1087	0.1130	0.1186	0.1222	0.1264	0.1300	0.1337
滨州	0.0815	0.0882	0.0942	0.1003	0.1032	0.1050	0.1051	0.1080	0.1098	0.1144	0.1195	0.1237	0.1269	0.1302	0.1330	0.1358

续表

地区	2005年	2006年	2007年	2008年	2009年	2010年	2011年	2012年	2013年	2014年	2015年	2016年	2017年	2018年	2019年	2020年
菏泽	0.0753	0.0798	0.0826	0.0889	0.0891	0.0924	0.0948	0.0968	0.0990	0.1041	0.1125	0.1165	0.1186	0.1222	0.1265	0.1308
郑州	0.3347	0.3647	0.3932	0.4375	0.4591	0.4123	0.4105	0.4162	0.4729	0.4854	0.5527	0.5841	0.6066	0.6307	0.6663	0.7019
开封	0.1139	0.1226	0.1281	0.1343	0.1390	0.1422	0.1505	0.1500	0.1569	0.1854	0.1629	0.1669	0.1722	0.1784	0.1836	0.1889
洛阳	0.0924	0.0936	0.0966	0.1029	0.1042	0.1071	0.1200	0.1364	0.1358	0.1413	0.1447	0.1490	0.1427	0.1521	0.1607	0.1694
平顶山	0.0924	0.0988	0.1058	0.1144	0.1195	0.1241	0.1266	0.1279	0.1271	0.1261	0.1257	0.1286	0.1483	0.1475	0.1485	0.1495
安阳	0.0908	0.0959	0.1001	0.1055	0.1090	0.1152	0.1203	0.1276	0.1314	0.1365	0.1423	0.1482	0.1556	0.1647	0.1725	0.1802
鹤壁	0.0806	0.0858	0.0886	0.0952	0.0964	0.1032	0.1064	0.1060	0.1102	0.1123	0.1139	0.1202	0.1279	0.1352	0.1454	0.1556
新乡	0.1166	0.1255	0.1353	0.1439	0.1488	0.1574	0.1677	0.1781	0.1780	0.1802	0.1814	0.1874	0.1931	0.2023	0.2111	0.2199
焦作	0.1329	0.1384	0.1448	0.1504	0.1598	0.1706	0.1771	0.1865	0.1917	0.2069	0.2118	0.1865	0.1950	0.2103	0.2239	0.2375
濮阳	0.0887	0.0922	0.0965	0.1038	0.1018	0.1050	0.1091	0.1109	0.1117	0.1124	0.1142	0.1183	0.1247	0.1310	0.1430	0.1550
许昌	0.1015	0.1060	0.1083	0.1154	0.1212	0.1251	0.1268	0.1289	0.1299	0.1331	0.1354	0.1411	0.1487	0.1563	0.1630	0.1697
漯河	0.1035	0.1103	0.1182	0.1294	0.1345	0.1340	0.1432	0.1462	0.1668	0.1409	0.1440	0.1538	0.1607	0.1633	0.1842	0.2052
三门峡	0.0382	0.0428	0.0490	0.0556	0.0634	0.0664	0.0681	0.0700	0.0697	0.0681	0.0687	0.0714	0.0816	0.0875	0.0997	0.1119
南阳	0.0594	0.0617	0.0646	0.0697	0.0738	0.0763	0.0779	0.0806	0.0829	0.0866	0.0884	0.0923	0.0943	0.1000	0.1040	0.1079
商丘	0.0876	0.0945	0.1024	0.1097	0.1185	0.1210	0.1224	0.1243	0.1274	0.1323	0.1358	0.1297	0.1246	0.1196	0.1120	0.1045
信阳	0.0582	0.0612	0.0657	0.0707	0.0745	0.0800	0.0803	0.0836	0.0993	0.0989	0.1138	0.0977	0.1040	0.1083	0.1222	0.1360
周口	0.0875	0.0900	0.0944	0.1001	0.1063	0.1112	0.1140	0.1163	0.1103	0.1187	0.1228	0.1257	0.1287	0.1325	0.1358	0.1391
驻马店	0.0608	0.0629	0.0649	0.0674	0.0688	0.0768	0.0789	0.0814	0.0829	0.0862	0.0880	0.0875	0.0907	0.0967	0.1000	0.1034

续表

地区	2005 年	2006 年	2007 年	2008 年	2009 年	2010 年	2011 年	2012 年	2013 年	2014 年	2015 年	2016 年	2017 年	2018 年	2019 年	2020 年
武汉	0.4630	0.4865	0.5012	0.5171	0.5378	0.5577	0.5855	0.6033	0.6157	0.6127	0.6114	0.6077	0.5997	0.5977	0.6089	0.6201
黄石	0.1055	0.1075	0.1104	0.1059	0.1137	0.1308	0.1213	0.1371	0.1255	0.1277	0.1397	0.1395	0.1443	0.1515	0.1555	0.1594
十堰	0.0720	0.0729	0.0626	0.0661	0.0693	0.0862	0.1073	0.0927	0.0955	0.0992	0.1026	0.1053	0.1057	0.1071	0.1210	0.1348
宜昌	0.0679	0.0717	0.0804	0.0828	0.0845	0.0859	0.0910	0.0957	0.1009	0.1024	0.1025	0.1052	0.1064	0.1093	0.1142	0.1191
襄樊	0.0524	0.0525	0.0552	0.0595	0.0679	0.0704	0.0842	0.0894	0.0910	0.0893	0.0902	0.0908	0.0947	0.0924	0.1015	0.1106
鄂州	0.0997	0.1034	0.1094	0.1184	0.1062	0.1068	0.1186	0.1240	0.1252	0.1348	0.1370	0.1453	0.1440	0.1432	0.1481	0.1530
荆门	0.0603	0.1215	0.0643	0.0651	0.0641	0.0676	0.0675	0.0711	0.0721	0.0734	0.0630	0.0626	0.0680	0.0741	0.0815	0.0889
孝感	0.0789	0.0773	0.0858	0.0868	0.0880	0.0850	0.0893	0.0902	0.0991	0.1006	0.1076	0.1088	0.1028	0.1049	0.1067	0.1086
荆州	0.1230	0.1379	0.1352	0.1446	0.1416	0.1448	0.1451	0.1484	0.1492	0.1498	0.1336	0.1271	0.1326	0.1294	0.1377	0.1460
黄冈	0.0647	0.0634	0.0627	0.0701	0.0715	0.0777	0.0771	0.0818	0.0830	0.0807	0.0818	0.0797	0.0847	0.0852	0.0865	0.0878
咸宁	0.0742	0.0803	0.0792	0.0850	0.0764	0.0869	0.1003	0.0999	0.0991	0.1048	0.1028	0.1060	0.0946	0.0970	0.1023	0.1076
随州	0.0404	0.0446	0.0480	0.0492	0.0494	0.0526	0.0541	0.0582	0.0548	0.0564	0.0555	0.0582	0.0605	0.0637	0.0717	0.0796
长沙	0.3323	0.3463	0.3691	0.3883	0.3996	0.4034	0.4103	0.4158	0.4502	0.4319	0.4441	0.4554	0.4657	0.5154	0.4922	0.4690
株洲	0.1219	0.1255	0.1132	0.1227	0.1367	0.1305	0.1331	0.1363	0.1383	0.1577	0.1518	0.1660	0.1632	0.1750	0.1867	0.1985
湘潭	0.1965	0.2130	0.2367	0.2635	0.2296	0.2364	0.2911	0.2506	0.2587	0.2565	0.2628	0.2745	0.2824	0.2890	0.2963	0.3037
衡阳	0.0785	0.0804	0.0823	0.0872	0.1139	0.1162	0.1317	0.1410	0.1294	0.1302	0.1347	0.1425	0.1659	0.1734	0.1553	0.1372
邵阳	0.0596	0.0619	0.0633	0.0658	0.0683	0.0705	0.0730	0.0753	0.0728	0.0762	0.0796	0.0830	0.0878	0.0921	0.0948	0.0974
岳阳	0.0672	0.0693	0.0776	0.0859	0.0745	0.0769	0.0803	0.0815	0.0864	0.0942	0.0909	0.0946	0.1008	0.1043	0.1079	0.1114

续表

地区	2005 年	2006 年	2007 年	2008 年	2009 年	2010 年	2011 年	2012 年	2013 年	2014 年	2015 年	2016 年	2017 年	2018 年	2019 年	2020 年
常德	0.0536	0.0544	0.0610	0.0679	0.0705	0.0725	0.0734	0.0764	0.0800	0.0834	0.0854	0.0924	0.0981	0.1047	0.1115	0.1183
张家界	0.0526	0.0652	0.0682	0.0675	0.0646	0.0628	0.0865	0.0659	0.0685	0.0702	0.0748	0.1071	0.0875	0.0911	0.0968	0.1024
益阳	0.0653	0.0707	0.0745	0.0780	0.0787	0.0804	0.0818	0.0833	0.0887	0.0933	0.0919	0.0979	0.1045	0.1058	0.1106	0.1155
郴州	0.0497	0.0522	0.0549	0.0632	0.0570	0.0592	0.0618	0.0639	0.0665	0.0680	0.0715	0.0761	0.0803	0.0843	0.0843	0.0842
永州	0.0551	0.0594	0.0602	0.0636	0.0616	0.0650	0.2114	0.0679	0.0686	0.0685	0.0745	0.0810	0.0841	0.0882	0.0952	0.1023
怀化	0.0498	0.0538	0.0551	0.0603	0.0594	0.0631	0.0670	0.0717	0.0720	0.0737	0.0780	0.0734	0.0781	0.0805	0.0834	0.0864
娄底	0.0623	0.0652	0.0878	0.0872	0.0823	0.0838	0.0903	0.0908	0.0966	0.0982	0.0987	0.1020	0.1056	0.1133	0.1187	0.1240
广州	0.4182	0.4528	0.4881	0.5147	0.5442	0.5671	0.5927	0.6166	0.6373	0.6513	0.6605	0.6638	0.6590	0.6587	0.6831	0.7075
韶关	0.0564	0.0589	0.0627	0.0696	0.0719	0.0765	0.0810	0.0833	0.0889	0.0911	0.0963	0.0997	0.1015	0.1030	0.1083	0.1136
深圳	0.2001	0.2119	0.2271	0.2389	0.2408	0.2423	0.2481	0.2586	0.2776	0.2833	0.2915	0.3010	0.2942	0.2975	0.2966	0.2957
珠海	0.3247	0.3669	0.4193	0.4552	0.4946	0.5155	0.5491	0.5754	0.5882	0.6022	0.5951	0.5947	0.5938	0.5740	0.5619	0.5498
汕头	0.2053	0.2076	0.2109	0.2139	0.2171	0.2227	0.2265	0.2303	0.2354	0.2395	0.2315	0.2367	0.2428	0.2429	0.2588	0.2748
佛山	0.1265	0.1344	0.1345	0.1358	0.1378	0.1437	0.1521	0.1564	0.1605	0.1628	0.1691	0.1732	0.2494	0.2524	0.2558	0.2592
江门	0.0597	0.0626	0.0651	0.0705	0.0758	0.0803	0.0815	0.0889	0.0951	0.1027	0.1067	0.1110	0.1140	0.1182	0.1284	0.1387
湛江	0.0902	0.0931	0.0922	0.0990	0.1015	0.1139	0.1110	0.1081	0.1123	0.1150	0.1262	0.1369	0.1529	0.1580	0.1630	0.1680
茂名	0.0752	0.0778	0.0826	0.0898	0.0890	0.0942	0.0953	0.0985	0.1005	0.0999	0.1059	0.1084	0.1113	0.1172	0.1271	0.1370
肇庆	0.0551	0.0648	0.0719	0.0825	0.0892	0.0974	0.1021	0.1105	0.1159	0.1269	0.1346	0.1413	0.1458	0.1569	0.1760	0.1951
惠州	0.0451	0.0464	0.0468	0.0512	0.0559	0.0599	0.0732	0.0790	0.0853	0.0924	0.0994	0.1060	0.1108	0.1187	0.1265	0.1343

续表

地区	2005年	2006年	2007年	2008年	2009年	2010年	2011年	2012年	2013年	2014年	2015年	2016年	2017年	2018年	2019年	2020年
梅州	0.0490	0.0491	0.0506	0.0579	0.0577	0.0599	0.0739	0.0665	0.0678	0.0715	0.0784	0.0817	0.0850	0.0876	0.0924	0.0971
汕尾	0.0694	0.0727	0.0739	0.0927	0.0785	0.0804	0.0837	0.0786	0.0856	0.0898	0.0923	0.0959	0.0981	0.1018	0.1101	0.1184
河源	0.0349	0.0392	0.0405	0.0451	0.0476	0.0505	0.0521	0.0552	0.0576	0.0605	0.0617	0.0650	0.0677	0.0720	0.0752	0.0783
阳江	0.0486	0.0511	0.0523	0.0530	0.0529	0.0541	0.0695	0.0597	0.0640	0.0682	0.0720	0.0744	0.0785	0.0828	0.0883	0.0937
清远	0.0375	0.0389	0.0411	0.0457	0.0456	0.0477	0.0505	0.0554	0.0573	0.0626	0.0650	0.0677	0.0702	0.0728	0.0776	0.0825
东莞	0.2335	0.1281	0.1385	0.1484	0.1624	0.1745	0.1921	0.2135	0.2238	0.2457	0.3459	0.3379	0.3420	0.3302	0.3221	0.3140
中山	0.1216	0.1517	0.1756	0.1780	0.1866	0.1905	0.1969	0.2011	0.2035	0.2088	0.2112	0.2366	0.2447	0.2519	0.2446	0.2373
潮州	0.0910	0.0928	0.0982	0.1036	0.1041	0.1077	0.1133	0.1151	0.1153	0.1196	0.1262	0.1259	0.1287	0.1321	0.1354	0.1388
揭阳	0.1072	0.1358	0.1133	0.1186	0.1176	0.1195	0.1221	0.1254	0.1325	0.1362	0.1374	0.1378	0.1378	0.1382	0.1419	0.1456
云浮	0.0466	0.0468	0.0486	0.0557	0.0551	0.0559	0.0619	0.0613	0.0644	0.0721	0.0717	0.0747	0.0797	0.0847	0.0924	0.1001
南宁	0.1445	0.1721	0.1949	0.2308	0.2084	0.2205	0.2319	0.2460	0.3192	0.2687	0.2832	0.2957	0.3119	0.3249	0.3467	0.3686
柳州	0.0776	0.0861	0.0930	0.1031	0.1089	0.1140	0.1185	0.1214	0.1214	0.1276	0.1316	0.1381	0.1447	0.1545	0.1643	0.1741
桂林	0.0898	0.1037	0.1073	0.1072	0.1216	0.1436	0.1585	0.1684	0.1759	0.1979	0.2338	0.2365	0.1974	0.2310	0.2323	0.2335
梧州	0.0459	0.0463	0.0479	0.0534	0.0538	0.0563	0.0588	0.0638	0.0613	0.0630	0.0699	0.0766	0.0801	0.0772	0.0921	0.1069
北海	0.0736	0.0772	0.0837	0.0966	0.1066	0.1252	0.1317	0.1299	0.1120	0.1268	0.1348	0.1587	0.1649	0.2044	0.2104	0.2164
防城港	0.0774	0.0812	0.0851	0.0881	0.0896	0.0947	0.0956	0.0967	0.0998	0.1016	0.1073	0.1115	0.1140	0.0717	0.0756	0.0795
钦州	0.0458	0.0442	0.0582	0.0750	0.0705	0.0721	0.0675	0.0677	0.0698	0.0708	0.0772	0.0886	0.0791	0.0832	0.0919	0.1006
贵港	0.0057	0.0057	0.0526	0.0555	0.0570	0.0603	0.0613	0.0611	0.0641	0.0659	0.0708	0.0727	0.0766	0.0808	0.0859	0.0911

续表

地区	2005年	2006年	2007年	2008年	2009年	2010年	2011年	2012年	2013年	2014年	2015年	2016年	2017年	2018年	2019年	2020年
玉林	0.0581	0.0636	0.0623	0.0669	0.0711	0.0704	0.0724	0.0743	0.0772	0.0801	0.0831	0.0860	0.0871	0.0907	0.0941	0.0976
百色	0.0361	0.0333	0.0473	0.0460	0.0527	0.0564	0.0605	0.0620	0.0594	0.0641	0.0754	0.0823	0.0914	0.0963	0.1154	0.1344
贺州	0.0383	0.0501	0.0473	0.0549	0.0594	0.0561	0.0603	0.0572	0.0599	0.0606	0.0693	0.0773	0.0814	0.0855	0.0892	0.0929
河池	0.0272	0.0262	0.0295	0.0346	0.0398	0.0430	0.0422	0.0435	0.0476	0.0506	0.0586	0.0642	0.0688	0.0725	0.0792	0.0860
来宾	0.0359	0.0383	0.0412	0.0496	0.0450	0.0463	0.0463	0.0489	0.0527	0.0550	0.0583	0.0705	0.0744	0.0831	0.0953	0.1074
崇左	0.0330	0.0857	0.0354	0.0653	0.0640	0.0653	0.0684	0.0858	0.0935	0.1032	0.1139	0.1182	0.1169	0.1564	0.1982	0.2401
海口	0.2131	0.2263	0.3259	0.3232	0.3279	0.3528	0.4181	0.3857	0.4669	0.5555	0.4806	0.4313	0.4149	0.4662	0.4317	0.3972
三亚	0.0518	0.0986	0.1460	0.2093	0.2942	0.3196	0.3549	0.3800	0.3626	0.3906	0.4034	0.4203	0.4197	0.4235	0.4447	0.4660
重庆	0.0906	0.0978	0.1044	0.1159	0.1226	0.1292	0.1367	0.1463	0.1541	0.1608	0.1674	0.1652	0.1696	0.1755	0.1882	0.2010
成都	0.2549	0.2864	0.2974	0.3102	0.3183	0.3289	0.3408	0.3563	0.3651	0.3738	0.3840	0.3628	0.3639	0.3651	0.3743	0.3835
自贡	0.1100	0.1132	0.1154	0.1212	0.1224	0.1203	0.1215	0.1259	0.1300	0.1483	0.1404	0.1415	0.1488	0.1563	0.1635	0.1707
攀枝花	0.0844	0.0916	0.0968	0.1053	0.1126	0.1194	0.1203	0.1251	0.1286	0.1591	0.1417	0.1502	0.1602	0.1683	0.1259	0.0836
泸州	0.0715	0.0748	0.0807	0.0838	0.0887	0.0856	0.0891	0.0937	0.0976	0.1006	0.1021	0.1065	0.1120	0.1163	0.1332	0.1501
德阳	0.1031	0.1237	0.1125	0.1345	0.1318	0.1289	0.1318	0.1414	0.1448	0.1579	0.1682	0.1896	0.2171	0.2263	0.2353	0.2444
绵阳	0.0806	0.0928	0.0969	0.1066	0.1227	0.1105	0.1186	0.1309	0.1396	0.1474	0.1552	0.1616	0.1700	0.1820	0.1904	0.1989
广元	0.0359	0.0397	0.0414	0.0400	0.0396	0.0415	0.0452	0.0499	0.0559	0.0659	0.0683	0.0718	0.0754	0.0796	0.0857	0.0918
遂宁	0.0761	0.0790	0.0816	0.0855	0.0856	0.0877	0.0912	0.0947	0.0993	0.1001	0.1028	0.1056	0.1083	0.1125	0.1076	0.1026
内江	0.0886	0.0906	0.0931	0.0984	0.1004	0.1025	0.1050	0.1087	0.1115	0.1160	0.1181	0.1193	0.1252	0.1308	0.1372	0.1435

续表

地区	2005年	2006年	2007年	2008年	2009年	2010年	2011年	2012年	2013年	2014年	2015年	2016年	2017年	2018年	2019年	2020年
乐山	0.0489	0.0496	0.0507	0.0525	0.0559	0.0861	0.0909	0.0974	0.1020	0.1096	0.1149	0.1058	0.1153	0.1287	0.1262	0.1238
南充	0.0905	0.0863	0.0988	0.1016	0.1060	0.0988	0.1027	0.1085	0.1133	0.1128	0.1203	0.1235	0.1280	0.1332	0.1434	0.1536
眉山	0.0547	0.0579	0.0643	0.0660	0.0742	0.0785	0.0814	0.0907	0.0943	0.0944	0.1011	0.0989	0.1079	0.1117	0.1078	0.1039
宜宾	0.0615	0.0595	0.0623	0.0673	0.0675	0.0680	0.0729	0.0769	0.0802	0.0820	0.0865	0.0897	0.0937	0.1014	0.1064	0.1114
广安	0.0722	0.0743	0.0767	0.0792	0.0804	0.0831	0.0862	0.0896	0.0944	0.0966	0.0923	0.1047	0.1076	0.1142	0.1087	0.1031
达州	0.0472	0.0561	0.0599	0.0635	0.0641	0.0639	0.0668	0.0697	0.0722	0.0746	0.0778	0.0805	0.0802	0.0848	0.0902	0.0956
雅安	0.0659	0.0725	0.1472	0.1423	0.1647	0.1337	0.1393	0.1469	0.1516	0.1589	0.1690	0.1763	0.1821	0.1902	0.2147	0.2392
巴中	0.1632	0.1677	0.1695	0.1811	0.1847	0.1803	0.1833	0.1861	0.1886	0.1876	0.1867	0.1889	0.1885	0.1885	0.1888	0.1890
资阳	0.3273	0.3280	0.3312	0.3368	0.3397	0.3403	0.3450	0.3477	0.3512	0.3521	0.3545	0.3488	0.3439	0.3835	0.3780	0.3724
贵阳	0.3040	0.3115	0.3040	0.3152	0.3443	0.3828	0.3615	0.5134	0.4377	0.4770	0.4814	0.5146	0.4523	0.4787	0.5077	0.5366
六盘水	0.0450	0.0476	0.0504	0.0566	0.0559	0.0629	0.0623	0.0658	0.0680	0.0723	0.0760	0.0832	0.0939	0.1003	0.1073	0.1143
遵义	0.0483	0.0485	0.0604	0.0644	0.0652	0.0725	0.0751	0.0815	0.0864	0.0937	0.0923	0.1130	0.1053	0.1123	0.1189	0.1256
安顺	0.0488	0.0503	0.0527	0.0556	0.0596	0.0613	0.0664	0.0688	0.0721	0.0737	0.0806	0.0861	0.0901	0.0976	0.1027	0.1078
昆明	0.1926	0.2069	0.2198	0.0435	0.2566	0.2409	0.3153	0.3337	0.3554	0.3752	0.3991	0.4191	0.4474	0.4740	0.5305	0.5870
曲靖	0.0370	0.0395	0.0401	0.0477	0.0492	0.0526	0.0567	0.0585	0.0588	0.0602	0.0601	0.0676	0.0735	0.0793	0.0848	0.0903
玉溪	0.0422	0.0453	0.0464	0.0575	0.0522	0.0545	0.0670	0.0658	0.0731	0.0766	0.0717	0.0784	0.0839	0.0878	0.1017	0.1157
保山	0.0300	0.0326	0.0336	0.0365	0.0450	0.0432	0.0588	0.0493	0.0552	0.0570	0.0609	0.0640	0.0699	0.0752	0.0873	0.0993
昭通	0.0455	0.0460	0.0469	0.0499	0.0504	0.0515	0.0521	0.0582	0.0559	0.0630	0.0617	0.0694	0.0760	0.0838	0.0879	0.0920

续表

地区	2005 年	2006 年	2007 年	2008 年	2009 年	2010 年	2011 年	2012 年	2013 年	2014 年	2015 年	2016 年	2017 年	2018 年	2019 年	2020 年
丽江	0.0491	0.0581	0.0642	0.0747	0.0815	0.0825	0.0940	0.0724	0.1159	0.1160	0.1241	0.1319	0.1268	0.1301	0.1372	0.1444
普洱	0.0254	0.0269	0.0302	0.0354	0.0378	0.0391	0.0395	0.0418	0.0453	0.0473	0.0534	0.0614	0.0700	0.0727	0.0750	0.0774
临沧	0.0249	0.0289	0.0323	0.0457	0.0365	0.0381	0.0410	0.0421	0.0441	0.0447	0.0488	0.0570	0.0668	0.0729	0.0785	0.0841
西安	0.3794	0.3677	0.4283	0.4145	0.4307	0.4878	0.4579	0.4792	0.4936	0.4985	0.5431	0.5310	0.4547	0.4255	0.5127	0.5998
铜川	0.0374	0.0495	0.0461	0.0478	0.0575	0.0589	0.0567	0.0570	0.0624	0.0577	0.0628	0.0725	0.0685	0.0954	0.0792	0.0631
宝鸡	0.0591	0.0572	0.0605	0.0673	0.0684	0.0713	0.0718	0.0757	0.0848	0.0809	0.0831	0.0836	0.0905	0.0939	0.1139	0.1340
咸阳	0.1101	0.1167	0.1246	0.1258	0.1334	0.1542	0.1482	0.1623	0.1642	0.1671	0.1739	0.1785	0.1897	0.1943	0.1983	0.2023
渭南	0.0604	0.0670	0.0655	0.0624	0.0680	0.0704	0.0732	0.0757	0.0800	0.0794	0.0820	0.0827	0.0788	0.0816	0.0807	0.0799
延安	0.0900	0.0525	0.0631	0.0616	0.0758	0.0751	0.0768	0.0850	0.0827	0.0821	0.0819	0.0815	0.1025	0.0934	0.1018	0.1101
汉中	0.0470	0.0466	0.0492	0.0562	0.0603	0.0640	0.0629	0.0788	0.0925	0.0938	0.0960	0.0962	0.0990	0.0947	0.0984	0.1021
榆林	0.0499	0.0557	0.0500	0.0553	0.0490	0.0518	0.0521	0.0521	0.0529	0.0542	0.0579	0.0586	0.0685	0.0692	0.0747	0.0803
安康	0.0358	0.0329	0.0320	0.0372	0.0394	0.0510	0.0569	0.0588	0.0607	0.0651	0.0686	0.0692	0.0769	0.0796	0.0845	0.0893
商洛	0.0334	0.0351	0.0365	0.0405	0.0442	0.0583	0.0591	0.0630	0.0691	0.0721	0.0793	0.0805	0.0712	0.0709	0.0764	0.0818
兰州	0.2926	0.2663	0.2772	0.3172	0.3979	0.4219	0.4448	0.4641	0.6004	0.5332	0.6114	0.6249	0.6010	0.5111	0.5342	0.5574
嘉峪关	0.0682	0.0762	0.0842	0.0784	0.0870	0.0860	0.0964	0.1076	0.1043	0.0887	0.0969	0.0976	0.1126	0.1070	0.1064	0.1057
金昌	0.0408	0.0417	0.0440	0.0477	0.0486	0.0498	0.0529	0.0545	0.0545	0.0555	0.0576	0.0587	0.0674	0.0733	0.0870	0.1008
白银	0.0538	0.1159	0.0562	0.0567	0.0612	0.0612	0.0628	0.0647	0.0665	0.0673	0.0709	0.0737	0.0501	0.0538	0.0593	0.0647
天水	0.0554	0.0614	0.0700	0.0759	0.0809	0.0785	0.0857	0.0831	0.0919	0.0925	0.0977	0.1063	0.0998	0.1037	0.1060	0.1083

续表

地区	2005 年	2006 年	2007 年	2008 年	2009 年	2010 年	2011 年	2012 年	2013 年	2014 年	2015 年	2016 年	2017 年	2018 年	2019 年	2020 年
武威	0.0245	0.0252	0.0256	0.0267	0.0273	0.0281	0.0521	0.0622	0.0664	0.0742	0.0772	0.0763	0.0783	0.0749	0.0717	0.0685
张掖	0.0513	0.0530	0.0731	0.0712	0.0764	0.0795	0.0848	0.0934	0.0984	0.0986	0.0992	0.0997	0.1048	0.1074	0.1069	0.1064
平凉	0.0349	0.0377	0.0395	0.0446	0.0491	0.0511	0.0533	0.0559	0.0563	0.0582	0.0598	0.0609	0.0676	0.0777	0.0856	0.0936
酒泉	0.0209	0.0268	0.0313	0.0423	0.0463	0.0479	0.0519	0.0550	0.0554	0.0600	0.0641	0.0686	0.0744	0.0783	0.0907	0.1031
庆阳	0.0340	0.0366	0.0394	0.0432	0.0442	0.0470	0.0510	0.0580	0.0564	0.0580	0.0049	0.0661	0.0751	0.0850	0.0837	0.0823
定西	0.0277	0.0277	0.0311	0.0321	0.0369	0.0383	0.0448	0.0453	0.0436	0.0446	0.0476	0.0498	0.0540	0.0555	0.0552	0.0549
陇南	0.0371	0.0387	0.0398	0.0428	0.0448	0.0453	0.0473	0.0487	0.0495	0.0538	0.0655	0.0557	0.0586	0.0588	0.0651	0.0714
西宁	0.1052	0.1131	0.1188	0.1307	0.1427	0.1675	0.1682	0.1880	0.1787	0.1987	0.2074	0.2124	0.2174	0.2017	0.2086	0.2155
银川	0.1516	0.1646	0.1828	0.2046	0.2075	0.2268	0.2462	0.2549	0.2755	0.2537	0.2865	0.2831	0.2934	0.2992	0.3110	0.3229
石嘴山	0.0401	0.0343	0.0802	0.0617	0.0631	0.0719	0.0785	0.0782	0.0790	0.0877	0.0898	0.0984	0.0997	0.1086	0.1141	0.1195
吴忠	0.0242	0.0243	0.0271	0.0312	0.0328	0.0354	0.0395	0.0438	0.0439	0.0479	0.0562	0.0590	0.0571	0.0639	0.0684	0.0728
固原	0.0404	0.0409	0.0438	0.0451	0.0495	0.0505	0.0511	0.0540	0.0568	0.0594	0.0619	0.0650	0.0746	0.0812	0.0790	0.0768
中卫	0.0478	0.0497	0.0532	0.0573	0.0630	0.0618	0.0651	0.0679	0.0707	0.0734	0.0757	0.0785	0.0751	0.0815	0.0860	0.0905
乌鲁木齐	0.2419	0.2449	0.2298	0.2648	0.2727	0.2791	0.2775	0.2841	0.3033	0.3356	0.3553	0.3440	0.4350	0.4784	0.4691	0.4598
克拉玛依	0.0082	0.0080	0.0089	0.0078	0.0070	0.0069	0.0072	0.0078	0.0081	0.0086	0.0109	0.0162	0.0246	0.0263	0.0308	0.0353

参 考 文 献

［1］安孟，张诚，朱冠平．环境规制强度提升了中国经济增长质量吗
［J］．统计与信息论坛，2021，36（7）：87-96.

［2］毕克新，杨朝均，隋俊．跨国公司技术转移对绿色创新绩效影响
效果评价［J］．中国软科学，2015（11）：81-93.

［3］陈超凡．中国工业绿色全要素生产率及其影响因素——基于 ML 生
产率指数及动态面板模型的实证研究［J］．统计研究，2016，33（3）：53-
62.

［4］程芳芳．环境规制对绿色技术创新的影响研究［D］．湖南科技大
学，2018.

［5］仇方道，金娜，袁荷，等．徐州都市圈产业结构转型城镇空间响
应的时空异质性［J］．地理科学，2017，37（10）：1459-1468.

［6］丁潇君，房雅婷．中国环境规制与绿色创新关系研究——基于元
分析方法的实证分析［J］．价格理论与实践，2018（6）：34-37.

［7］董直庆，王辉．市场型环境规制政策有效性检验——来自碳排放
权交易政策视角的经验证据［J］．统计研究，2021，38（10）：48-
61. DOI：10.

［8］范丹，孙晓婷．环境规制、绿色技术创新与绿色经济增长［J］．中
国人口·资源与环境，2020，30（6）：105-115.

［9］方晨晨，蒋惠园，陈莎雯，何祎豪．交通网络对湖北省经济联系
驱动作用的空间异质性分析［J］．经济地理，2021，41（7）：93-99.

［10］付帼，卢小丽，武春友．中国省域绿色创新空间格局演化研究
［J］．中国软科学，2016（7）：89-99.

［11］傅京燕．产业特征、环境规制与大气污染排放的实证研究——以
广东省制造业为例［J］．中国人口·资源与环境，2009（2）：73-77.

[12] 郭春雨，潘采伟．环境规制对区域经济高质量发展的影响——基于双重差分法的实证研究 [J]．生态经济，2021，37 (10)：153-163.

[13] 何小钢．绿色技术创新的最优规制结构研究——基于研发支持与环境规制的双重互动效应 [J]．经济管理，2014 (11)：144-153.

[14] 洪艺文．环境规制、空间溢出与绿色创新研究——基于空间杜宾模型 [J]．中国资源综合利用，2021，39 (11)：28-30，34.

[15] 黄磊，吴传清．环境规制对长江经济带城市工业绿色发展效率的影响研究 [J]．长江流域资源与环境，2020，29 (5)：1075-1085.

[16] 黄清煌，高明．环境规制的节能减排效应研究——基于面板分位数的经验分析 [J]．科学学与科学技术管理，2017，38 (1)：30-43.

[17] 蒋伏心，王竹君，白俊红．环境规制对技术创新影响的双重效应——基于江苏制造业动态面板数据的实证研究 [J]．中国工业经济，2013 (7)：44-55.

[18] 景维民，张璐．环境管制、对外开放与中国工业的绿色技术进步 [J]．经济研究，2014 (9)：34-47.

[19] 鞠方，阳娟，黎小佳．基于空间异质性的中国住房空置率与房地产金融风险研究 [J]．财经理论与实践，2018，39 (4)：26-31.

[20] 李勃昕，韩先锋，李辉．"引进来"与"走出去"的交互创新溢出研究 [J]．科研管理，2021，42 (8)：122-130.

[21] 李栋科，丁圣彦，梁国付，赵清贺，汤茜，孔令华．基于移动窗口法的豫西山地丘陵地区景观异质性分析 [J]．生态学报，2014，34 (12)：3414-3424.

[22] 李钢，董敏杰，沈可挺．强化环境管制政策对中国经济的影响——基于CGE模型的评估 [J]．中国工业经济，2012 (11)：5-17.

[23] 李国祥，张伟，王亚君．对外直接投资、环境规制与国内绿色技术创新 [J]．科技管理研究，2016，36 (13)：227-231，236.

[24] 李昊匡．环境规制对企业技术创新影响研究 [D]．湖南科技大学，2017.

[25] 李虹，张希源．区域生态创新协同度及其影响因素研究 [J]．中国人口·资源与环境，2016 (6)：43-51.

[26] 李金滟，李超，李泽宇．城市绿色创新效率评价及其影响因素分

析 [J]. 统计与决策，2017（20）：116 – 120.

[27] 李树，陈刚. 环境管制与生产率增长——以 APPCL2000 的修订为例 [J]. 经济研究，2013，48（1）：17 – 31.

[28] 李婉红. 排污费制度驱动绿色技术创新的空间计量检验 [J]. 科研管理，2015（6）：1 – 9.

[29] 李新安. 环境规制、政府补贴与区域绿色技术创新 [J]. 经济经纬，2021，38（3）：14 – 23.

[30] 李阳，党兴华，韩先锋. 环境规制对技术创新长短期影响的异质性效应——基于价值链视角的两阶段分析 [J]. 科学学研究，2014（6）：937 – 949.

[31] 李依，高达，卫平. 中央环保督察能否诱发企业绿色创新？[J]. 科学学研究，2021，39（8）：1504 – 1516.

[32] 李志龙，陈慧灵，刘迪. 基于能值理论武陵山片区旅游生态化水平测度与空间异质性分析 [J]. 自然资源学报，2021，36（12）：3203 – 3214.

[33] 梁敏，曹洪军，陈泽文. 环境规制、环境责任与企业绿色技术创新 [J]. 企业经济，2021，40（11）：15 – 23.

[34] 廖文龙，董新凯，翁鸣，陈晓毅. 市场型环境规制的经济效应——碳排放交易、绿色创新与绿色经济增长 [J]. 中国软科学，2020（6）：159 – 173.

[35] 刘金科，肖翊阳. 中国环境保护税与绿色创新：杠杆效应还是挤出效应？[J]. 经济研究，2022，57（1）：72 – 88.

[36] 刘明广. 环境规制对绿色创新的影响效应研究 [J]. 技术经济与管理研究，2021（9）：29 – 33.

[37] 娄峰. 科技研发投入政策模拟分析——基于中国科技 CGE 模型 [J]. 重庆理工大学学报（社会科学），2017，31（1）：59 – 66.

[38] 吕光桦，宋文飞，李国平，韩先锋. 考虑空间相关性的我国区域研发全要素生产率测算——基于 1999—2008 年省际空间面板数据 [J]. 科学学与科学技术管理，2011，32（4）：105 – 110，133.

[39] 马勇，黄智洵. 基于 GWR 模型的长江中游城市群传统村落空间格局及可达性探究 [J]. 人文地理，2017，32（4）：78 – 85.

［40］马媛，侯贵生，尹华．企业绿色创新驱动因素研究——基于资源型企业的实证［J］．科学学与科学技术管理，2016，37（4）：98-105.

［41］彭文斌，程芳芳，路江林．环境规制对省域绿色创新效率的门槛效应研究［J］．南方经济，2017（9）：73-84.

［42］彭文斌，邝嫦娥．基于环境规制和公众参与的污染产业转移问题研究［M］．上海三联书店，2014.

［43］彭文斌，路江林．环境规制与绿色创新政策——基于外部性的理论逻辑［J］．社会科学，2017（10）：73-83.

［44］彭文斌，文泽宙，邝嫦娥．中国城市绿色创新空间格局及其影响因素［J］．广东财经大学学报，2019，34（1）：25-37.

［45］钱丽，王文平，肖仁桥．共享投入关联视角下中国区域工业企业绿色创新效率差异研究［J］．中国人口·资源与环境，2018（5）：27-39.

［46］任梅，王小敏，刘雷，孙方，张文新．中国沿海城市群环境规制效率时空变化及影响因素分析［J］．地理科学，2019，39（7）：1119-1128.

［47］任耀，牛冲槐，牛彤，姚西龙．绿色创新效率的理论模型与实证研究［J］．管理世界，2014（7）：176-177.

［48］邵新霞，黄宏胜，陈美球，谢贤鑫，黄吉．江西省农户生态耕种影响因素的空间分异研究［J］．长江流域资源与环境，2021，30（11）：2792-2800.

［49］沈能．环境效率、行业异质性与最优规制强度——中国工业行业面板数据的非线性检验［J］．中国工业经济，2012（3）：56-68.

［50］宋德勇，蔡星．地区间环境规制的空间策略互动——基于地级市层面的实证研究［J］．财贸经济，2018（7）：112-118.

［51］宋爽，樊秀峰．双边环境规制对中国污染产业区际转移的影响［J］．经济经纬，2017（2）：99-104.

［52］宋文飞，李国平，韩先锋．价值链视角下环境规制对R&D创新效率的异质门槛效应——基于工业33个行业2004-2011年的面板数据分析［J］．财经研究，2014（1）：93-104.

［53］宋飏，王婷婷，张瑜，钱思彤，王士君．东北三省企业空间格局演化与区位选择因素［J］．地理科学，2021，41（7）：1199-1209.

[54] 孙海波，刘忠璐. 环境规制、清洁技术创新与中国工业绿色转型 [J]. 科研管理，2021，42（11）：54－61.

[55] 孙洋. 空间计量模型中空间矩阵的误用及其影响 [J]. 统计研究，2009（6）：85－91.

[56] 孙洋，李子奈. 一种空间矩阵选取的非嵌套检验方法 [J]. 数量经济技术经济研究，2008（7）：147－159.

[57] 唐文彬，肖秋菱，颜红艳，陈艳. 城市轨道交通沿线住宅租金的空间分异分析——以长沙市地铁 1 号线、2 号线和 4 号线为例 [J]. 经济地理，2021，41（7）：100－108.

[58] 陶长琪，周璇. 环境规制与技术溢出耦联下的省域技术创新能力评价研究 [J]. 科研管理，2016，37（9）：28－38.

[59] 田海燕，李秀敏. 财政科教支出、技术进步与区域经济协调发展——基于引致技术进步动态多区域 CGE 模型 [J]. 财经研究，2018，44（12）：85－99.

[60] 仝德，罗圳英，冯长春. 国家级贫困县政策的减贫效应及其空间异质性 [J]. 经济地理，2021，41（11）：176－184.

[61] 童健，刘伟，薛景. 环境规制、要素投入结构与工业行业转型升级 [J]. 经济研究，2016（7）：43－57.

[62] 涂建军，唐思琪，张骞，吴越，罗运超. 山地城市格局对餐饮业区位选择影响的空间异质性 [J]. 地理学报，2019，74（6）：1163－1177.

[63] 汪明月，李颖明，王子彤. 异质性视角的环境规制对企业绿色技术创新的影响——基于工业企业的证据 [J]. 经济问题探索，2022（2）：67－81.

[64] 王爱，陆林，包善驹，朱其静. 基于 GWR 模型的合肥居住地价影响因素研究 [J]. 人文地理，2017，32（5）：89－97.

[65] 王超，李真真，蒋萍. 环境规制政策对中国重污染工业行业技术创新的影响机制研究 [J]. 科研管理，2021，42（2）：88－99.

[66] 王分棉，贺佳. 地方政府环境治理压力会"挤出"企业绿色创新吗？[J]. 中国人口·资源与环境，2022，32（2）：140－150.

[67] 王锋正，郭晓川. 环境规制强度对资源型产业绿色技术创新的影响 [J]. 中国人口·资源与环境，2015（5）：143－146.

[68] 王国印，王动. 波特假说、环境规制与企业技术创新——对中东部地区的比较分析 [J]. 中国软科学，2011（1）：100-112.

[69] 王惠，王树乔，苗壮. 研发投入对绿色创新效率的异质门槛效应——基于中国高技术产业的经验研究 [J]. 科研管理，2016，37（2）：63-71.

[70] 王杰，刘斌. 环境规制与企业全要素生产率——基于中国工业企业数据的经验分析 [J]. 中国工业经济，2014（3）：44-56.

[71] 王韧. 环境规制与绿色技术创新的动态关联——基于"波特假说"的再检验 [J]. 科技管理研究，2020，40（8）：243-250.

[72] 王泽宇，王焱熙，赵莉，赵璐. 中国制造业全要素生产率时空演变及影响因素 [J]. 地理学报，2021，76（12）：3061-3075.

[73] 文泽宙. 环境规制对城市雾霾污染的影响研究 [D]. 湖南科技大学，2020.

[74] 文泽宙，夏慧辉. 区域绿色创新比较研究——基于我国东、中、西部285个城市的经验证据 [J]. 改革与战略，2019，35（5）：103-114.

[75] 吴伟平. 环境规制作用下污染产业空间演变研究 [D]. 湖南科技大学，2014.

[76] 吴小影，杨山，尹上岗，徐晗泽宇. 基于GTWR模型的长三角地区城市建设用地时空动态特征及其驱动机理 [J]. 长江流域资源与环境，2021，30（11）：2594-2606.

[77] 夏后学，谭清美，商丽媛. 非正式环境规制下产业协同集聚的结构调整效应——基于Fama-Macbeth与GMM模型的实证检验 [J]. 软科学，2017（4）：9-14.

[78] 向书坚，许芳. 中国的城镇化和城乡收入差距 [J]. 统计研究，2016，33（4）：64-70.

[79] 肖凡，王姣娥，黄宇金，古恒宇. 中国高新技术企业分布影响因素的空间异质性与尺度效应 [J]. 地理研究，2022，41（5）：1338-1351.

[80] 肖筑伟，宋敏舒，周杰，石玲玲，杨扬. 云南西北部高山流石滩不同垫状植物的微生物群落及功能类群的空间异质性 [J]. 应用与环境生物学报，2021，27（5）：1119-1131.

[81] 谢荣辉. 环境规制、引致创新与中国工业绿色生产率提升 [J].

产业经济研究, 2017 (2): 38 -48.

[82] 徐圆. 源于社会压力的非正式性环境规制是否约束了中国的工业污染? [J]. 财贸研究, 2014 (2): 7 -15.

[83] 许士春, 何正霞, 龙如银. 环境规制对企业绿色技术创新的影响 [J]. 科研管理, 2012, 33 (6): 67 -74.

[84] 许玉洁, 刘曙光. 黄河流域绿色创新效率空间格局演化及其影响因素 [J]. 自然资源学报, 2022, 37 (3): 627 -644.

[85] 杨树旺, 吴婷, 李梓博. 长江经济带绿色创新效率的时空分异及影响因素研究 [J]. 宏观经济研究, 2018 (6): 107 -117, 132.

[86] 杨文涛, 黄慧坤, 魏东升, 赵斌, 彭焕华. 大气污染联合治理分区视角下的中国 PM_(2.5) 关联关系时空变异特征分析 [J]. 环境科学, 2020, 41 (5): 2066 -2074.

[87] 于惊涛, 王珊珊. 基于低碳的绿色增长及绿色创新——中、美、英、德、日、韩实证与比较研究 [J]. 科学学研究, 2016, 34 (4): 528 -538.

[88] 余东华, 胡亚男. 环境规制趋紧阻碍中国制造业创新能力提升吗?——基于"波特假说"的再检验 [J]. 产业经济研究, 2016 (2): 11 -20.

[89] 余伟, 陈强, 陈华. 环境规制、技术创新与经营绩效——基于37个工业行业的实证分析 [J]. 科研管理, 2017, 38 (2): 18 -25.

[90] 原毅军, 谢荣辉. 环境规制的产业结构调整效应研究——基于中国省际面板数据的实证检验 [J]. 中国工业经济, 2014 (8): 57 -69.

[91] 原毅军, 谢荣辉. 环境规制与工业绿色生产率增长 [J]. 中国软科学, 2016 (7): 144 -154.

[92] 张华, 魏晓平. 绿色悖论抑或倒逼减排 [J]. 中国人口·资源与环境, 2014 (9): 21 -29.

[93] 张俊峰, 张安录. 武汉城市圈土地资源空间异质性及其效应分析 [J]. 农业现代化研究, 2014, 35 (4): 424 -429.

[94] 张同斌, 张琦, 范庆泉. 政府环境规制下的企业治理动机与公众参与外部性研究 [J]. 中国人口·资源与环境, 2017, 27 (2): 36 -43.

[95] 张小筠, 刘戒骄, 李斌. 环境规制、技术创新与制造业绿色发展

[J]. 广东财经大学学报, 2020, 35 (5): 48 - 57.

[96] 张中元, 赵国庆. FDI、环境规制与技术进步——基于中国省级数据的实证分析 [J]. 数量经济技术经济研究, 2012, 29 (4): 19 - 32.

[97] 赵伟, 田银华, 彭文斌. 基于 CGE 模型的产业结构调整路径选择与节能减排效应关系研究 [J]. 社会科学, 2014 (4): 55 - 63.

[98] 周海华, 王双龙. 正式与非正式的环境规制对企业绿色创新的影响机制研究 [J]. 软科学, 2016, 30 (8): 47 - 51.

[99] 周丽霞, 吴涛, 蒋国俊, 张建珍, 濮励杰, 徐飞, 解雪峰. 长三角地区 PM_(2.5) 浓度对土地利用/覆盖转换的空间异质性响应 [J]. 环境科学, 2022, 43 (3): 1201 - 1211.

[100] 宗会明, 季欣. 1999—2018 年重庆市主城区住宅用地空间演变特征及驱动因素研究 [J]. 地理科学, 2021, 41 (7): 1256 - 1265.

[101] 邹建琴, 明庆忠, 刘安乐, 郑伯铭, 史鹏飞, 骆登山. 中国红色旅游经典景点空间分布格局及其影响因素异质性 [J]. 自然资源学报, 2021, 36 (11): 2748 - 2762.

[102] 邹伟勇. 中国城市环境规制对绿色创新的影响研究 [D]. 湖南科技大学, 2019.

[103] Aipay E., Bueeola S., Kerkvliet J. Produetivity growth and environmental regulation in Mexican and U. S. food manufacturing [J]. American Joumal of Agricultural Economics, 2002 (4): 887 - 901.

[104] Anselin luc. Spatial econometrics: Methods and model [M]. Kluwer Academic, 1988.

[105] Bai Y., Wu L., Qin K. Ageographically and temporally weighted regression model for ground-level PM2.5 estimation from satellite-derived 500m resolution AOD [J]. Remote Sensing, 2016, 8 (3): 262.

[106] Becker R. A. Local environmental regulation and plant-level productivity [J]. Ecological Economics, 2011, 70 (12): 2516 - 2522.

[107] Berman E., Bui L. T. Environmental regulation and labor demand: Evidence from the South Coast Air Basin [J]. Journal of Public Economics, 2001, 79 (2): 265 - 295.

[108] Bernard A., Vielle M. GEMINI - E3, a general equilibrium model

of international-national interactions between economy, energy and the environment [J]. Computational Management Science, 2008, 5 (3): 173 –206.

[109] Berrone P. , Fosfuri A. , Gelabert L. , et al. Necessity as the mother of green inventions: Institutional pressures and environmental innovations [J]. Strategic Management Journal, 2013, 34 (8): 891 –909.

[110] Boyd G. A. , Mcclelland J. D. The impact of environmental constraints on productivity improvement in integrated paper plants [J]. Journal of Environmental Economics & Management, 1999, 38 (2): 121 –142.

[111] Brunsdon C. , Fotheringham A. S. , Charlton M. Some notes on parametric significance tests for geographically weighted regression [J]. Journal of Regional Science, 1999, 39 (3): 18 –24.

[112] Chintrakarn P. Environmental regulation and U. S. State's, technical inefficiency [J]. Economics Letters, 2008 (3): 363 –365.

[113] Chu H. J. , Huang B. , Lin C. Y. Modeling the spatio-temporal heterogeneity in the PM10 – PM2. 5 relationship [J]. Atmospheric Environment, 2015, 102: 176 –182.

[114] Corral C. M. Sustainable production and consumption systems-cooperation for change: Assessing and simulating the willingness of the firm to adopt/develop cleaner technologies: The case of the In – Bond industry in northern Mexico [J]. Journal of Cleaner Production, 2003 (4): 411 –426.

[115] Dasgupta S. , Laplante B. , Mamingi Nand Wang H. Inspections, pollution prices, and environmental performance: Evidence from China [J]. Ecological Economics, 2004, 36 (3): 487 –498.

[116] Diniz – Filho, José Alexandre Felizola, Soares T. N. , et al. Geographically weighted regression as a generalized wombling to detect barriers to gene flow [J]. Genetica, 2016, 144 (4): 425 –433.

[117] Downing P. B. , White L. J. Innovation in pollution control [J]. Journal of Environmental Economics and Management, 1986 (13): 18 –29.

[118] Filbeck G. , Gorman R. F. The relationship between the environmental and financial performance of public utilities [J]. Environmental and Resource Economics, 2004 (2): 137 –157.

［119］ Fingleton B. , López-bazo E. Empirical growth model with spatial effects ［J］. Papers in Regional Science, 2006, 85 (2): 177 – 198.

［120］ Fotheringham A. S. , Charlton M. , Brunsdon C. The geography of parameter space: An investigation of spatial non-stationarity ［J］. International Journal of Geographical Information Systems, 1996, 10 (5): 605 – 627.

［121］ Fotheringham A. S. , Crespo R. , Yao J. Geographical and temporal weighted regression (GTWR) ［J］. Geographical Analysis, 2015, 47 (4): 431 – 452.

［122］ Fussler C. , James P. Eco-innovation: A break through discipline for innovation and sustainbility ［M］. London: Pitman Publishing, 1996.

［123］ Golombek R. , Raknerud A. Do environmental standards harm manufacturing employment? ［J］. Scandinavian Journal of Economics, 1997, 99 (1): 29 – 44.

［124］ Goulder P. J. , Watkins D. I. Impact of MHC class I diversity on immune control of immunodeficiency virus replication ［J］. Nature Reviews Immunology, 2008 (8): 619 – 630.

［125］ Gray W. B. , Shadbegian R. J. Plant vintage, technology and environment regulation ［J］. Journal of Environmental Economics and Management, 2003, 46: 384 – 402.

［126］ Gray W. B. The cost of regulation: OSHA, EPA and the productivity slowdown ［J］. American Economic Review, 1987, 77: 998 – 1006.

［127］ Green K. , Mcmeekin A. , Irwin A. Technological trajectories and R&D for environmental innovation in UK firms ［J］. Futures, 1994 (10): 1047 – 1059.

［128］ Guo Y. , Tang Q. , Gong D. Y. Estimating ground-level PM2. 5 concentrations in Beijing using a satellite-based geographically and temporally weighted regression model ［J］. Remote Sensing of Environment, 2017, 198: 140 – 149.

［129］ Hamamoto M. Environmental regulation and the productivity of Japanese manufacturing industries ［J］. Resource & Energy Economics, 2006, 28 (4): 299 – 312.

［130］ Hanink D. M. , Cromley R. G. , Ebenstein A. Y. Spatial variation in the determinants of house prices and apartment rents in China ［J］. Journal of Real Estate Finance & Economics, 2012, 45 （2）: 347 – 363.

［131］ Huang Y. , Wang Y. How does high-speed railway affect green innovation efficiency? A perspective of innovation factor mobility ［J］. Journal of Cleaner Production, 2020, 265: 121623.

［132］ Hurley J. , Buckley N. J. , Cuff K. Determinants of eco-innovations by type of environmental impact: The role of regulatory push/pull, technology push and market pull ［J］. Zew Discussion Papers, 2012, 78 （32）: 112 – 122.

［133］ Jaffe A. B. , Palmer J. K. Environmental regulation and innovation: A panel data study ［J］. Review of Economics and Statistics, 1997 （4）: 610 – 619.

［134］ Javeed S. A. , Latief R. , Jiang T. , et al. How environmental regulations and corporate social responsibility affect the firm innovation with the moderating role of chief executive officer （CEO） power and ownership concentration? ［J］. Journal of Cleaner Production, 2021, 308: 127212.

［135］ Jessop B. Globalization and the national state ［J］. Department of Sociology, Lancaster University, 2003: 1 – 19.

［136］ Jiang Z. , Lyu P. , Ye L. , et al. Green innovation transformation, economic sustainability and energy consumption during China's new normal stage ［J］. Journal of Cleaner Production, 2020, 273: 123044.

［137］ Jiang Z. , Wang Z. , Lan X. How environmental regulations affect corporate innovation? The coupling mechanism of mandatory rules and voluntary management ［J］. Technology in Society, 2021, 65: 101575.

［138］ Kemp R. , Schot J. , Hoogma R. Regime shifts to sustainability through processes of niche formation: The approach of strategic niche management ［J］. Technology Analysis & Strategic Management, 1998, 10 （2）: 175 – 198.

［139］ Kesidou E. , Wu L. Stringency of environmental regulation and eco-innovation: Evidencefrom the eleventh Five – Year Plan and green patents ［J］. Economics Letters, 2020, 190: 109090.

［140］ Lanoie P. , Tanguay G. A. Dix exemples de rentabilité financière liés àune saine gestion environnementale [J]. Cirano Working Papers, 1998.

[141] Lesage J. P. Family ofgeograpically weighted regression models in advance econometrics [R]. Toledo: Department of Economics, University of Toledo, 2001.

[142] Levinsohn J., Petrin A. Estimating production functions using inputs to control for unobservables [J]. Review of Economic Studies, 2010, 70 (2): 317 – 341.

[143] Levinson A. Environmental regulatory competition: A status report and some new evidence [J]. National Tax Journal, 2003, 56 (1): 91 – 106.

[144] Liu J., Zhao Y., Yang Y. Amixed geographically and temporally weighted regression: Exploring spatial-temporal variations from global and local perspectives [J]. Entropy, 2017, 19 (2): 53.

[145] Liu Y., Wang A., Wu Y. Environmental regulation and green innovation: Evidence from China's new environmental protection law [J]. Journal of Cleaner Production, 2021, 297: 126698.

[146] Li X., Ma D. Financial agglomeration, technological innovation, and green total factor energy efficiency [J]. Alexandria Engineering Journal, 2021, 60 (4): 4085 – 4095.

[147] Marchi V. D. Environmental innovation and R&D cooperation: Empirical evidence from Spanishmanufacturing firms [J]. Research Policy, 2012, 41 (3): 614 – 623.

[148] Mayers R. S., Wiggins L. L., Fulghum F. H. Tobacco outlet density and demographics: A geographically weighted regression analysis [J]. Prev Sci, 2012, 13 (5): 462 – 471.

[149] Newig J., Fritsch O. Environmental governance: Participatory, multilevel and effective? [C]. Helmholtz Centre for Environmental Research (UFZ), Division of Social Sciences (ÖKUS), 2008: 197 – 214.

[150] Oltra V., Jean M. S. Sectoral systems of environmental innovation: An application to the French automotive industry [J]. Technological Forecasting & Social Change, 2009, 76 (4): 567 – 583.

[151] Paredes D. J. A methodology to compute regional housing price index

using matching estimator method [J]. The Annals of Regional Science, 2011, 46 (1): 139 – 157.

[152] Pelin D. , Effie K. Stimulating different types of eco-innovation in the UK: Government policies and firm motivations [J]. Ecological Economics, 2011 (8): 1546 – 1557.

[153] Peng W. , Yin Y. , Kuang C. , et al. Spatial spillover effect of green innovation on economic development quality in China: Evidence from a panel data of 270 prefecture-level and above cities [J]. Sustainable Cities and Society, 2021, 69: 102863.

[154] Popp D. , Newell R. Where does energy R&D come from? Examining crowding out from energy R&D [J]. Energy Economics, 2012, 34 (4): 980 – 991.

[155] Porter M. E. Toward a new conception of the environment competitive-ness relationship [J]. The Journal of Economic Perspectives, 1995 (4): 97 – 118.

[156] Poudyal N. C. , Johnson – Gaither C. , Bowker J. M. Locatingspatial variation in the association between wildland fire risk and social vulnerability across six southern states [J]. Environmental Management, 2012, 49 (3): 623 – 635.

[157] Rennings, Klaus, Ankele. Innovations through environmental man-agement [M]. Geografie Vaktijdschrift Voor Geografen, 2000.

[158] Sen S. Corporate governance, environmental regulations, and tech-nological change [J]. European Economic Review, 2015, 80: 36 – 61.

[159] Slater J. , Angel I. T. The impact and implications of environmentally linked strategies on competitive advantage: A study of malaysian companies re-search [J]. Journal of Business, 2000, 47 (1): 75 – 89.

[160] Song Y. , Wei Y. , Zhu J. , et al. Environmental regulation and eco-nomic growth: A new perspective based on technical level and healthy human cap-ital [J]. Journal of Cleaner Production, 2021, 318: 128520.

[161] Stavins, Robert N. What can we learn from the grand policy experi-ment? lessons from SO_2 allowance trading [J]. Journal of Economic Perspectives,

1998 (3): 69 –88.

[162] Tone K. Dealing with undesirable outputs in DEA: A slacks-based measure (SBM) approach [R]. GRIPS Research Report Seires, 2003.

[163] Walker W. R. Environmental regulation and labor reallocation: Evidence from the clean air act [J]. American Economic Review, 2011, 101 (3): 442 –447.

[164] Wu B. , Li R. , Huang B. A geographically and temporally weighted autoregressive model with application to housing prices [J]. International Journal of Geographical Information Science, 2014, 28 (5): 1186 –1204.

[165] Zefeng M. , Gang Z. , Xiaorui X. , et al. The extension of the Porter hypothesis: Can the role of environmental regulation on economic development be affected by other dimensional regulations? [J]. Journal of Cleaner Production, 2018, 203: 933 –942.